2021年山东省社会科学规划研究项目

（项目编号：21CTYJ05）

创业型体育教育导论

杨伟伟　玄鑫鑫　张　帅◎著

中国戏剧出版社

CHINA THEATRE PRESS

图书在版编目（CIP）数据

创业型体育教育导论 / 杨伟伟，玄鑫鑫，张帅著
. -- 北京：中国戏剧出版社，2023.7
ISBN 978-7-104-05377-4

Ⅰ．①创… Ⅱ．①杨… ②玄… ③张… Ⅲ．①体育—人才培养—研究 Ⅳ．① G812

中国国家版本馆 CIP 数据核字（2023）第 133548 号

创业型体育教育导论

责任编辑： 肖　楠
项目统筹： 康祎宁
责任印制： 冯志强

出版发行：	中国戏剧出版社
出 版 人：	樊国宾
社　　址：	北京市西城区天宁寺前街 2 号国家音乐产业基地 L 座
邮　　编：	100055
网　　址：	www.theatrebook.cn
电　　话：	010-63385980（总编室）　　010-63381560（发行部）
传　　真：	010-63381560

读者服务： 010-63381560
邮购地址： 北京市西城区天宁寺前街 2 号国家音乐产业基地 L 座

印　　刷：	天津和萱印刷有限公司
开　　本：	787mm×1092mm　1/16
印　　张：	15.25
字　　数：	260 千字
版　　次：	2023 年 7 月　北京第 1 版第 1 次印刷
书　　号：	ISBN 978-7-104-05377-4
定　　价：	88.00 元

版权专有，违者必究；如有质量问题，请与出版社联系调换。

前　言

2016年5月，习近平总书记在全国科技大会上指出："实施创新驱动发展战略，是应对发展环境变化、把握发展自主权、提高核心竞争力的必然选择，是加快转变经济发展方式、破解经济发展深层次矛盾和问题的必然选择，是更好引领我国经济发展新常态、保持我国经济持续健康发展的必然选择。"创新是社会发展的动力，大力推进"大众创业、万众创新"，激发社会民众的创新思维，提高社会的创造力，为国家社会发展注入活力，是国家有效贯彻落实创新驱动发展战略的重要举措。

提升创新能力、丰富创新内涵就要大力开展创业教育。创业教育是一种顺应社会发展潮流、推动社会发展的面向全体大学生的通识教育，其拥有先进的教育理念，目的是培养创新型人才，是高等教育的重要组成部分。随着时代发展，世界各国高校对创业教育的重视程度日益提升，逐步加入推行创业教育的先进教育队伍中。高校开展创业教育就是使大学生学习并掌握创业相关基础知识和基本理论，了解创业基本流程和基本方法，参与相关创业实践活动，掌握相关创业实践技能，激发大学生的创新思维，培养大学生的创新创业意识与能力，促进大学生创业和就业，进而推动社会经济发展。

目前，我国对体育的重视程度逐渐提高，在"双创"的大力推动下，体育市场愈发成熟，对体育专业人才的需求逐渐增大，同时要求也不断提高。这就需要体育院系加大创业教育开展力度，将创业元素融入体育教育，发展体育专业学生的创新创业意识与能力，培养富含创新精神的创业型体育人才，使其不断拓展体育市场，创造更多符合发展趋势的新型企业，为社会经济发展注入新鲜血液。这一定程度上不仅能解决自身就业，还可为社会创造众多就业岗位，对缓解严峻就业形势具有重要推动作用。

本书在"双创"背景下，以先进的创业教育理念为指导，以提升大学生创新创业意识与能力为核心，以培养创新型人才为目的，填补我国创业型体育教育研究领域的短缺。本书参考国内外相关文献，从创业教育理论基础、创业教育实证分析、创业型体育教育当代模式的构建与评价、创业型体育教育支持保障体系四个大方面展开研究、论述，尝试探索一种适合体育院系的创业型体育教育模式，旨在帮助体育院系培养体育专业学生的创新创业意识与能力，激发体育专业学生的创新思维和创造能力，提升体育专业学生的创业实践能力，以期为培养推动时代发展的创业型体育人才提供理论参考。

　　本书为2021年山东省社会科学规划研究项目，项目编号21CTYJ05。在撰写本书过程中，笔者借鉴并参考了国内外大量创业教育相关研究成果以及同行专家的理论和观点，在此表示感谢。由于笔者水平有限，书中如有不当之处，还恳请读者提出宝贵意见和建议，以便修订和完善。

杨伟伟
2022年12月于烟台

目 录

第一章 绪论 ·· 1
  第一节 研究背景 ·· 1
  第二节 研究意义 ·· 4
  第三节 创业型体育教育相关研究的状况与评价 ························· 10
  第四节 研究思路与内容 ·· 34

第二章 创业教育理论基础 ·· 39
  第一节 高校创业教育的基本理论 ··· 39
  第二节 创业型体育教育基本理论 ··· 53
  第三节 国外创业教育模式借鉴 ··· 65

第三章 创业教育实证分析 ·· 71
  第一节 创业教育发展研究 ·· 71
  第二节 创业型体育教育实证分析 ··· 79
  第三节 创业型体育教育培养目标定位 ····································· 101

第四章 创业型体育教育当代模式的构建与评价 ··························· 107
  第一节 创业型体育教育培养方案的设计与优化 ······················ 107
  第二节 创业型体育人才培养模型 ··· 120
  第三节 创业型体育教育当代模式的具体分析 ·························· 127

第四节　完善创业型体育教育的社会配套体系……………… 169
　　第五节　创业型体育教育运行管理机制……………………… 182

第五章　创业型体育教育支持保障体系………………………………… 188
　　第一节　创业型体育教育支持保障体系的内涵和问题……… 188
　　第二节　创业型体育教育支持保障体系的构建……………… 190
　　第三节　创业型体育教育支持保障的实践方略……………… 210

附录1　创业教育发展现状专家访谈提纲……………………………… 223

附录2　创业型体育教育质量评价指标问卷…………………………… 225

参考文献………………………………………………………………… 229

后记……………………………………………………………………… 235

第一章 绪论

第一节 研究背景

一、社会背景

中华民族伟大复兴目标的实现需要有理想、有本领、有担当的青春力量。在致2013年全球创业周中国站活动组委会的贺信中，习近平总书记强调："创新是社会进步的灵魂，创业是推动经济社会发展、改善民生的重要途径。青年学生富有想象力和创造力，是创新创业的有生力量，希望广大青年学生在创新创业中展示才华、服务社会。"[①] 加强创新创业教育，是推进高等教育综合改革、提高人才培养质量的重要举措，是推动社会进步、实现中华民族伟大复兴的重要一步。

随着高等教育从精英化向大众化发展，国家迎来各大高校扩招后逐年增多的大学毕业生，就业严峻形势逐年递增。同时，大学毕业生在找工作时因工作待遇不理想、专业匹配度较低等原因，无法达到自身的工作期望。在我国如此严峻的就业形势下及时转变就业方式，以创业促就业不失为一种良策。

党的十八大召开以来，习近平总书记多次对创新创业教育作出重要指示，强调要加快教育体制改革，注重培养学生创新精神，努力打造规模庞大，具有创新品质、勇于担当精神的创新创业队伍。2015年年初，国务院正式提出"大众创业、万众创新"。良好推进"大众创业、万众创新"是激发国民经济、优化经济结构的动力，也是缓解我国严峻就业形势的有效途径。李克强总理于2016年政府工作报告中提出，充分释放全社会创业创新潜能，发挥大众创业、万众创新的乘数

[①] 《〈致二〇一三年全球创业周中国站活动组委会的贺信〉学习辅读》，https://baijiahao.baidu.com/s?id=1743352445518831909&wfr=spider&for=pc。

效应，构建新型创业创新机制，为接下来推动我国创新创业快速发展奠定了基础。2017年我国持续推进大众创业、万众创新，不断将"双创"引向深入。2018年国务院提出"促进大众创业、万众创新上水平，打造'双创'升级版"，以深入实施创新驱动发展战略，促进我国创新创业高质量发展。从近年国家政策可以看出，我国创新创业工作开展愈来愈深入，质量不断提升，其产生的效益亦愈发明显，对提高我国综合国力，解决最基本的就业民生问题具有重要意义。

二、经济背景

我国作为世界第二大经济体，各行业经济总量持续增长，经济稳中求进并保持高质量发展，为进一步激发我国经济活力，促进全体人民共同富裕，开展创业教育、鼓励大学生创业是达成目的的必经之路。

创业活动是经济发展的原动力，一方面可以为社会创造新的财富，一方面可以为市场源源不断注入新的活力。国务院于2015年提出的"大众创业、万众创新"是激发国民经济、优化经济结构的动力，也是缓解我国严峻就业形势的有效途径。创业对于现代市场体系的完善、资源的合理配置、经济结构的优化以及整个国家经济竞争力的提升起着重要作用，同时对经济复兴、革新和增长的贡献日益显著。

随着高等教育由精英化向大众化方向发展的趋势，大学生就业人数激增，同时城市企业下岗职工再就业、外来人口进城务工等一系列问题亟待解决，因此社会鼓励并支持大学生自主创业，在解决自身就业基础上为社会大众提供工作岗位，缓解我国严峻就业形势，减轻民众就业压力。通过开展创业教育，可激发大学生的创业潜力和创业动力，将被动的就业环节转换为主动式，快速将学生过渡为社会价值创造者，扩大创业的就业倍增效果。因此，应大力发展高等院校创业教育，实施好大学生创业引领计划，让大学生在实现个人自由和全面发展的同时，创造个人财富和承担社会责任，为实现共同富裕、建设和谐社会贡献自身的一份力量。

三、文化背景

在现有的社会主义市场经济条件下，竞争是发展的核心内容。要想提高竞争力就必须深入了解创业文化，提高国民整体的创新意识，培养整个民族的创新精神。

现阶段我国已迎来高校的创业热潮,创业文化逐渐根植于创业者的思想。高校因开展创业教育,促使大学生逐渐了解创业精神、创新意识以及流动偏好,创业文化洋溢于高校中。创业教育不仅能够从人才培养方面作出创新化的改变,满足社会对创业型人才的需求,还能促进高校办学模式的变革。高校学生是各专业人才的集合,同时也是创业型人才的发展对象,未来大学在某一程度上会向创业型大学的趋势发展。

创业的本质功能是将文化知识转化成生产力,创业教育将创新"文化走出去"模式,为文化产业繁荣发展提供强大的智力支持和技术保障。体育的本质属性是文化,创业型体育教育是校园创业文化的重要组成部分。在专注于体育教育本专业学习质量前提下兼顾创业元素,向学生输送创业文化,以养成顺应时代潮流的创业型体育教育人才。

四、教育背景

创业是当前政府和社会关注的热点问题,大学生从应聘就业转变到自主创业,是社会发展的趋势。高校早已将创新创业教育融入教学过程中,打造具有时代性的创新创业教育课程,以进一步增强大学生的创新思维、创新意识和实践能力,从而有效促进大学生的创业能力,推动高校大学生的创业进程,缓解我国严峻的就业形势。

当前的现实问题是大学生毕业后就业能力差、创业能力更差,许多大学生不能运用在校期间所学本领找到自己理想的工作,原有的教育体系不能更好地挖掘人们自我就业的潜能。劳动力就业出现的一系列问题,改变了社会对高校的期待,大力发展高等院校创业教育成为落实大学生素质教育的必然选择。高校作为人才培养机构,有责任承担起"大学生创业领路人"的角色,为社会承担更大的责任。

创业教育作为新的教育理念,既能从教育领域作出突破改革,又能从学生的思想意识方面作出创新,符合教育不断更新变化的特点,应该作为大学教育的重要组成部分,这是时代和社会的要求,对创业教育的研究有助于改进和完善我国现阶段高校创业教育体系,建立和完善高校创业教育体系有助于实现我国高等教育的可持续发展。创业教育是什么?创业教育"教什么""如何教""谁来教",

以及创业教育是通过何种途径？又能在多大程度上影响创业行为？我国高校创新创业教育在目标认识、课程内容和教育模式上面临困局，同时还存在着发展模式不科学、评估体系不完善等问题。[1] 种种问题的答案需要在创新创业教育的研究过程中去追寻，并推动现实高校创业教育的发展进程，真正促进大学生成功创业，持续创造更多的、优质的就业岗位。

第二节　研究意义

一、理论意义

（一）丰富创业教育理论体系

创业教育作为新时代的教育理念和实践，传递着国家的战略导向、转型发展的指向、培养目标的同向"三重意蕴"。世界众多发达国家重视创业教育，并获得因此带来的众多益处，实践证明，创业教育对一个国家的综合国力发展具有重要作用。因此，我国亦愈来愈重视创业教育，不断探索创业教育理论研究。

2015年5月，《国务院关于大力推进大众创业万众创新若干政策措施的意见》提出"将创业精神培育和创业素质教育纳入国民教育体系，实现全社会创业教育和培训制度化、体系化"，这对新时代中国特色社会主义下的高校人才培养提出了新要求。高校作为高等教育的主力军，承担着发展创业教育的重要任务，肩负着培养创新型人才的使命，顺应社会历史发展潮流，深化高等教育改革，构建完善成熟的创业教育体系，注重人才培养质量的提升，是在创业教育过程中必须考虑的重要课题。习近平总书记强调过，创新是社会进步的灵魂，创业是推动经济社会发展、改善民生的重要途径。创业与创新紧密联系、互不可分，创业寓于创新，创新又寓于创业。因此，创业教育与创新教育亦是相互融合、结合的，这对进一步发展高校创业教育，进一步充实创业教育理论体系具有重要意义。

习近平总书记在十九大报告中提出，我国要在21世纪中叶发展到中等发达

---

[1] 徐红梅：《新形势下高校创新创业教育现状分析——评〈新形势下高校创新创业教育〉》，《领导科学》2021年第20期。

国家水平，基本实现现代化。所以，要想达成目标就必须提高我国人民的创新意识与能力，就要大力开展创业教育。创业教育不仅仅传授知识与技能，更是一种理念。现从创业教育理论体系的发展阶段、存在问题、教育功能以及发展方向四方面着手分析。当前，我国高校创业教育发展阶段已从尝试探索阶段过渡到了细化分层、多元发展的新阶段，但在教育过程中的理论与实践方面存在多种问题，如创业与专业融合不顺畅、学科化倾向、创业理论与实践脱节等，反映出我国创业教育理论体系存在漏洞，需要继续完善创业教育理论体系才能使众多问题得到有效解决。创业教育综合了其他活动的功能于一身，在社会发展、教育发展以及人的发展三方面具有重要功能，通过培养创新创业型人才，推动社会进步，加快教育改革，促进人的全面发展。[①] 高校应进一步加强创业教育，注重发展方向，将教育对象从"小众"转为"大众"，促进专业教育与长远教育的融合，构建创新创业教育开放协同平台。各大高校学者应继续深入研究创业教育理论，力争探索出适合我国的完整创业教育理论体系。

在我国创业教育理论体系中，因专业性不同，为社会带来的效益不同，各专业对创业教育的重视程度不一，理工类专业对创业教育的重视程度明显高于文科类专业，并且从体育学角度研究的创业教育更为罕见。本研究有助于弥补当前我国与体育学相联系的创业教育研究相对不足的缺憾，丰富我国目前创业型体育教育的既有成果，完善中国创业教育理论研究体系，从而更好地为创新型国家做贡献。

（二）为体育院系的创业教育提供理论依据

随着社会大众的健康意识日益增强，大众对体育的重视程度亦不断提高，参与体育运动的人数不断增长，各大高校的体育教育发展日益成熟，同时，国家在重视体育事业发展并大力支持发展创业教育的情况下，应注重体育院系的创业教育，将体育教育与创业教育相融合，打造创业型体育教育的教学模式，以期为我国的创业教育与体育事业作出巨大贡献。在世界各强国重视发展创业教育的背景下，体育院系的创业教育不应被搁置或是应付，而是要普及到各体育院系并实现创业与体育的融合，使学生掌握良好的专业技能并且具备创新创业能力。因此，

---

① 刘铸、张纪洪：《大学生创业教育的基本功能与重要意义》，《中国高等教育》2000年第18期。

如何在体育院系实施创业教育并取得良好教学效果的研究越来越受到学者的重视。国内外有很多基于理科类专业的创业教育研究，并涉及经济学、管理学等学科，但从体育专业角度进行的研究较少。

在新的国际大环境下，各国对高校创业教育的重视程度逐步提高，越来越重视创新创业型人才的培养，我国亦如此。同时，伴随着我国高校毕业生人数激增，就业形势异常严峻，体育专业毕业生就业难度更大，高校毕业生就业已成为一大社会问题。因此，我国体育院系开展创业教育是紧跟国际社会大形势，培养创新创业型人才和应对就业问题的重要战略对策之一。在人才竞争的国际社会，各国都在进行各专业的创业教育，努力培养各专业的创新创业型人才，为社会解决就业问题，以提高本国的竞争力，促进本国发展。在我们当今社会人口逐渐增多和工作岗位有限的情况下，就业成了人们非常关注的问题，体育院系毕业生就业状况的不乐观也逐步引起社会重视。体育专业由于实践性较强的专业特点，学生接受创业教育，更能提升学生的专业与创业素质，提高知识文化素养，激发体育院系学生的创业激情，最主要的是可以帮助体育专业学生转变就业观念，拓宽就业思路，提升就业竞争力，培养事业心和开拓能力。如果体育专业学生创业成功，可以为社会大众创造就业岗位，减缓就业压力，为社会创造更大的利益。如果学生不创业或是创业失败，经过创业教育经历后自身各方面素质已获巨大提升，对自身接下来发展也是极其有益的。因此，开展体育院系的创业教育是大势所趋，顺应时代发展。

通过梳理我国颁布的各种支持体育的政策文件与创业教育的政策可知，我国既支持创业教育，又重视体育发展，加强体育院系的创业教育既能达到创业教育的目的，又能通过创业促进体育事业的发展，简直一举两得，何乐而不为。但目前体育院系创业教育的情况不容乐观，面临着众多问题，甚至并没有被社会重视，体育院系的创业教育发展明显滞后于其他专业。创业教育并非只涵盖于那些热门的理科专业，若作为强国手段的体育未被重视，那么缺少体育专业的创业教育是不完整的，践行体育院系的创业教育也是落实体育强国战略的有效手段。因此，如何开展体育院系的创业教育是政府、高校面临的重要问题。

体育专业创业教育研究是一个涉及内容较为广泛的领域，它不仅限于体育学，还涵盖了社会学、管理学、经济学等领域的内容。在体育领域方面，目前的研究比较少，涉及教学设计、教学模式、人才培养、创业意向等层面。由于我国针对体育院系创业教育研究还未形成系统性的研究方向以及基础性的理论体系，创业教育实践更是缺乏，绝大部分是在创业教育理论基础之上进行研究的，以丰富体育院系创业教育理论研究。

所以，从理论层面上说，当前创业教育与体育教育融合并未得到太多关注，体育院系创业教育的相关研究较为稀少，导致创业教育实践中基本不存在体育教育干预。本研究将高校创业教育与体育教育进行结合，研究探讨体育院系的一种新型教育模式——创业型体育教育，为体育院系的创业教育提供理论依据，以期实现我国高校体育教育与创业教育的双重高质量发展。

二、现实意义

（一）推进大众创业、万众创新，深入贯彻落实创新驱动发展战略

近年来，随着我国综合国力日益增强，国家对创业教育的重视程度也逐渐提高。同时，为推动创新驱动发展战略的实施，国家颁布了《国务院关于大力推进大众创业万众创新若干政策措施的意见》等一系列政策文件。中国进入发展新时代，大众创业、万众创新成为我国继续深入发展的重要路径，其本质就是创新，而创新是一个国家的灵魂，是一个国家发展的重要推动力，因此大众创业、万众创新与我国的创新驱动发展战略联系极为密切。高校作为人才培养的基地，是创业教育的实施者，承担着国家高质量可持续发展的重任。大学生作为创业教育的受教育主体，是建设国家的生力军，其创新素养与创业能力直接影响着社会发展。目前，体育专业创业教育的重视程度虽未像其他专业一样，但也是创业教育中必不可少的重要组成部分。

体育院系的创业教育作为我国创业教育的重要组成部分，目前虽然没引起社会重视，但其具备着重大能量。各大高校已把创业教育当作一项重要任务以及教学改革的重要课题。通过夏青老师对三峡大学体育学院创业教育的实践进行的研究发现，三峡大学体育学院的体育教育与创业教育结合，进行了观念、教学模式、教学实践等方面的改革。最终改革效果显著，创业教育与体育专业已有机融合在一起，三峡大学体育学院学生的综合素质明显提升；建设了校内、校外的实践基

地，拓展了创业实践教育空间，弥补了创业实践教育的短板，3年时间建立了近20个遍布全国十余省市自治区的实习基地；制订了三类教学管理制度、两方面的师资培养计划、两方面的激励政策、一个科学合理的评价体系；提升了本院校学生的创业实践能力。最终研究显示，由于三峡大学体育学院经过创业教育，本院学生的创业实践活动为促进本地体育事业发展做出了积极贡献，大量学生进行了体育培训辅导、兼职等形式的活动，仅在2011年学生就主动参与30多场地方体育事业大型活动，2008届和2009届体育学院学生参与创业的已占全校创业总人数的87%，并且多数学生已开办了培训公司、创办了体育俱乐部等。2011年三峡大学体育学院的学生创业率为10.5%，全国普通院校创业率仅为1.2%，同类院校创业率仅为7.7%，三峡大学体育学院明显高于全国其他院系。通过三峡大学体育学院的创业教育就可发现，体育院系的创业教育具有很大的发展潜力并且蕴含巨大能量，不仅能培养创新创业人才，还能创办企业，促进我国体育事业的发展，甚至能带动相关产业的发展。

创业教育作为一种新时代的理念与实践，其意义重大、影响深远可想而知，创业型体育教育（创业教育与体育教育的融合）作为创业教育的重要部分，亦存在重大意义。通过三峡大学体育学院创业教育的实例发现，加大对体育院系的创业教育研究并应用于实际，会为社会带来多种益处，如培养创新创业人才，创办企业，为社会大众创造就业岗位，促进体育事业的发展等，完全符合大众创业、万众创新的本质，并有助于推动大众创业、万众创新。所以，加大对体育院系创业教育的理论与应用研究，对推进大众创业、万众创新，深入贯彻落实创新驱动发展战略有着重要意义。

（二）促进体育院系的创业教育发展

创业教育是深化高等教育的必然趋势，是社会发展的必然要求，是新时代下高等教育的根本职责。与其他高等院系积极开展的创业教育相对比，体育院系进行的创业教育显得尤为重要，体育创业型人才的培养应紧跟甚至超越时代的发展要求。当前，体育在我国发展中承担着重要任务，越来越受到国家以及人民的重视，我国体育院系的创业教育理应同样被重视，得到良好发展，加强体育院系的创业教育研究与实际应用是十分必要的。

加大体育院系的创业教育力度，构建创业型体育教育模式，对体育院系创业教育各方面具有积极推动作用。其一，可以提高体育院系对创业教育的重视程度，改变教师、学生对创业教育的传统观念，向教师、学生传导创业教育的人才培养理念，使其明白本院系创业教育的重要性，为顺利开展后续创业教育工作打下思想基础。其二，可以优化体育教育理论与实践课程，提高学生的实践能力，完善学生的知识结构，加强体育学科与其他学科知识的融合，拓宽学生的知识范围，增加学生的知识底蕴。其三，可以改革传统体育教学方法，采用研讨式、启发式等灵活多样的教学方法，以学生为主体，重视学生的学习效果，把课堂成效发挥到最大。其四，可以增强体育院系师资队伍的实力，完善体育教师的创业知识与实践能力，丰富体育教师的创业教育实践经历，还可通过"走出去"和"请进来"，与其他高校、企业进行合作、交流，学习创业成功以及人才培养的经验。

体育院系创业教育的理念、课程、教学以及师资队伍决定了其创业教育水平，与体育院系创业教育的发展息息相关，而这一切很大程度上得益于对创业型体育教育研究的重视。因此，创业型体育教育对体育院系的发展至关重要，对提高我国整体创业教育水平，推动我国创业教育的发展意义重大。

（三）提升体育专业学生的创新创业能力，缓解体育专业大学生严峻的就业形势

一直以来，就业困难的问题始终困扰着体育专业学生。出现这种局面的原因主要体现在两个方面：其一，高校施行扩招政策，高等教育由精英化转为大众化，极大程度地促进了学生数量增长，越来越多综合性高校建立体育院系并开设体育专业，但随着社会不断发展、进步，各领域对所需要人才的质量亦不断提高，众多高校的体育专业学生在学习能力与就业能力上存在差异，因此导致不同学生就业状况差距较大，甚至无法在本专业领域就业。其二，高校对体育专业存在一定偏见，重视程度并非如其他专业一样，在体育教育设施配备、教学活动开展等方面存在不同问题，致使体育专业学生专业素养存在不同程度缺失，同时暴露出了体育专业学生在创业教育方面的缺失等问题。

高校体育院系承担着为国家培养和输送高素质体育人才的重任，是我国重要的高素质体育人才培养基地，体育教育不仅应从其本身出发，还需与时代发展相适应，满足社会发展的人才需求。教育质量与大学生专业素养密切联系，是决定大学生就业能力的关键因素，而体育专业学生就业难的根本原因在于其自身所具备的能力难以与体育事业发展的需求相匹配。而创业教育作为新时代发展的产物，在高校体育教育中结合创业教育，发展创业型体育教育，是新时代顺应高等教育改革潮流的必然要求。创业型体育教育通过体育专业教育与创业教育相结合的方式，不断为学生注入创新思想，培养学生创业意识，从根本上培养学生的开创性思维，同时向学生传授专业、创业的知识与技能，丰富学生的专业和创业理论知识，支持并鼓励学生积极参与创业实践活动，增加学生创业经验，提高其创业实践能力，进而提升体育专业学生的创新创业能力，在创业与就业方面掌握主动性。如此一来，体育专业学生就可以自身较高的创新创业能力为基础，拓宽自身就业面，进行创业或就业。创业无疑极符合当下社会发展的需求，在解决自身就业的前提下为社会民众提供工作岗位，缓解严峻的就业形势。

所以，创业型体育教育对提高大学生创新创业能力，及时匹配体育事业的发展进度，快速适应体育市场需求，实现高质量就业具有极大推动力。

第三节 创业型体育教育相关研究的状况与评价

一、国外创业教育研究状况与评价

提升国家的国际竞争力，保证社会经济健康可持续发展，维护社会和平稳定，是各国政府共同面临的重要课题，而此问题的最佳解决方式就要依靠创业教育。自20世纪下半叶以来，创业教育较为火热，进入21世纪后，创业教育在世界范围内掀起了一股教育潮流。世界各国经历2008年国际金融危机之后，意识到了创新创业的必要性，对创业教育的重视程度进一步提高。

国外创业教育的研究历史长达几十年，研究范围广，水平高，研究出的创业教育理论成果先进而丰富，建立的创业教育体系科学而完善，对我国创业教育的开展具有重要的借鉴意义。

（一）创业教育现状研究

国外的创业教育发展已日趋成熟，并呈现良好的发展态势，现对创业教育发展水平居于世界前列并具有代表性的美国、英国、法国、日本、新加坡的创业教育现状进行总结，以了解他国创业发展及现状，为我国提供参考。

美国高校创业教育开展时间较早且发展迅速，其创业教育水平一直领先于世界其他各国。哈佛商学院作为美国创业教育的代表高校，在1947年就开设了"创新企业管理课程"（Management of New Enterprise），以此为起点向学生传授创业知识，传播创新创业思想。紧接着，百森商学院、斯坦福大学、麻省理工学院等美国著名高校也陆续开展创业教育。[1] 美国的创业教育有着严格规范的体系，并且已经被纳入国民教育体系，所以美国学生从小学就开始被引导接受创业教育，直到研究生，创新创业意识和思想伴随美国学生整个学习生涯。经查阅相关资料，截至目前，美国至少已有450所高校设立了专门的创新创业专业，还设立了学士学位、硕士学位和博士学位，学生达到毕业要求，学校还分别为其颁发学位证书。此外，美国许多高校为进一步提升创业教育水平和推动社会经济发展，不仅建立了科学合理的创业生态系统，还有序开展了多种多样的创业活动。[2]

1980年以来，英国一些高校，如爱丁堡大学、布鲁内尔大学、帝国理工大学等进行了从"研究型大学"到"创业型大学"的第二次学术改革，并且落实了各项创业教育工作。1987年，英国为培养大学生的可迁移创业能力，将创业学习纳入基本课程之中，并发起"高等创业教育创业"计划，英国高校创业教育由此节点步入发展轨道。21世纪初，英国政府发布了《全国大学生创业教育黄皮书》等相关政策文件以及调查报告，带动了社会的创业氛围，促进了高校创业，进一步推动了英国高校创业教育的发展。[3]

1978年，法国高等商学院设立"企业家"课程，法国创业教育从此逐步发展。法国创业教育的开始时间在全球看来相对较晚，但还是早于我国。法国的创业教

---

[1] Katz, J.A. The chronology and intellectual Trajectory of American entrepreneurship education[J]. *Journal of Business Venturing*, 2003, (2): 283-300.

[2] 许涛、郑文江：《美国大学创新创业教育的发展现状及其新特征》，《现代教育技术》2019年第29期。

[3] 黄兆信、张中秋、赵国靖等：《英国高校创业教育的现状、特色及启示》，《华东师范大学学报（教育科学版）》2016第34期。

育因社会创业理念逐渐好转，政府对创业的政策支持和对法国民间机构资金的支持，使得法国高校创业教育迅速发展。现如今，法国高校创业教育在政府政策保障之外，自身也进行了一系列创业教育探索与改革，并且已发展得相当完善，有着先进的创业教育理念、适宜的创业教育模式、完备的创业课程体系以及科学的创业教学方法，在高校教育中占据重要地位。①

20世纪90年代中期，日本高校就已开展创业教育，如今其创业教育发展速度之快、水平之高位居世界前列。在日本《科学技术基本法》出台之后的十多年里，开展创业教育的高校数量由大约30所增长到近250所。在日本创业家精神的大力倡行下，日本高校在完善基础设施同时，又注重与地域经济产业特点相结合，通过多样化制度，支持并鼓励人们进行创业实践，因此日本形成了水平高且独特的创业教育发展模式。②

1959年，新加坡政府就大力支持实用教育的指导思想，重视本地企业的发展，制定并落实相关支持中小企业的政策，此举为新加坡高校创业教育快速高质量发展创造了良好环境。进入21世纪后，新加坡的创业教育形成了一套完整的体系，成果颇丰。新加坡的创业教育贯穿学生的学习生涯，中小学学习基本创业知识，本科设置创业教育课程并开设辅修专业，并且新加坡南洋理工大学（NTU）开设了创业教育的硕士学位。新加坡的创业教育经过多年发展，构建了完善的创业教育体系，培养了一批又一批创新创业型人才，开创了众多企业，为本国创造了巨大社会价值。③

通过总结国外具有代表性的高校创业教育的发展以及现状，可以发现这些国家的创业教育起步早、发展迅速、极具本国特色、成效明显。并且国外创业教育的理念具有前瞻性，服务范围具有多样性和综合性，师生团队实战性较强，专业建设具有职业化与个性化，创业文化具有开放性。可见，国外创业教育各方面均具有较高的发展水平，对我国有重大的指导借鉴意义。

---

① 张燕妮：《法国创新创业教育的现状和启示》，《江苏高教》2020年第9期。
② 陈江、陈明昆：《共性特征与现实差异：美英日高校创业教育比较审视》，《继续教育研究》2015年第3期。
③ 黄兆信、刘丝雨、张中秋：《新加坡大学生创业教育的成功经验及启示》，《高等工程教育研究》2016年第4期。

（二）创业教育模式研究

国外的创业教育经过多年探索，形成了多种较为成熟的创业教育模式。不同国家的创业教育模式大都根据本国创业教育发展特点来建立，并且一个国家，甚至同一高校，也会存在多种创业教育模式。现对国外的创业教育模式进行梳理，从而为我国创业教育模式提供参考。

施永川等人（2019）对韩国40年的创业教育发展历程进行研究，发现韩国形成了分别与创业支援为中心、学科建设为主导、产学研三维互动相对应的社会实践教育模式、专业化教育模式、生态化创业教育模式，极大地推动了韩国创业人才的培养。[①]如忠北大学将企业家精神和知识产权管理课程作为本科生基础课程；东新大学针对不同年段的本科生，将课程分成计划、提高与支援三个层次；亚洲大学则结合学生的专业，开设了职业与创业生涯设计、技术融合与商业化课程；韩瑞大学结合自身在航空航天等专业的优势，开设以服务为导向的 H—A—E 全球创业学课程。而研究生课程则在本科生课程内容基础上设置更具专业性和国际化的内容，大部分课程都非常注重培养学生分析能力和管理能力，兼具学术性和实用性，鼓励学生以更广阔的视角判断创业项目的可行性，并投入到未来的商业实践中。[②]日本高校创业教育于20世纪末开始发展，虽发展时间不长，但发展速度很快，这与其科学合理的创业教育模式紧密相连。谢丽丽将日本高校的创业教育模式分为四类，一是创业家教育模式，主要提升受教育者管理经验；二是创业技能副专业型，主要提升受教育者创新创业能力；三是经营能力综合培养模型，主要培养受教育者的经营能力；四是企业家精神涵养型，主要提升受教育者创新创业思想意识。这四种创业教育模式相互支撑，共同培养学生的创新创业能力。[③]在多数的日本大学里，创业教育部门和创业支援部门是各自独立的。庆应义塾大学湘南藤泽校区（SFC）将创业教育和创业支援相结合，创建了以培养创业技能为主的创业课程模式。目前该学校开设的创业教育课程为"SIV Tutorial"和"新事业创造论"，通过创业教育，使对创业感兴趣的志愿者能够顺利地开展创业活

---

① 施永川、王佳桐：《韩国高校创业教育发展的动因、现状及对我国的启示》，《华东师范大学学报（教育科学版）》2019年第37期。
② 胥佳慧、张美萍：《应用型人才培养视域下高校创新创业教育模式研究》，《黑龙江畜牧兽医》2018年第7期。
③ 谢丽丽：《日本高校创业教育模式及其启示》，《学校党建与思想教育》2010年第29期。

动，既缩短了创业的前期准备时间，同时也提高了创业的成功率。庆应义塾大学湘南藤泽校区利用人力资源 e 化的优势；开发、培养学生的创业能力。创业志愿者或对风险企业感兴趣的学生，在学习创业概论（ⅠⅡ）的过程中，不断地与那些跟该校区联系密切的企业家进行交流、讨论，同时进行实际操作训练，制订商业计划书。讲座结束以后，学校面向所有学生征集创业想法，举办创业计划竞赛，同时对实际希望创业的学生由 SIV 实验室提供支援项目，将创业教育和创业支援有机地结合在一起，培养学生的创业技能。[①]韩萌（2020）通过研究牛津大学商学院的"共生式"创业教育模式，认为牛津大学商学院较高的创业教育发展水平与这种"共生式"创业教育模式紧密相连，此模式特别强调"共生式"的创业理念，并基于教学共生模式、商业共生实践和校域共生互动三方面要素，建立了一个课程、创业、孵化的连续发展过程，为广大学生提供了创业服务平台，为其他高校开展创业教育提供了有力经验。[②]乔纳森·利维（Jonathan Levie）教授通过调查 1997 年至 1999 年的英国 133 所高校开展创业教育的情况，并对高校创业教育课程、学生的学习状况、教材使用情况等进行总结，发现在创业教育开展中存在"创业课程"和"关于创业的课程"两类课程，并且在师资、教法和学生类型方面差异巨大。

综上所述，国外大多的创业教育模式强调培养学生的能力与创业观念，并注重开展创业实践活动。国外一些高校将课程教学、科学研究以及商业活动三者融为一体，使其形成良性循环，不仅促进了创业教育、科研团队以及企业的良好发展，而且提升了学生的创新意识，提高了实践能力，最终将其培养成高层次的创新创业型人才。以上经验对我国具有重要的借鉴意义。

（三）创业教育重要性研究

创业教育为何在世界上如此受欢迎，受到多数国家的推崇？毫无疑问，创业教育意义重大、影响深远，不仅可以为国家带来巨大利益价值，还能提高国际竞争力，要想在国际中立于不败地位，就必须进行创业教育。现对国外创业教育意义的研究进行梳理。

---

① 谢丽丽:《日本高校创业教育课程模式及典型个案分析》,《教育探索》2010 年第 10 期。
② 韩萌:《牛津大学"共生式"创业教育模式及其借鉴——基于商学院的实践》,《大学教育科学》2020 年第 1 期。

威廉·杰克·鲍莫尔（William Jack Baumol）等人（2009）研究发现，近代美国企业家数量相对于其他国家居于世界第一，同时更大一部分也是发明家，他们为美国创造了巨大财富，促进了美国经济增长并使美国取得了世界范围内长期的竞争优势。[1]而这经济的增加归因于创业公司数量的增长，这足以说明创业教育有助于促进国家和区域经济发展。有学者研究发现，学生学习创新创业教育课程有利于促进其创业，对创业选择有积极影响，因而有助于强化学生的创业意愿和创业行动。有学者认为创业教育对大学生非常有必要，创业教育能增强大学生的企业家自我效能感，也能普遍增强自我效能感，并提供需求日益增加的企业家内部工作者所需的知识和技能，虽然并非所有大学生都会进行创业，但受过创业教育的大学生已经具备了众多出色的能力与素质，对自己未来发展以及社会发展都有良好的影响。[2]有学者认为创业教育与专业教育相融合可以促进学生创新能力和创新意识养成，推动社会创新创业风气的形成，提高社会整体的创新水平，在各领域实现创新，创造更多新型高质量的就业岗位。以斯坦福大学为例，此校接受创业教育的毕业生已经创办了超过39 900家高科技企业，创造了约540万个就业岗位，为社会创造的收益已超过2.7万亿美元，创造的经济价值相当于全球第十大经济体。[3]唐纳德·库拉特科（Donald Kuratko）认为创业教育在完善市场结构，唤醒市场经济的过程中起着巨大推动作用。杰罗姆·卡茨（Jerome Katz）等人（2014）认为高校创业教育可以培养自我雇佣型就业者，从而拓宽人们就业岗位。选择自雇式就业的大学生逐渐增多，相反，选择传统雇佣型职业的美国大学生逐渐减少，尤其像艺术设计、农业、牙医等专业的毕业生，自我雇佣比例较高，可见，灵活多样的自我雇佣式就业已成为美国主要就业方式之一[4]。有学者提出创业教育是培养富含创新创业意识与能力人才的重要方式，是推动社会发展

---

[1] Baumol W J, Wolff E N, Schilling M A. The superstar inventors and entrepreneurs: How were they educated?[J]. *Journal of Economics & Management Strategy*, 2009, (3): 711−728.

[2] Abdelkarim, A. From entrepreneurial desirability to entrepreneurial self-efficacy: the need for entrepreneurship education—a survey of university students in eight countries. *Entrep Educ* 4, 67 - 88 (2021).

[3] Eesely C E, Miller W. Impact: Stanford university's economic impact via innovation and entrepreneurship[J]. *Stanford, California: Stanford University*, 2018, 14(2): 130−278.

[4] Jerome A. Katz et al. Perspectives on the Development of Cross Campus Entrepreneurship Education[J]. *Entrepreneurship Research Journal*, 2014, 4(1): 13−44.

的重要动力,以美国创业指数为例,创业工作者在接受创业教育后,其创新活动率达到了7%,居世界首位,更能体现出创业教育在培养创新型人才和落实创新活动中发挥的重要作用[①]。彼得·德鲁克(Peter Drucker)(1985)分析了美国在1970—1984年经济发展的趋势,并提出创业教育为社会创造了众多就业岗位,促进了社会成员就业,缓解了就业难的局势,推动了社会经济发展。约翰·奈斯彼特(John Naisbitt)认为美国经济持续繁荣、蓬勃发展的一重要因素就是美国实施了成功的创业教育。

(四)创业教育师资研究

创业教育师资是创业教育开展的前提,师资队伍质量很大程度上影响着创业教育质量,从而影响着全国的创业教育水平。创业教师是创业教育的实施者,是完成创业教育人才培养任务的主导者,是创业课程的建设者与开发者。因此,高校组建一支优秀的创业教育师资队伍对发展创业教育是非常有必要的。国外对创业教育师资重视程度较高,并且针对创业教育师资队伍建设这一方向进行深度钻研,产出了许多研究成果。

美国高校组建创业教育师资队伍,更注重专职教师与兼职教师在数量上保持平衡,还要求两类教师掌握丰富的创业实践经验,同时又能使创业理论与专业知识相融合,在创业教育中向学生传授实际的创业经验。创业教育重在培养学生的创新意识、创新能力,并不局限于某单一学科,因此需要跨多学科来驱动全体教师的创业教育水平,一是教师自身具备多学科知识,二是不同教师个体间具备不同学科知识,两者相互结合才能更有利于学生的创业教育,使创业教育效果更上一个层次。[②]库拉特科(Kuratko,2005)提出创业教育的师资就是要培养一批学历与实践能力并重的教师队伍。培养既具有高水平专业理论知识,又具备丰富创业实践经验的教师,以开设创业教育的理论课与实践课。具备如此高素质的创业教师是落实创业教育、推动创业教育发展的真正力量。创业教育与其他方面教育不同,创业教育因其教育目的,对创业教师素质的门槛设置要高于其他学科,这

[①] Kelley D J, Alia, Brush C, et al.Global *entrepreneurship monitor united states report 2016*[R]. Babson Park, MA:Babson College, 2017:24.

[②] 张庆晓、许礼刚、王轶珍:《美国高校开展一流创新创业教育的经验及启发》,《黑龙江高教研究》2020年第38期。

也从侧面反映出创业教育的难度较高，不仅要求教师激发学生的学习兴趣，培养学生的创造能力，还要具备敏锐洞察力，把握学生的学习水平，从而指导学生的创业发展等。同时，特别重要的是，要把握学生预期从事的创业领域的发展态势，并通过对创业实践的探索总结未来要求的创业素质，这些都是实力强的创业教师所具备的最为基础的职业素养。达尼埃莱-莫尔塞利（Daniele Morselli，2019）在创业教育教师素质方面认为，创业教育教师应具备创业教育创业实践经验、创业精神、创新意识等特质。有学者在创业教育师资队伍研究方面认为，高校创业教育的兼职教师和全职教师的比重应保持平衡，其中兼职教师能传授给学生实际创业经验，设立兼职教师十分有必要。王志鹏等人（2017）对美国高校的创业师资队伍建设进行研究时发现，美国对高校的创业教育给予政策支持与法律保障，制定并实施了一系列法律和政策，如《拜杜法案》《美国国家创新战略》等，政策与法律的支持成功激发了美国高校创业教育的发展，并有利于创业教育师资队伍建设。同时强调创业师资必须拥有正确合适的教育理念，重视培养学生的创业精神与创新意识，训练学生全方位能力，对学生一视同仁，激发学生的创业斗志和激情。创业师资队伍建设并不是一成不变的，而是一个动态、持续、开放的过程，美国高校通过人才培养与引进，建立了专门的创业人才培养体系，并注重与科研机构合作，积极邀请创业成功人士担任创业教师，提高高校创业教育师资的实践能力，打造实力过硬的师资队伍。①

综上所述，国外对创业教育师资队伍研究主要体现在两方面，一方面是创业理论水平，另一方面是创业实践经历。国外对创业教育师资要求较高，不仅注重教师的创业实践能力，要求具有高水平的创业理论知识，还要具备出色的教学能力以及良好的洞察力，给予学生创业实践指导，为学生的创业掌舵。我国应借鉴国外创业教育师资队伍建设的方式，组建一批创业理论知识与实践经验兼备，同时又具有充足创新创业精神的师资队伍。

（五）创业教育课程设置研究

创业课程是创业教育的载体，创业课程设置状况会对创业教育产生直接影响。通过对国外创业教育课程设置进行研究，发现国外对创业教育师资重视程度较高，

---

① 王志鹏、高晟、张启望：《美国高校创新创业师资队伍建设的启示》，《黑龙江高教研究》2017年第1期。

从哈佛大学在1947年开设创业课程起，西方发达国家就对创业教育展开十分激烈的讨论，并且针对创业教育课程设置这一方向研究出了众多成果。

乔治·所罗门（George Solomon）等（2002）扩展了创业课程的范围，认为创业课程应包含与实际创业活动相关的学习内容，比如管理学、法律、金融、市场营销等学科相关知识。同时还指出学生创业存在的一系列问题，比如如何办企业、如何经营企业、如何把握并应对市场需求等。经对创业课程设置进行研究，发现国外对创业课程的研究主要分为三类：一是主张创业课程是开展创业教育的基础，甚至可以专门成立独立院系；二是认为不仅应开设独立的创业课程，还要将创业课程与其他科课程融合、渗透；三是注重创业实践，倾向于精英化人才培养。有学者研究认为，创业课程设置决定着后续创业课程学习和学生创业能力培养，为培养学生综合素质，发展学生创新与创造能力，课程设置注重创业理论知识的同时，也要注重创业实践。[1]理查森（Richardson）和海因斯（Hynes）（2008）提出，创业课程设置必须包含一些技能培训，比如思维创新、谈判、开发新产品等，同时也要兼顾其他重要方面，比如企业家的个人素质、承担风险等。两位学者构建出了一个创业教育过程结构框架，并以创业教育过程结构框架为依据，设计出各部分的创业课程，便于后续创业教育活动顺利开展。[2]张雅婷等人（2017）通过对西方多年的课程设置进行研究，发现创业课程设置应考虑多方面内容，结合实际开展情况，不能盲目开设创业课程。教学氛围上，多举办有关创业活动，普及校园的创业教育，营造浓厚的创业氛围；科目设置上，根据创业教育的目标以及学生的不同需求，开设实践能力与理论水平并重的创业课程；课程结合上，强调创业课程并非单一学科，要与多学科课程知识进行融合；课程管理上，设置专门的创业课程管理机构，利用好各类创业平台。[3]法约尔（Fayolle）和盖利（Gailly）（2008）提出，要基于之前的创业经验了解学生的背景，从而根据创业

---

[1] Barahona J H, Leitao F S.The effect of entrepreneurship education programmers on satisfaction with innovation behaviour and performance [J]. *Joural of European Industrial Training*, 2009, 33: 198−214.

[2] Richardson l, Hynes B.Entrepreneurship education:towards an industry sector approach[J]. *Education+Training*, 2008, 50(3): 188−198.

[3] 张雅婷、姚小玲：《西方创业课程设置的路径探究》，《山西大学学报（哲学社会科学版）》2017年第40期。

教育的目的去设计相应的创业课程。[①] 欧内斯特 - 萨姆维尔 - 姆瓦萨尔维巴（Ernest Samwel Mwasalwiba）(2010)就创业课程设置中营造创业氛围的行为做过调查，调查表明高校良好的创业氛围利于培养学生的创业素质，高校应结合自身实际性质和特点，定期举办创业活动来营造良好的创业氛围。[②] 塔提拉（Taatila）(2010)认为，学习创业技能，提升创业实践能力最有效的方法是在现实中做些真正的创业项目，学生直接体验创业实践经历可以获得宝贵的经验，使自身对创业有独到的理解，这对创业者非常重要，创业课程设置应考虑到此因素。[③] 有学者通过调查英联邦国家接受过创业教育的学生，发现这些学生在创业教育中实际学习并掌握的技能与期望学习并掌握的技能之间存在一定差异，对此，可以对创业课程内容进行适当调整，然而，在实际创业教育课程设置中，应考虑多方面因素，而不能仅遵循学生的意愿。[④] 所罗门等人（2002）认为创业教育课程应以必修课、选修课和实践课三种形式展开，课程内容应基本涵盖有关创业的主要知识，比如管理、法律、经济、营销等知识，使学生掌握并能合理运用，对学生进行创业实践活动有莫大帮助。[⑤]

综上所述，大多国外学者对创业课程设置有不同看法，有的认为创业教育是创业的基础，可以单独设立院系，有的认为创业课程并非独立课程，创业涉及多学科知识，应该与其他多种课程进行融合。创业课程应考虑本课程注重实践、多学科并存等特点，根据创业教育各个阶段的目的来进行设置，同时注意创业课程知识的涵盖范围，并注重创业实践课程。创业教育师资与课程设置是创业教育中必不可少的，不仅单方面起着重要作用，并且在构成创业教育整体或某一具体创业教育模式等也承担着关键作用。

[①] Fayolle A, Gall B.From craft to science:Teaching models and learning processes in entrepreneurship education[J]. *Journal of European Industrial Training*, 2008, 32(7): 569-593.

[②] Mwasalwiba E S.Entrepreneurship education: a review of its objectives, teaching methods,and impact indicators[J]. *Education+Training,* 2010, 52(1): 20-47.

[③] Taatila V P. Learning entrepreneurship in higher education[J]. *Education+Training*, 2010, 52(1): 48-61.

[④] Matlay H.Researching entrepreneurship and education,--Part2: what is entrepreneurship and does it matter?[J]. *Education+Training*, 2006, 48(8 /9): 704-718.

[⑤] Solomon C T, Duffy, S, Tarabishy. The state of entrepreneurship education in the United States: A nationwide survey and analysis[J]. *International Journal of Entrepreneurship Education*, 2002, 23(4): 52.

二、国内创业型体育教育相关研究的状况与评价

我国创业教育于20世纪末才开始起步发展,为进一步探索高校落实创业教育的效果,教育部于2004年在我国诸多高校中选择了9所具有良好发展条件的高校作为创业教育试点院校,自此之后,创业教育研究不断为创业教育提供坚实的基础,我国创业教育研究规模自2004年起逐渐增长。2015年李克强总理在政府工作报告中提出"大众创业、万众创新",推进大众创业,万众创新是稳增长、扩就业、激发亿万群众智慧和创造力,促进社会纵向流动、公平正义的重大举措。本研究以1992年为起点,以"创业教育""创业型体育教育"为关键词在中国知网的核心期刊与CSSCI范围内进行主题搜索,共检索到文献8194篇。相关研究如下:

(一)创业教育理论研究

国内创业教育起步较晚,因此相关理论研究开展也较晚,1990年我国主持开展"提高青少年创业能力的教育联合革新项目",原国家教育委员会针对这一项目成立了国家协调组,对创业教育展开研究,并取得了《关于创业教育的若干问题》《创业教育系列丛书》等成果。但总体上单纯研究创业教育理论方面的论文较少,大多数论文集中于介绍国外创业教育的特点和经验,分析我国高校创业教育现状、存在问题及探讨发展对策等方面,这对于探索适合我国教育特点的创业教育模式、理论具有很大的推进作用。

温思美委员在2015年中国人民政治协商会议全体会议上的发言分析了当时我国创业教育理论发展的现状,一份对17所大学将近6000名大学生的调查显示,"大学教育对创业帮助"这一满分10分的调查项评分竟然仅为2.96分,远低于其他调查项。由此就可看出,我国高等院校并没有重视教授学生创业教育理论。[1]并且当时我国高校缺乏系统完善的创业教育理念和体系,各高校的创业教育水平参差不齐。目前,大多数高校已对创业教育理论展开研究,但仅处于初步探索阶段。

林强等人(2001)对创业教育理论展开研究,设计出创业理论的架构,包括创业目的、创业定义以及创业理论框架的维度(创新、风险、管理三维度),对

---

[1] 陈丽、孔青:《高校创业教育理论研究现状调查分析》,《黑龙江畜牧兽医》2016年第7期。

创业理论的概念性框架进行了初步构建。① 林强等人的研究为我国创业教育理论体系的构建与发展以及高校创业理论教育水平的提高奠定了基础。杨幽红（2011）认为，创新创业教育基本理念是以发展创新为主流，面向未来，培养学生的创新精神，打造创新型人才；同时还认为，创业教育是在教育学和创造学理论指导下，以培养受教育者创新创业精神和能力为目的的教育活动，高校创业教育就是培养大学生创新创业素质，最终使其发展为具有开创性精神和能力的人才的教育活动。② 胡剑虹等人（2012）对创业教育理念作了进一步研究分析，认为当今时代的主旋律是创业，只有以创新促创业，推动创业科学发展，才能为社会创造更多财富；创业教育的关键是人才培养，传统教育的人才培养模式已跟不上时代发展，因此高校应顺应时代要求，培养更多高素质创新型人才；创业教育的核心是提高学生的就业能力，因此高校应培养学生的创业文化心理及顽强的意志，以提高学生的就业能力。③ 蔡莉等人（2013）在研究国外的创业决策效果逻辑理论和叙事理论等的基础上认为，已存在的创业理论不仅涉及创业过程的动态性、迭代性特点，还考虑到了识别创业机会、制订创业计划在实际创业活动中的重要作用，但还存在一些问题。④ 2015年，国务院开始推进"大众创业、万众创新"政策的施行。在大数据、互联网及物联网日趋发达的数字化时代，伴随着科学技术的不断突破，创业与数字化技术逐步融合，数字化经济不断发展。因此，余江等人（2018）将数字创业内涵与传统创业内涵进行对比研究，提出数字创业的新内涵，并将数字创业的特性（包括创业的主体、组织、过程、机会和产出五个方面）与传统创业的特性进行对比分析，不难看出，数字创业的生态系统日渐完善，更符合社会创业发展潮流，数字创业将成为我国创业的主流。⑤ 崔军等人（2018）认为创业不仅指经济现象，也指更为广泛的商业、自然、社会和文化活动；创新是创业的本质，创业教育的基本功能是提高学生的创新能力和行动能力，因此创业教育的目

---

① 林强、姜彦福、张健：《创业理论及其架构分析》，《经济研究》2001年第9期。
② 杨幽红：《创新创业教育理论范式与实践研究》，《中国高校科技》2011年第6期。
③ 胡剑虹、王正华：《新形势下高职学生创业教育理论和实践研究》，《学校党建与思想教育》2012年第12期。
④ 蔡莉、单标安：《中国情境下的创业研究：回顾与展望》，《管理世界》2013年第12期。
⑤ 余江、孟庆时、张越等：《数字创业：数字化时代创业理论和实践的新趋势》，《科学研究》2018年第36期。

的不局限于促进学生创业和缓解就业压力,更重要的是育人兴国,培养具有开创能力的人才。[①]

综上所述,国内学者根据当时国内创业教育的发展状况不断对创业教育理论进行总结、更新,创业教育理论的研究大多集中于创业的概念,创业教育的理念、内涵及理论体系的构建,都以"创新"为灵魂,以"人才"为关键,认为只有打破传统,跟随社会发展潮流不断创新才能实现质的突破。但由于研究范围较狭窄,未能完善我国高校创业教育课程体系,我国仍缺乏科学系统的创业教育理念和体系。创业教育理论作为创业教育的根基,其研究水平不仅反映了我国的创业教育水平,而且对高校的创业教育活动具有极其重要的指导意义。因此,不断完善、充实我国的创业教育理论,更新创业教育理念,丰富创业教育形式和内容,以及优化教育机制,是提升我国创业教育理论研究水平的重要举措。

(二)创业教育模式研究

创业教育是一种新时代衍生出的教育理念,国家、社会和高校对其重视程度日益提升。目前,许多学者在探索创业教育模式的道路上已取得多种成果,并在"双创"背景下继续探索具有高校特色、科学有效的创业教育模式。创业教育模式是创业教育在实践探索过程中逐渐形成的、较为稳定的教学目标设置、课程内容安排、实践平台建构、师资队伍建设、课程评价体系建设、制度和资源保障的总和。[②]创业教育模式的成功探索与应用可促进各高校创业教育的质量水平进一步提升,从而培养大学生的创新精神,并提升其创业能力。我国对创业教育的研究已持续30余年,在国家政策支持、教学实践、课程体系建设等方面取得了一定成就。

周秋江等人(2009)以宁波大学的创业教育为例,按照创新人才培养的要求,提出了"课程渗透、实训导向、管理先行"的三位一体创业教育模式:课程渗透即通过创业教育课程这一载体向学生传授创业知识和创业理念;实训导向即坚持创业实践训练,发展学生创业实践能力;管理先行即建立完善创业教育管理制度,

---

① 崔军、戴越:《高校创业教育理论研究》,《高教发展与评估》2018年第34期。
② 邓建平:《创业教育模式建构的思考》,《中国高等教育》2019年第11期。

规范创业教育运行过程，为创业课程和实践训练提供保障。①杨青山（2014）以桂林电子科技大学为例，通过桂林大学生创业园成功开展高校学生创业教育的实践经历，针对理工科大学提出了"校—园"共育的创业教育模式，"校"指高校，"园"指政府、高校、企业共同创建的创业园，此模式为理工科高校探索出了一条高校、政府、企业共同培养创业人才的路径，为提高高等教育的办学质量提供了新途径。②沈国凤（2016）从建构主义视角对高校创新创业教育的知识观、学习观和教学观进行分析，并借鉴我国之前的商学院创业教育模式、"专业性"创新创业教育模式等，以建构主义为基础构建了"建构式"创新创业教育模式，此模式以改革创业载体（课程体系动态实践）、引擎（师资队伍间接引导）、舞台（实践平台主动创新）为重点内容，注重高素质人才培养，革新创业人才培养机制，以政策保障与技术条件为支撑，增强创业教育与社会、经济及科技的结合度，培养优秀的创新创业人才队伍。③滕智源（2016）通过分析发现，当时高校创业教育存在的教育预期效益降低、教育阶段重心停滞、教育实践导向脱节等问题，使高校创业教育模式培养出的学生与现实社会中所需要的创业人才不太相符合。在"互联网+"的推动下，他提出整合企业资源、整合政府资源、整合高校资源的"三个整合"创新创业教育模式。④廖琪丽等人（2017）对创新创业教育面临的挑战进行了分析，基于全局性、全体性、主体性、特色性这四个原则，并根据北京联合大学开展创业教育的实践经验，探索出了"五抓五强"的创新创业教育模式，即通过抓人才培养、课程建设、师资建设、文化氛围及成果转化，来强化顶层设计、融合教育、专业团队、环境育人及实际应用⑤。张蕾等人（2017）立足我国高校创业实际，提出"政、校、生、企"多方协同配合的创业教育模式，此模式是指通过政府政策的引导，高校创造优良的创新创业环境，学生在高校提供的创业环境下借助各类资源进行自主创业，将部分创业成果回馈高校和地方政府，即以

---

① 周秋江、赵伐：《"三位一体"：大学生创业教育模式的建构及其运行——来自宁波大学的经验》，《中国高教研究》2009年第4期。
② 杨青山：《理工科高校"校—园"共育的创业教育新模式》，《学术论坛》2014年第37期。
③ 沈国凤：《高校创新创业教育的"建构式"模式探析》，《中国成人教育》2016年第7期。
④ 滕智源：《"互联网+"视角下"三个整合"创新创业教育模式的构建》，《教育与职业》2016年第17期。
⑤ 廖琪丽、孟秀霞：《高校创新创业教育模式的实践探索》，《学校党建与思想教育》2017年第4期。

政府颁布的政策为导向，高校积极响应并落实政策，学生在政策鼓励支持下参与实际创业活动，创办新企业，进而实现政府与高校、学生合作双赢。[1]许礼刚等人（2021）提出了"学、练、竞、践"四位一体"双创"型人才培养模式，通过"学、练、竞、践"促进"专创"课程体系融合、搭建"1+1"的训练体系、完善竞赛机制、奠定创业基础，以解决当前存在的"大众创业、万众创新"型人才培养过程中专业课程与创新创业教育课程融合程度较低、实践教学平台资源欠缺、竞赛组织思路模糊、创新创业教育作用不明显等问题。[2]

综上所述，学者根据我国高校创业教育实际情况构建出多种创业教育模式，随时间推移，有些创业教育模式发展日趋成熟，已通过实践检验并取得显著成效。由于我国各高校地域分布广泛、层次分化明显、种类多样、特色不一，因此我国各高校探索并采用的创业教育模式难以统一，并具备多样化特点，从而衍生出了多种符合当地特色的创业教育模式，这也是我国创业教育模式的一大特色。创业教育模式以培养学生的创新精神、创业文化素养、创业实践能力为出发点，通过促进高校、企业、政府等各利益相关者的互动，对创业教育中的支持政策、人才培养方案、教育平台、课程体系、师资队伍等各要素进行协调干预，达到创新型人才培养的目标。各高校仍应对创业教育模式进行积极的探索，以求发现适合自身并能产生最大效益的模式。创业教育模式作为创业教育中的关键因素，对培养开创性人才、推动高校创业教育、促进高校教育改革有着极为重要的意义。

（三）创业教育存在的问题及发展对策研究

进入21世纪后，国家高度重视高校创新创业教育，在"大众创业、万众创新"的推动下，各高校也都在积极推进创新创业教育工作，培养大学生的创新意识、创业精神及创业实践能力，以促进大学生成功创业。创业教育虽是创新型人才培养的关键途径，但在开展过程中存在着多种问题，因此学者对创业教育学术研究与实践两方面存在的问题进行了总结并给出了创业教育的发展对策。

---

[1] 张蕾、王凤芹：《"政、校、生、企"多维协同的创新创业教育模式研究》，《中国职业技术教育》2017年第28期。
[2] 许礼刚、周怡婷、徐美娟：《"学、练、竞、践"四位一体"双创"型人才培养模式研究》，《实验技术与管理》2021年第38期。

1. 创业教育存在的问题

我国对创业教育的研究已有30余年，通过在中国知网检索相关文献可以发现，针对创业教育存在问题的相关研究于2000年开始出现并渐渐增多。下面对我国创业教育存在的问题进行梳理，以了解我国创业教育存在的短板。

郭燕锋（2018）从创业教育的资源、管理、师资、孵化园等方面进行分析，认为创业课程体系不完善，教育资源不集中；缺乏针对提高创业教育质量的管理体系；缺乏创业师资力量，创业教育水平受到抑制；创业孵化园发展缓慢，缺乏创业教育实践场所。[①] 刘聪（2016）认为，我国高校的创业教育起步较晚、基础较差，存在高校学生缺乏创业意识、师资队伍短缺、没有完备的创业教育课程体系、缺乏良好的创业教育环境、创业教育发展不均衡等问题。[②] 杨吉春（2016）对我国高校创业教育现实状况进行了研究，总结出五个问题：一是大学生创业教育存在误区；二是创业教育缺乏理论指引，研究不足；三是创业教育课程不成体系；四是缺乏创业教育实践；五是大学生创业教育的环境需要优化。[③] 姜莉莉（2012）发现，高校管理层和大学生对创业教育认识有误，管理人员把创业教育看作是大学毕业生就业指导的内容之一，大学生认为创业教育单纯是一种教学活动；创业教育缺乏系统完善的课程体系；创业教育师资短缺，力量不足；创业教育理论与实践脱节；缺乏良好的社会环境。[④] 宇业力等人（2008）认为创业教育开展较为局限，普及度不高，缺乏较为成熟的理论体系与框架，存在以下问题：高校教师、学生缺乏对创业教育的正确认识；没有设置完善的创业教育课程；缺少创业文化，创业教育氛围不浓厚。[⑤]

综上所述，创业教育存在的问题主要体现在政府、高校、学生、社会四个方面：政府难以落实相关创业教育政策；高校中创业教育师资力量短缺、创业教育理论研究较少、缺乏系统完善的创业课程体系、创业孵化平台发展不成熟、缺少创业氛围；学生对创业教育认识不足、缺乏创业实践机会；社会中人们对创业教

---

① 郭燕锋:《大学生创业教育存在的问题与对策》,《教育与职业》2018年第10期。
② 刘聪:《新形势下大学生创业教育的问题与对策》,《中国高校科技》2016年第10期。
③ 杨吉春:《大学生创业教育问题与对策研究》,《东北师大学报（哲学社会科学版）》2016年第1期。
④ 姜莉莉:《大学生创业教育存在的问题及其对策》,《教育探索》2012年第11期。
⑤ 王强、宇业力:《当前高校创业教育问题分析》,《江苏社会科学》2008年第1期。

育的认识较为浅显、没有浓厚的创业氛围。同时，各年代学者针对创业教育提出的问题存在相似点，这也反映出我国创业教育的一些问题长期存在，并没有得到解决，仍需社会各方面努力。开展创业教育是推进国家创新驱动发展战略的有效途径，而解决创业教育存在的问题是关键所在，因此只有社会、政府、高校等多方融为一体，紧密联系，攻坚克难，才能提高我国创业教育水平。

2. 创业教育的发展对策

学者对我国近几十年的创业教育开展状况进行了研究，分析了高校创业教育存在的问题，并针对创业教育问题给出发展对策。现对我国高校创业教育的发展对策进行梳理。

施永川等人（2010）认为，政府和高校要提高对于创业教育的重视程度，加大开展创业教育工作的力度，组织相关领导和管理人员成立创业教育工作领导小组；高校与企业要互帮互助，保持密切合作关系，为大学生提供良好的外界资源条件；高校应构建系统完善的创业教育体系，包括创业课程体系、创业实践的理论基础及规范的创业教育评价体系，同时加强专业的师资队伍建设。[1]刘国凤等人（2013）针对吉林省高校创业教育现状提出对策，即通过思政教育培养大学生的创业人格，将思政教育与创业素质有机结合；构建创业教育课程体系，建立创业教育鼓励机制，逐步营造良好的创业氛围；校企联合开展创业教育，加强创业教育师资队伍建设。[2]张婷（2015）就高职创业教育给出对策，认为要顺利开展高职创业教育工作，就要学习先进的创业教育理念，明确创业教育的目的，清楚创业教育的内涵；整合创业课程，培养富有创新创业意识与能力的创业教师，组建强有力的创业教育师资队伍；逐步完善校企合作，把握校外企业资源，为学生创业实践提供良好条件；注重创业能力评价体系的构建，对创业教育开展效果进行科学合理的评判。[3]石萍萍（2016）提出要继续完善创新创业教育体系，注重理论与实践相统一；建设优秀的创新创业教师队伍，教师队伍的质量决定着高校创业教育的开展效果；建立科学有效的创业孵化机制，提高创业孵化园的使用效

---

[1] 施永川、黄兆信、李远煕：《大学生创业教育面临的困境与对策》，《教育发展研究》2010年第30期。

[2] 刘国凤、卢婧：《吉林省高校大学生创业教育问题分析及对策》，《职业技术教育》2013年第34期。

[3] 张婷：《高职创业教育存在的问题与对策》，《教育与职业》2015年第6期。

率；提高大学生的创新创业意识，将创业转为内部动机。[①]郭燕锋（2018）针对创业教育的教育体系、课程体系、质量评价、师资队伍及综合实践等五个方面给出建议，表示应加强组织建设，整合课程资源，完善创业教育体系；优化创业课程体系，保障人才培养的质量；完善创业教育的质量评价体系，使创业教育管理科学化、精细化；组织高水平的创业教育师资队伍，确保强大的师资力量；健全创业教育综合实践中心，方便大学生参与创业实践活动，为提高大学生的创业实践能力提供良好条件。[②]刘译阳等人（2019）认为，第一，应加强组织领导作用及政策引导作用；第二，应健全高校的创业教育体系，包括深化创业教育理念、强化师资队伍、建立科学的课程体系；第三，应激发学生的创新创业活力，激发学生的创新精神，培养学生的创业意识，提高学生的创造能力，努力将学生培养成开创性人才。[③]吴学松（2020）分别从创新创业教育的观念、制度、质量、资源四个维度给出对策：观念维度强调创新理念、凝聚思想共识、转变办学观念、健全组织机构、营造创新创业的文化氛围；制度维度强调建立有序的章程制度、优化保障体系、实现教学管理创新、加大财力扶持、健全完善评价机制；质量维度强调靶向发力、优化课程设计、建立强大的师资队伍、重视建立特色教育体系；资源维度强调内外协同发展，创业教育需社会各方协同治理、多方联动，以及高校内外一起发力。[④]

综合各学者针对创业教育提出的对策可以发现，各高校对创业教育的组织领导与政策引导，课程体系与评价体系的完善，师资队伍建设，提高大学生创业意识、创业实践能力等方面高度重视，但并未采取有针对性的强化措施。因此，各学者从创业教育的政策、思想观念、理论教育、师资力量、实践能力、环境氛围等各方面给出的全方位建议，不仅需要高校有效地落实，更重要的是需要各地方政府、企业及个人按照对策逐步去落实，不能将一条条对策变为一句句空话。

---

① 石萍萍：《大学生创新创业教育的问题及对策》，《教育与职业》2016年第24期。
② 郭燕锋：《大学生创业教育存在的问题与对策》，《教育与职业》2018年第10期。
③ 刘译阳、边恕：《高校创新创业教育存在的问题、原因及对策》，《现代教育管理》2019年第9期。
④ 吴学松：《应用型本科院校创新创业教育现状、问题与对策》，《教育与职业》2020第5期。

(四)中外比较借鉴研究

创业教育源于西方发达国家,客观来讲,西方发达国家的创业教育发展水平远高于我国,因此我国可以西方先进的创业教育理论与实践为范本,吸取其精华。在此前提下,对国外进行创业教育研究就很有必要。

胡桃等人(2013)通过研究巴布森学院创业课程体系发现,巴布森学院创业课程体系领先于世界是因为其具有雄厚的师资力量、合理的课程设计、全面的课程内容体系及科学的教学方法;通过研究斯坦福大学"产学研一体化"创新创业教育模式特点认为,此教育模式强调企业、学校和科研机构之间紧密合作,通过各部之间相互了解、相互配合,实现资源共享、优势互补,发挥出产"学研一体化"的综合优势。巴布森学院和斯坦福大学的先进创业教育案例为我国创业教育发展作出了榜样。[①]黄兆信等人分别对中美高校创业教育课程体系(2015)、欧盟创业教育的实施路径(2015)、英国高校创业教育特色(2016)、新加坡大学生成功创业经验(2016)进行了研究。关于中美高校创业教育课程体系,黄兆信等人认为中美针对创业教育课程的设置背景、设置内容、设置目标、态度均相似,但美国的创业教育课程在普及程度、类型、模式、体系及师资力量这些方面要优于我国。[②]关于欧盟创业教育的实施路径,黄兆信等人认为主要有三种:其一是制定相应的发展战略,通过出台创业教育鼓励支持政策推动创业教育发展,这与我国较为相似;其二是将创业教育渗入其他方面的发展战略中,如欧盟部分国家并没有制定专门的创业教育发展战略,而是将创业元素融入教育培训、科技创新等不同类型的发展战略中;其三是由政府相关的职能部门推动创业教育,利用全社会的力量营造浓厚的创业氛围。[③]关于英国高校创业教育特色,黄兆信等人从五个方面进行分析:一是层次多样化的创业教育课程体系;二是高度专业的创新创业型师资队伍;三是灵活有效的教学方式;四是完善的组织机构体系(包括大学内部的组织机构和大学外部的支持机构);五是以大学—企业的深度合作促进创

---

① 胡桃、沈莉:《国外创新创业教育模式对我国高校的启示》,《中国大学教学》2013年第2期。
② 黄兆信、赵国靖:《中美高校创业教育课程体系比较研究》,《中国高教研究》2015年第1期。
③ 黄兆信、朱雪波、王志强:《欧盟创业教育的实施路径与变革趋势》,《全球教育展》望2015年第44期。

业实践,并结合我国创业教育实际提出相应对策。① 关于新加坡大学生成功创业经验,黄兆信等人认为新加坡创业教育的成功有四个原因:一是新加坡政府对大学生创业教育工作的鼎力支持,新加坡政府制定并落实了许多创业教育政策,同时投入大量资金以发展国内创新创业;二是新加坡大学生创业教育课程的国际化(新加坡国立大学与南洋理工大学的创业课程国际化);三是创业教育教师的专业化,重视提升师资力量,与高水平创业高校进行交流合作;四是现代化教学,以现代化的软硬件教学设备促进创业教育发展,效果十分明显。② 李金奇等人(2012)对国内外创业教育进行比较分析,认为我国创业教育发展程度相对滞后,欧美发达国家以及韩国、日本、新加坡等国家在创业实践和理论方面都已取得长足发展,即这些国家的创业教育理念具有较强的前瞻性与长远性,而我国仅将其作为一项就业政策来认识和执行,发达国家的创业实践内容科学先进、丰富多样,反观我国,创业教育实践研究较为欠缺。③ 牛金成等人(2013)对美国、英国、德国、澳大利亚四国的创业教育理念目标、课程教学、师资队伍、政策资金进行分析发现,在理念目标方面,美、英、德、澳四国的创业教育不仅局限于就业,还着重培养学生的创业意识与创业精神;在课程教学方面,美、英、德、澳的创业教育有着较为完善的课程体系和较为优化的课程结构;在师资队伍方面,美、英、德、澳四国对创业教育师资要求较高,即要求其必须具备创业理论知识和创业经验;在政策资金方面,美、英、德、澳都制定了创业政策,并且提供了大量经费,为创业教育的良好发展起到了极大的推动作用。结合以上分析,牛金成等人针对我国创业教育的这四个方面提出了相应建议。④ 施永川等人(2019)总结分析了韩国高校创业教育高质量发展的三大动因、经过近40年培育形成的三大创业教育模式和取得高校创业教育成果的经验,并为我国高校创业教育提供了建议,认为若借鉴韩国高校教育平台建设、资源开发和成果转化方面的成果,会利于我国高

---

① 黄兆信、张中秋、赵国靖、王志强:《英国高校创业教育的现状、特色及启示》,《华东师范大学学报(教育科学版)》2016 年第 34 期。

② 黄兆信、刘丝雨、张中秋:《新加坡大学生创业教育的成功经验及启示》,《高等工程教育研究》2016 年第 4 期。

③ 李金奇、余国宇:《中外大学生创业教育比较分析及启示》,《学校党建与思想教育》2012 年第 18 期。

④ 牛金成、陆静:《发达国家的创业教育及其启示——基于美、英、德、澳大利亚四国的比较》,《黑龙江高教研究》2013 年第 31 期。

校创业教育发展。① 董霞（2003）对英国和法国青年创业模式（分别为英国青年创业计划、法国青年挑战计划）的起源和发展、特色、运行和管理体制、意义和理念分别进行比较研究发现，两种模式都是国家扶助的青年创业项目，这两种创业模式因两国的政治传统、经济文化背景不同而存在差异，但都在一定程度上解决了青年就业问题并促进了社会稳定和融合，这一发现为促进我国青年创业提供了经验。②

综上所述，大部分中外对比研究的对象是美英两国，对其他国家如澳大利亚、新加坡、韩国、日本等也有涉及，可以反映出美国和英国的创业教育发展水平领先于世界其他国家。美英及其他发达国家先进的创业教育理念、科学完善的教育体系、成熟的运行机制和科学的发展模式等非常值得我国借鉴。总之，开展中外创业教育比较借鉴研究，对于我们了解国外先进的经验，准确分析国内大学生创业教育现状，正视差距，借鉴国外成功的创业教育经验和措施，革新教育观念，树立创业教育目标，构建顺应社会的发展趋势、符合市场需求的大学生创业教育模式与实践体系，使创业教育融入社会发展具有深远的意义。

（五）体育院系创业教育研究

1. 创业教育意义

在"双创"时代背景下，创业教育作为一种新的教育理念与实践，已在各高校普及。其中，体育院系作为体育专业人才的重要培养基地和高等教育的重要组成部分，在体育院系开展创业教育，对推动创新驱动发展战略的实施，培养创新型体育人才具有重要作用。

目前，高等教育已大众化，高校规模不断扩大，高校毕业生人数激增，就业市场趋于饱和，大学生就业率逐渐下滑，就业问题十分严峻，其中体育专业学科专业性较强，此专业学生相对于其他专业学生会存在更多、更难、更大的就业问题，因此推进创业教育融入体育院系对提高人才培养质量，提高体育专业学生的创新精神、创业意识、创业能力，以及适应社会和市场需求的能力具有重要的意

---

① 施永川、王佳桐：《韩国高校创业教育发展的动因、现状及对我国的启示》，《华东师范大学学报（教育科学版）》2019年第37期。
② 董霞：《对英法两国青年创业模式的比较和分析》，《中国青年政治学院学报》2003年第5期。

义。① 王世强等人（2020）对我国体育院系的创业教育进行了研究，认为体育院系开展创业教育有利于达成体育专业人才的培养目标；能够促进体育专业学生自主创业，以缓解就业压力；利于体育院系践行国家"大众创业、万众创新"战略。② 李蜜（2007）认为在知识失业境遇下，体育院系加强创业教育不仅可以培养就业者，还能培养具备创造力的创业者，缓解逐渐严峻的就业形势。③ 郑汉山（2003）从科教兴国和创新创业两方面提出，加强体育院系创业教育，一方面能培养出高素质的创业型人才，提高我国体育事业的层次，有能力迎接技术、信息与资本市场的竞争；另一方面可以培养具备良好实践能力、创新精神、个性发展、知识融合的创新型体育人才，以创业促就业。④ 刘霞等人（2005）认为高校扩招以来，体育专业学生的就业难度逐年增大，在高校体育院系中加强创业教育可以缓解我国体育专业大学生的就业压力。⑤ 王西军等人（2007）提出，制约体育院系发展的瓶颈就是体育专业学生的就业问题，进行体育教学改革，实施创业教育，会促进体育专业毕业生就业，并有助于体育院系的发展。⑥

综上所述，我国体育院系开展创业教育的意义与我国体育院系学生就业现状紧密相关，主要在于提高体育专业学生的综合能力，培养创新型体育人才，促进体育专业毕业生就业，缓解我国严峻的就业压力。笔者认为，体育院系应该从创业教育入手，探索以培养人才为主体的多元化的创业教育意义，因为只有受教育主体的各项能力得到提升，一切问题才会迎刃而解。

2. 创业教育课程

创业教育课程是指学校为实现创业教育目的，培养学生的创新创业素质与能力，组织展开的一系列创业教育活动的总和。创业教育课程是实施创业教育的载体，其建设状况反映着创业教育水平的高低。笔者通过搜索相关文献发现，针对

---

① 夏青、杨玲、陈启湖：《三峡大学体育学院创业教育的实践》，《体育学刊》2013年第20期。
② 王世强、肖刚、盛祥梅等：《我国体育院校创新创业教育的实施困境和应对策略》，《体育科技》2020年第41期。
③ 李蜜：《知识失业境遇下体育院系开展创业教育的思考》，《福建体育科技》2007年第2期。
④ 郑汉山：《高等体育院系创业教育探析》，《广州体育学院学报》2003年第1期。
⑤ 刘霞、涂运玉：《体育教学中的创业教育》，《职教论坛》2005年第23期。
⑥ 王西军、李春兰：《创业教育与体育教育专业课程教学改革》，《渭南师范学院学报》2007年第2期。

创业课程的研究较少,更多的是关于高校创新创业的整体研究,而有关体育创业教育课程的研究更是稀少。体育创业教育课程是体育院系创业教育的基础,是培养创新型体育人才的关键,是体育创业教育的核心角色。现对体育创业教育课程相关研究进行梳理。

林晓光等人(2013)分别对体育院校创新创业教育课程的开设状况、课程结构、教学内容进行了分析,并设计了创业课程的教学模型。关于开设状况,他们认为体育创业教育授课知识单一,专业培养计划中开设课程的高校寥寥无几,还缺乏专门的课程体系;关于课程结构,他们认为要构建能够提升体育专业学生的创业知识、创业能力和创业者特质的课程结构;关于课程教学内容,他们认为既要开设创新创业通识类必修课,又要开设不同方向的选修课;关于课程教学模型,他们设计出了"问题设疑式""课题研究式""协作互动式""角色模拟式"的教学模型,以期能够完善体育专业创业教育课程。① 高妍等人(2022)提出要落实体育院校创新创业教育专业课程资源融合,使学生能够把体育专业课程知识与创新创业资源相融合;还要加强体育院校创新创业实践课程规划,使学生在实践中有所体会,不断学习和积累创新创业知识,通过理论知识与实践感知来增强体育专业学生的创业能力。② 周立(2003)结合我国创业教育实际情况,认为我国应开展"三创"教育,即创造、创新与创业三者相结合,并针对"三创"教育提出优化课程设置的措施:构建"三创"教育课程体系,组织各类创业活动,营造浓厚的校园创业文化氛围,激发学生的创业兴趣,培养学生的创业思想,发展学生的创造力,最终将学生培养为"三创"人才。③ 郑汉山(2003)提出要改革完善我国体育院系创业教育,其中一个必要措施就是优化课程设置,完善学生创业所需的知识结构,课程设置由"刚性"向"柔性"改革,促进体育学科与其他学科课程融合,贯通体育专业学生本科四年的就业指导。④

综上所述,我国体育院系创业教育课程研究状况亟须改善,如更新思想观念、优化课程设置、注重创业教育与体育专业教育的整合、培养体育专业特色的创业

---

① 林晓光、刘振忠:《体育院校创新创业教育课程内容与学习模型设计》,《山东体育学院学报》2013年第29期。
② 高妍、周红旗:《双创背景下体育院校学生创新创业研究》,《科技资讯》2022年第20期。
③ 周立:《高校体育实施"三创"教育的思考》,《体育学刊》2003年第3期。
④ 郑汉山:《高等体育院系创业教育探析》,《广州体育学院学报》2003年第1期。

教育等，但若要探寻出有效的体育创业教育课程，还需进一步研究。

3. 培养模式

人才培养模式是对人才培养过程的总体表述，属于过程范畴，是一种对于人才培养过程的设计、建构和管理。体育院系要培养创业型体育人才，必须构建相应的人才培养模式，任何人才的培养都不例外。近些年，我国总体的创业教育人才培养模式研究逐渐增多，但将创业人才培养模式研究范围缩小到体育院系时则很稀少。体育院系的人才培养模式对塑造创业型体育人才具有关键作用，因此对培养模式进行研究很有必要。

谢剑忠等人（2012）对福建省十所高校的体育院系创业教育开展情况进行走访调查，得出阻碍体育院系创业教育顺利开展的影响因素，详细分析各因素及它们之间的关系，得出构建创业型体育人才培养模式的要素，将各要素串联后得到创业型体育人才培养的运行机制。① 段远鹏（2009）认为创业人才培养模式由创业人才培养课程、实践、保障及评价四个体系构成，并对构建创业人才培养新模式给出建议，包括构建创业人才培养体系与实践训练系统，建立创业教育实习基地和教师团队及创业人才培养评价体系，这对构建体育院系的创业教育模式有着重要参考作用。②

根据已整理的文献发现，针对体育院系创业教育人才培养模式的探索稀少，但这并不能否定体育院系创业教育人才培养模式的作用，只是我国还未研究出系统全面的体育院系创业教育人才培养模式。对于体育院系创业教育培养模式，应该从转变思想理念开始，把握正确方向，再继续深入探索。

4. 原因探析

王保平等人（2012）对我国体育院系的创业教育现状进行概括，认为当时我国体育院系还没有形成系统化的创业教育模式，大多数体育院系开展的创业教育仅停留在课上强调创业意识、增添创业相关内容、开设创业相关讲座等表面工作上，并对此现象进行剖析，指出我国体育院系教育观念较为传统，人才培养目标和教育模式较为单一，致使难以提高对体育院系创业教育的重视程度，另外，因

---

① 谢剑忠、谢军:《福建省高校创业型体育人才培养模式构建》,《体育科学研究》2012年第16期。
② 段远鹏:《创业人才培养模式构建与运行研究》,《科技管理研究》2009年第29期。

体育市场管理的规范度欠缺而引发的一系列问题加重了体育专业学生创业的难度，因此体育院系缺乏开展创业教育的动力。[①]陈启湖等人（2011）从我国高等体育院系创业教育的目标、课程设置、管理及师资四个方面进行分析认为，首先，体育院系对本专业创业教育的目标定位已落后于时代，应以培养创新型体育人才为新目标；其次，理论课程设置不足，缺乏实践基地；再次，创业教育管理被重视程度低，缺乏创业经费的支持；最后，体育院系的创业教育师资力量异常薄弱。以上四个方面的不足是制约我国体育院系创业教育发展的重要因素。[②]

综上所述，体育院系创业教育发展程度低的原因主要是由教育观念、课程、师资、管理等多方面不足造成的，高校不仅应重视普通院系中的创业教育，还要落实好体育院系的创业教育工作，加强创业教育的专业性。探寻出体育院系创业教育发展不足的原因，对症下药，其发展态势会逐渐好转。

通过对体育院系创业教育进行研究可以发现，我国在这方面的研究相对较少，需要进一步丰富完善。同时，我们也需要更加先进的创业教育理念、科学完备的课程体系、有效的培养模式和可靠的保障体系等方面的支持。政府、高校和企业应该共同协作，相互帮助，推动体育院系创业教育的发展。

21世纪是创新、创业教育的时代，体育院系理应顺应时代大潮，肩负起历史使命，按照市场需求向社会输送高质量的体育人才。为此，体育院系应在创业教育领域中有所作为，针对创业型体育教育当代模式的探索研究势在必行。

第四节 研究思路与内容

一、研究对象

本书以高等院校体育院系创业教育为研究对象，遵循创业教育、素质教育和专业教育与就业教育相结合的原则，建立与市场人才需求一致的教育理念，努力寻找体育院系人才培养和创业型人才培养的契合点，使创业教育纳入专业教育体

[①] 王保平、肖红：《我国体育院系创业教育模式的构建》，《体育成人教育学刊》2012年第28期。
[②] 陈启湖、夏青、杨玲：《我国高等体育院系创业教育现状调查》，《北京体育大学学报》2011年第34期。

系之中，在专业教育和学科教学中渗透创业教育，建立完备的创业鼓励机制，提高创业型人才培养的质量，为体育院系创业教育提供参考依据与教学范式。

二、研究的基本思路

在梳理国内外创业教育相关研究、总结我国创业教育发展现状、借鉴国内外创业教育经验的基础上，努力寻找体育院系创业教育和创业型人才培养的契合点，找到学校自身的专业特长和地域优势，弥补高等教育阶段在实践环节的不足，进一步完善体育院系的创业教育课程体系，促进教学手段、教学方法的多元化，不断丰富校园创业文化，建立完备的创业支持机制，提高创业型人才培养的质量，顺利完成创业型体育人才培养目标。研究的基本思路见图1-1所示。

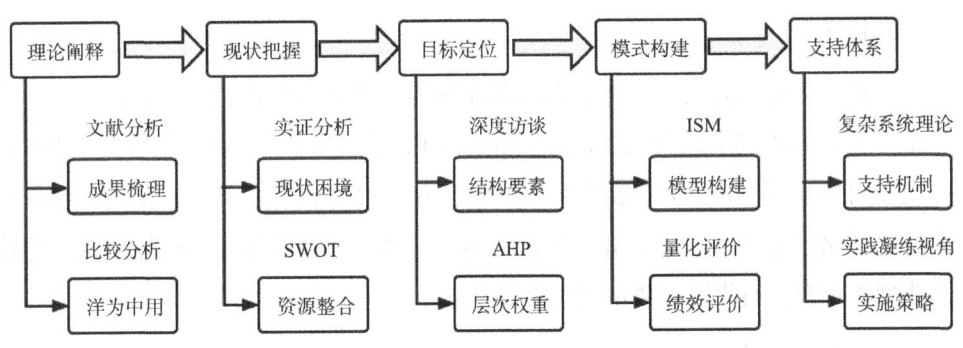

图1-1 研究思路

三、研究方法

（一）文献资料法

以中国知网为搜索引擎对创业型体育教育、创业教育以及创新创业相关文献进行检索和分析，为顺利地开展接下来的研究，应尽可能全面了解相关选题的研究现状。在了解国内创业教育状况基础上，可通过SCI数据库研究国外的、开展创业教育较先进国家的创业政策、措施以及开展状况，以掌握更多成熟先进的国内外经验，为本研究高效、高质量地进行提供强有力的理论支撑。

（二）调查法

1. 实地考察法

通过走访鲁东大学、济南大学、烟台大学、中国海洋大学等高校，实地考察其创业教育开展情况。考察内容主要包括创业教育硬件设施建设状况、创业教育实际开展情况、创业教育管理状况以及取得的创业教育成果等。创业硬件设施建设状况主要包括创业实践基地、大学生创业孵化中心、大学生创新创业科技园等是否建成并投入使用；创业教育实际开展情况主要包括创业课程的开设状况、创业课堂实际情况；创业教育管理状况主要包括创业教育各类资源利用分配、管理体制制定和运行；创业教育成果主要包括各校学生创业成功率、取得的竞赛成果、落实的创业项目等。

2. 问卷调查法

笔者经查阅相关文献资料，选取创业型体育教育质量评价指标，再结合专家意见进一步修改、筛选指标，确定问卷调查的指标，设计《创业型体育教育质量评价指标问卷》，向18位创业教育和体育教育专业领域的专家发放问卷，采用1—9标度法对此问卷指标打分赋值，为建立创业型体育教育质量评价指标体系，构建创业型体育教育当代模式奠定坚实理论基础。

3. 专家访谈法

通过访谈创业教育、体育教育专业领域共12位专家以及3位成功创业者，了解当今创业教育的发展现状。在创业型体育人才培养模型构建和创业型体育教育质量评价指标确定这两部分内容中，通过访谈创业教育、体育教育专业领域专家，确定相应指标，为本研究提供理论支撑，提高本研究的权威性。

（三）数理统计法

对问卷调查结果和专家调研结果进行统计、归纳。使用Excel和SPSS23.0软件对一手资料进行整理，运用系统分析法、解释结构模型法、层次分析法和模糊综合评价方法，对创业型体育人才培养模型进行层级划分，对创业型体育教育质量评价指标进行等级划分，对专家访谈获取的各问题进行排序，为本研究提供充足、翔实的数据支撑。

(四)解释结构模型法

解释结构模型法是系统工程学中一种常用的结构模型分析方法,能将社会经济系统中混乱无序的因素根据其内在关联性进行量化研究并实现科学合理的层级划分,从而提升人们对系统的整体认识。利用该模型能够构建结构清晰、层次分明的创业型体育人才培养模型,分析创业型体育人才培养的重点要素、关键路径与运行机制。本研究运用解释结构模型共包括四个步骤:第一,确定创业型体育人才培养的主要要素,并明确各要素之间的二元关系,建立邻接矩阵;第二,以邻接矩阵为依据,推导可达矩阵;第三,对推导的可达矩阵进行级间分解,划分层级结构;第四,构建并分析解释结构模型,确定各层级间的关系。

(五)复杂系统分析法

在实践中大胆探索,运用复杂系统理论提出实施创业型体育教育支持保障的实践方略,建立创业型体育教育支持保障机制,构建创业型体育教育的支持保障体系,为实际保障创业型体育教育模式顺利开展提供理论依据。

四、研究内容

(一)创业教育理论基础

对既有高校创业教育、创业型体育教育的研究做综合分析,为高校创业教育提供一个较为完整、客观的阐释性理论。高校创业教育基本理论,包括创业教育内涵、创业教育目标、创业教育主体、创业教育特征,我国高校创业教育发展历程回顾与展望,我国高校创业教育理念和创业教育模式的理论阐释。创业型体育教育基本理论,包括创业型体育教育的内涵、构成、特征、功能、影响因素、发展以及内外部教育质量保障体系等相关问题。对国外创业教育的实践经验进行总结,优势互补,洋为中用,为我国创业型体育教育提供参考借鉴。

(二)创业教育实证分析

笔者主要从以下三个方面对本部分进行研究。首先,创业教育发展。回顾创业教育理论、解读创业教育国家政策、分析创业教育主体及体制、对国内高校代表性创业教育进行实证分析。其次,对创业型体育教育进行实证分析。运用问卷调查、深度访谈等研究方法，对目前创业型体育人才培养的定位、目标、培养模式、运行管理、绩效评估等进行全国范围的客观调研，对历史与现实进行反思和经验分析，厘清培养现状及存在的主要问题，对创业型体育教育进行 SWOT 分析，优势资源整合，寻求适合我国创业型体育教育的当代模式。最后，在创业教育实证分析的基础上合理把握创业型体育教育培养目标，为现实创业型体育教育提供理论依据。

（三）创业型体育教育当代模式的构建与评价

本部分通过设计、优化创业型体育人才培养方案，构建创业型体育人才培养模式，分析当代创业型体育教育模式，完善相关社会配套体系和创业型体育教育管理机制来构建创业型体育教育模式。第一，创业型体育人才培养方案的设计与优化，包括创业型体育教育发展战略、发展定位、培养目标定位、运行管理。第二，利用系统分析方法——解释结构模型法，构建创业型体育人才培养模型，并分析创业型体育人才培养的重点要素、关键路径与运行机制。第三，创业型体育教育当代模式的具体分析，包括培养模式（教学计划、专业设置、课程体系、教学设计、教学方式、培养途径、师资力量、科研队伍等）、实践模式（实践教学体系、实践基地建设、创业机构、创业竞赛、与体育企业家协同创新等）、资源配置的绩效评估、培养体系的评价及优化。第四，完善创业型体育教育的社会配套体系。第五，建立创业型体育教育运行管理机制，包括领导机制、组织机制、信息沟通机制、决策机制、反馈机制、激励机制、保障机制。

（四）创业型体育教育支持保障体系

采用复杂系统分析方法，对实践过程中的理论模型和实践方法进行综合分析，去粗取精。同时，结合当代实际，通过透过现象掌握本质、分析与综合、从抽象上升到具体的方法（内部整合、外部联合、内合外联），形成明确的创业型体育教育实施体系，提出支持保障战略策略（政策制度创新再造体系、建设实施平台、协同创新、培养机制、质量保证与监督体系等），为决策部门相关政策的贯彻落实和创业型体育人才培养提供路径选择。

第二章 创业教育理论基础

第一节 高校创业教育的基本理论

一、高校创业教育

（一）高校创业教育的内涵

1. 创业

创业离不开创新，创新是第一推动力，各行各业都需要创新。创业对我国社会发展具有重要作用，不仅可以促进社会创新，为我国社会注入新鲜的血液，增添经济活力，提供大量就业岗位，缓解严峻的就业形势，推动社会进步，还能在百年未有之大变局的全球局势下有效应对外部压力，促进经济实现高质量发展。

高校创业教育是围绕创业，以创业为基础展开的。而创业则是创业者及创业搭档对他们拥有的资源或通过努力对能够拥有的资源进行优化整合，从而创造出更大经济或社会价值的过程。创业是一种需要创业者及其创业搭档组织经营管理，运用服务、技术、器物作业，思考、推理和判断的行为。

创业的本质就是创新，成功的创业就需要在技术、理念、组织等多方面实现创新。同时，创业会创造许多新型产品，符合人们需求的新市场、经济效益、新的企业以及就业岗位等，因此创业也是一项具有创新性的社会实践活动。

2. 高校创业教育

国家支持大众创业，推广创业教育，同时大学生综合素质较高，思维灵活，具备较强的学习能力、创新能力等，并处于人生事业开创的关键时期。因此，国家以大学生为创业教育对象，大力提倡高校创业教育。

联合国教科文组织将创业教育称为"21世纪教育哲学"的"第三本教育护照",并将创业能力的重要性等同于学术能力与职业能力,足以体现创业教育的重要价值。创业教育根本上是一种教育,是培养人的社会活动,只因踏入了创业领域,被创业内容所限制,赋予了其差别于普通教育的特殊之处,形成了教育一般性与创业教育特殊性相融合的活动。

截至目前,国内外学术界中各学者对创业教育的定义各有千秋,还未确定一个统一的创业教育定义。每个创业教育的定义都出发于定义者所处的背景与视角,因此不同创业教育的定义者由于其所处环境不同,难以实现创业教育概念的高度统一。莫伯格(Moberg)等人认为,创业教育是支持学生在创业价值创造过程中建构知识、能力和经验的内容、方法和活动。[1]卢娜认为,创业教育是提高个人认知和商业能力的过程,并使其具备创业行动所需的洞察力、知识与技能。[2]

根据各权威专家对创业教育的定义,并结合我国高校创业教育的特点、现状与具体国情,笔者认为高校创业教育就是培养大学生的创新意识、创新精神、创业能力,并注重提高大学生的综合素质,以培养开创型人才的教育活动。高校创业教育作为我国人才培养的关键方式,本质是使大学生具有创新意识、创造精神和创造能力,进行自主创业。[3]开展高校创业教育对国家高质量可持续发展意义重大,是时代和现实的必然要求,是社会稳定发展的需要,是高等教育改革的必然趋势,是学生自我发展的需要。因此,大学生应调整受教育观念,重视创业教育,把握机会,提升自己的综合素质,为社会创造价值,不负国家期望。

(二)高校创业教育的目标

高等教育已从精英化转为大众化,大学毕业生人数急剧增加,就业形势日益严峻,高校毕业生就业难已成为社会各界关注的重要议题。创业教育易与创业、就业联系到一起,其缓解就业压力的作用很容易凸显出来并被放大,从而易使人们将创业教育目标简单化理解,即仅局限于大学生的创业行为。这就使高校创业

---

[1] K.Moberg, E.Stenberg&L.Vestergaard. *Imapct of Entrepreneurship Education in Demark*[R]. Odense. Denmark, The Danish Foundation for Entrepreneurship, 2012: 14.
[2] 卢娜:《高校创业教育的内涵及相关概念辨析》,《成人教育》2011年第31期。
[3] 张瑞、陈坤:《论大学生劳动教育与创业教育的融合发展》,《学校党建与思想教育》2022年第6期。

教育目标较为片面化与肤浅化，进而会对整个创业教育过程产生不利影响。因此，有必要反思高校创业教育的目标。

创业教育目标是指创业教育所要达到的目的和评价导向。一切事情都需要明确、清晰的目标，目标是行动的方向，可以为迷途的人指明前行的道路。因此，明确高校创业教育目标是顺利开展创业教育的必要前提。中西方国家仍在继续探索创业教育的思想与实践，并不断取得进步，但创业教育的目标未达成统一标准，各有千秋，为此必须以高校人才培养为立足点，探索高校创业教育目标的应有之义。

创业教育的初衷并非将学生直接培养成自主创业的企业家，而是培养学生创业过程中所需的综合素养与创新精神。这两者分别体现了对创业教育狭义与广义的理解，也体现了对创业教育目标定位的差异。创业教育需明确培养目标，因此现对我国高校创业教育的目标进行定位。

1. *培养学生的创业意识、创新精神，增强其创新能力*

思想意识指导行为，而创业意识则是大学生做出创业行为的先决条件。因此，要想让大学生参与创业活动，就要培养大学生的创业意识。在培养学生创业意识的过程中，需要使学生明确创业的作用，需不断地向学生传输有关创业知识，这是一个持续、长久的过程。创新是一个企业、社会乃至国家发展的动力，为推动社会实现高质量可持续发展，就需要创新精神的支撑。培养大学生的创新意识，发展大学生的创新精神，提高大学生的创新能力，通过自主创新掌握先进科学技术，把握市场主动权，提升国家核心竞争力。创新能力与专业能力联系密切，是建立在创新意识与精神基础之上的行为体现，对个人来说能够提高个人修养、改变个人命运，对企业来说是掌握先进科学技术、占据市场的关键因素，对国家来说是推动国家发展的动力，能够体现一个国家、民族的活力和发展潜力。

2. *提高学生的思想道德与身心健康素养*

良好的思想道德与身心健康素养是做好各项工作的前提条件。学生应具有良好的思想道德以及提升自身思想道德素养的意识，大学生立足于时代前沿，要具有强烈的社会责任感，树立远大的理想，虽然面对众多社会竞争与压力，但还是要积极进取，立足于专业不断创新，通过创业实现个人理想，为自己、社会、国家创造更多价值。身心健康素养是做一切事的资本,学生应加强身体锻炼与意志培养,同时注重培养强大的身体素质与心理素质,这样在创业过程中面临更艰巨的挑战时会更加冷静、从容不迫,这是大学生创业必备的重要素质。

3. 提升学生的文化知识与专业技能素养

文化知识与专业技能的学习是大学生创业教育的核心。学生要掌握丰富的创业知识以及相关学科内容,具备深厚的文化知识底蕴,才能提升创业技能。高校可完善教育体系,补充通识教育,提高学生的理论文化素养;加深大学生对创业的理解程度,知晓创业的内涵;完善大学生的知识结构,学习掌握的创业知识不应只局限于本专业知识,还应包括与创业相关的其他学科知识。专业技能素养可以说直接决定着创业成功与否。专业技能素养建立在文化知识素养基础之上,大学生在掌握必要的理论知识之后应对专业实践技能进行打磨,以促进专业实践能力提升,同时不能让专业实践技能止步不前,应时刻关注前沿的技术、知识和观念,将其与原有基础进行结合,形成新的更高的产能,提高创业的生产力和竞争力。

总之,高校创业教育的各项目标之间都是紧密联系、相辅相成的,结果就是培养出具有开创性的人才。国家大力推进"大众创业、万众创新",支持高校创业教育,都是以促进我国高质量发展,让人民过上更幸福的生活为最根本目的。但在最终目标达成的过程中需要人才来落实,因此人才的质量便决定着目标的实现状况,而高校学生作为社会的优质人才、时代的新生力量,便承担起了此重任。高校创业教育的人才培养关系着国家的未来发展,承载着巨大责任,所以,高校创业教育更应该明确、落实目标,提高学生素质,为国家、社会培养更多的高素质人才。

(三)高校创业教育的主体

高校创业教育在我国受到高度重视并广泛开展,明确高校创业教育的主体,会使创业教育工作更加清晰,使其有序进行,从而达到事半功倍的效果。而在确定高校创业教育的主体之前首先要明确教育主体是什么。《教育大辞典》给出的定义是,教育主体是指在教育活动中有意识地认识和作用于客体的人,既指教育者,又指受教育者,还指教育者与受教育者。教育主体是教育者时,主要指教师,有计划、有目的地对受教育者进行教育，促使受教育者身心得到发展，在教育中发挥主导作用。教育主体是受教育者时，主要指学生，在教育过程中具有较强的主观能动性，主动接受教育，而教师仅起到指导或辅导作用。教育主体是教育者与受教育者时，既指教师又指学生，此时两者都具有主体意识，都存在自身认识与作用的客体，并且又互为认识客体。由此可见，尽管同为教育活动，但是教育主体在不同情况下的角色是不同的，这取决于不同的教育方式等。因此，高校创业教育的观测标准不同，其教育主体也不同。在当前国内高校的创业教育环境下，笔者以不同任务为标准，对创业教育主体进行如下分类。

1. 传授知识的主体——教师

高校创业教育教师作为知识的主要传授者，在创业教育中起着主导作用，直接影响着创业教育质量。由于高校创业教育课程的综合性较强，因此不仅需要教师掌握专业知识，还要求具备有关创业的管理学、社会学、经济学等知识，教师作为知识储备库，要将知识通过合理有效的方式传授给学生。教师不仅限于传授理论知识，还要开展创业的案例研究，让学生付诸实践，指导学生如何进行创业，提高学生的实践能力。

2. 能力养成的主体——学生

学生作为知识的接受者，是走向社会进行创业的新生力量，肩负着建设美好社会的重任。学生在创业教育过程中可学习众多理论知识，以提升自身文化知识底蕴，为后续参与创业实践活动提供理论指导，为创业活动顺利进行提供理论保障。学生还可参与创业实践，通过在各类企业等工作单位开展管理、营销等一线工作，锻炼自身创业实践能力，做到理论与实践并重。除此之外，接受创业教育的每个学生都应树立创业观念，增强创新意识，以精神引领行动，由被动学习转为主动学习，提高学习效率。这样一来，学生各方面能力都会得到提升。

3. 环境塑造的主体——高校

高校是大学生学习的主要场所，也是开展创业教育的重要载体。高校与教师、学生联系极为密切，处理好高校与教师、学生之间的关系对顺利开展创业教育有着积极作用。高校需构建创业教育管理体系，为本校创业教育做好顶层设计，建立各级管理机构与执行机构。同时，高校还需建设具有雄厚力量的师资队伍，完善创业教育课程体系，并且构建创业孵化平台，为顺利开展创业教育，发挥教师和学生参与创业教育的主观能动性营造一个具有浓厚创业文化氛围的环境。

4. 政策支持的主体——政府

政府既是开展创业教育的倡导者，又是创业教育的统筹管理者。政府具备较大权力，可统筹协调高校的创业教育。在高校创业教育需要政府帮助时，政府即可发挥其重大作用，提供政策法规保障，如创业资金、经营管理、扶持政策等。除此之外，政府还可简化学生的创业流程，降低创业成本，为学生创业建立一个良好的市场环境。同时，可以为高校搭建创业平台，为学生提供舒适的创业环境。总之，政府在对高校创业教育的政策支持上贡献极大。

教师、学生、高校、政府作为高校创业教育的四大主体，各自在创业教育中担负着重要责任，互相协调，相互依存，缺一不可，对推动我国高校培养创新创业人才具有重要的理论与现实意义。

（四）高校创业教育的特征

我国高校创业教育虽起步较晚，但政府、高校乃至社会各界对其重视程度不断提升，并不断深化对创业教育的认识，社会的创业环境逐步改善，学生进行的创业实践逐步深入，创业教育模式不断完善。高校创业教育作为新时代高等教育的重要组成部分，具有鲜明特征，分析这些特征有助于人们更加了解创业教育，利于进一步开展创业教育。

1. 创新性

国家大力支持高校开展创业教育，其中的一个主要目的就是培养具有开创思维的人才，为建设创新型国家服务。高校具有深厚丰富的知识资源，各学科交叉渗透，是进行科技创新的源头，能创造具有深远影响的科技成果，促进社会发展。高校创业教育更加强调创新，通过加强对学生的创新思想指导、知识传授等，能够使其成为国家科技创新的主力军，为建设创新型国家提供支持和保障。

2. 时代性

世界在发展，时代在进步，世界已逐步从原始时代发展为今天的知识经济时代。知识经济增长依赖于科技创新与高素质的劳动者，而各企业在人才、技术方面对高等教育有着明显的依赖性。客观来说，知识经济时代也是创业时代。创业能促进知识经济的增长，主要体现在创办企业、解决就业问题、加快科学技术创新、提高生产力等。因此，创业教育是时代孕育出的产物，时代特征明显。

3. 系统性

某些发达国家的创业教育已形成了一个较为完备的体系，贯穿了小学到研究生的各个阶段，而国内创业教育仅处于初步发展阶段，面对如此差距，我国高校创业教育压力倍增。高校创业教育工作的展开归因于政府、社会、高校之间的协同作用，创业教育并非单一主体就能进行的，其始终是一项系统工作，其背后存在一套完整的管理机构和教育体系，比如多层次、立体化的课程体系，政府、高校的各级管理机构。

4. 教育性

高校创业教育是培养学生创业能力、创新精神、创业意识的教育过程。学生通过高校创业教育，使自身的各方面能力得以提升。在此过程中，学生接受教师传授的关于创业的知识，并在实践中获得教师的指导。不管在创业理论方面还是创业实践方面，无不体现着学生受教育过程。教育性是高校创业教育的最根本特征。

5. 实践性

创业教育综合多种课程，而实践是各专业创业教育所相通的。比起其他教育，创业教育更注重对学生动脑与动手的协同培养。同时，在创业教育的实践方面，学生在实践过程中会遇见多种社会问题、专业问题、创业问题等，他们会主动想办法，通过多种方式去解决。这可极大地锻炼学生的实践能力，实践性特征极为突出。

6. 主体性

高校创业教育的主体按照不同功能划分时，包括学生、高校、政府、教师。学生不仅是受教育主体，还是未来社会高质量发展的建设者。高校创业教育重视对学生主体精神的培养，使学生摒弃依赖、懒惰、被动的习惯，形成勇于担当、独立、主动的品质。高校作为创业教育环境的塑造主体，营造校内创业氛围，管理创业教学的工作，直接影响着创业水准。政府作为政策支持的主体，是推动高校创业教育开展的原动力。教师作为传授知识技能的主体，肩负着教育学生的责任，直接影响着创业教育的质量。因此，高校创业教育的主体性特征相当明显。

二、我国高校创业教育发展历程回顾与展望

目前,"大众创业、万众创新"已成为促进社会经济发展的原动力,创新创业思想已深受众人重视。培养创新创业人才的高校创业教育如火如荼地进行着,发展日益兴旺。但多数人对我国高校创业教育的发展历程缺乏了解,因此有必要对其进行梳理,以利于人们看清创业教育的发展方向和趋势。

(一)我国高校创业教育的发展历程

1. 自主探索阶段:1997年—2002年4月

相对于欧美等发达国家,我国创业教育开展时间较晚。其实早在1989年,我国创业教育的先驱——胡晓风等人就已经对创业教育展开深入探讨。之后,胡晓风教授与另外两位资深学者合作发表了一篇文章(《创业教育简论》),并提及了创业教育及其内涵,当时创业教育还未见雏形,可见胡晓风教授对创业教育的见解之深。[①] 但当时我国条件有限,并未将创业教育付诸实践。

1998年,清华大学在与麻省理工学院联合培养MBA的项目中积极学习麻省理工学院的先进理念、管理措施以及开展创业竞赛的经验。随即,清华大学便运用学习到的先进经验举办国内首届创业计划大赛,并取得良好效果,对我国创业教育进一步发展具有重要推动作用。

清华大学创业计划大赛的成功举办大大鼓舞了国内创业教育的开展,说明创业计划大赛是推动我国创业教育发展的一项重要手段。为继续发挥创业大赛的作用,促进创业教育稳步持续发展,1999—2002年,我国政府单位组织多所高校协同举办了三届全国"挑战杯"创业大赛并取得良好效果。1998年,政府为给国内高校创业教育发展提供优良的政策环境颁布了《面向21世纪教育振兴行动计划》,回顾近些年创业教育的发展历程可知,其效果显著,还对国内创业教育发展起到了重要的推动作用。之后,我国教育部为提高高校开展创业教育的积极性,激发学生参与创业热情,提升社会对创业的支持度,又陆续制定颁布支持创业教育的政策。2000年,教育部颁布了《大学生、研究生休学创业保留学籍的暂行规定》,此规定为具有创业意愿的学生提供了创业和学业的双重保障,使具有创业意愿的

---

① 胡晓风、姚文忠、金成林:《创业教育简论》,《四川师范大学学报(社会科学版)》1989年第4期。

学生可以在保留学籍的情况下参与创业，避免了学生因参与创业而无法继续上学的问题发生，为大学生参与创业提供了政策保障，旨在提高大学生的创业积极性。为将高校创业教育落到实处，教育部决定采取高校试点的形式检验高校开展创业教育的效果，并于 2002 年 4 月确定清华大学、武汉大学等 9 所高校为创业教育试点高校。

这一阶段，我国的高校创业教育比较依赖国外先进的创业教育经验，并在其基础上进行自我探索，但自身缺乏对创业教育的深入研究。

2. 多元探索阶段：2002 年 5 月—2010 年

在政府政策以及社会各界支持下，9 所创业教育试点高校均取得了优异成绩，形成了符合自身特点的创业教育模式，为高校创业教育试点工作交出了一份满意的答卷，更为我国高校普及创业教育，保证创业教育顺利开展积累了宝贵经验。综合看来，这 9 所试点高校在开展创业教育过程中探索并形成了三种模式，其一为创业综合素质模式，其二为创业技能教育模式，其三为创业教育综合模式。同时，试点高校以外的个别高校以试点高校开展的创业教育经验为基础，再结合自身实际情况，不断探索符合自身实际发展状况的创业教育模式。我国创业教育步入了以创业教育试点高校为主，其他高校协同发展的多元化探索阶段。

创业教育进入多元化探索阶段后，各类问题逐渐凸显，创业教师数量不足的问题尤为严重，引起了教育部的高度重视。2003 年，教育部与北京航空航天大学组织开展了第一届创业教育师资培训，培训对象是来自全国各高校的创业教育工作者，培训内容则是与创业教育相关的理论知识。教育部开展创业教师培训工作，提高创业教育师资力量，说明政府对创业教育的重视程度。2005 年，中国共产主义青年团中央委员会、中华全国青年联合会主导开展了为高校老师提供专业的创业培训的 KAB 创业教育项目。此项目开发了以市场为导向，重视培养大学生"企业家精神"的教育，注重传授创业知识与技能的大学生 KAB 创业基础课程。

在此阶段，我国部分高校的创业教育已小有成绩，探索出了符合自身实际情况的发展模式。同时，在政府领导下组织开展了创业教育师资培训班，提高了我国创业教育师资团队的师资力量。

3. 全面推进阶段：2010 年至今

我国高校创业教育在经历过前两个发展阶段后总结了些许经验，但也逐渐凸显出了一系列问题，未来发展仍道阻且长。接下来的时期，积极面对并突破创业教育的发展困境，解决创业教育存在的问题，以及促进创业教育的深入改革与发展是政府和高校研究的焦点。

2010年，中共中央、国务院出台了《国家中长期教育改革和发展规划纲要（2010—2020年）》，此文件中也提到要注重加大对高校创业教育的支持力度。2012年，教育部为加强高校创业教育建设，制定了《普通本科学校创业教育教学基本要求（试行）》。2014年，李克强总理在夏季达沃斯论坛上提出"大众创业、万众创新"，并且在2015年的世界互联网大会等多次重要会议中对此进行阐释。同年，国务院便针对"大众创业、万众创新"的推进工作给予意见，并且颁发了《国务院办公厅关于深化高等学校创新创业教育改革的实施意见》，以通过落实高校的创业教育工作推动"大众创业、万众创新"，激发我国社会发展动力。并且在接下来的几年里，有关加强推动创业教育的政策文件陆续制定并颁发。以此观之，高校创业教育已受到政府、高校的极大重视，成为培养创新创业人才的重要方式之一，不断为国家输送人才，很大程度上决定了社会各方面发展，与国家命运紧密相连。

综上所述，我国高校创业教育在20多年的探索历程中已取得很大进展，在一些高校中已经形成了适合自身的教育模式，当然这离不开政府的大力支持。我国高校创业教育已为社会培养一批又一批创新创业人才，未来将会更多，他们将是激发社会发展活力，推动"大众创业、万众创新"政策落实的动力之源。

（二）对我国高校创业教育发展的展望

1.教育理念全局化，协同育人

开展高校创业教育是国家落实创新驱动发展战略的重要途径，是推进高等教育改革的重要举措，是提高大学生创业就业能力、激发经济活力、促进经济发展的优良方式。思想指导行动，高校在开展创业教育工作时，升级教育理念，树立全局观是新时期创业教育的必然选择。第一，各大高校的领导层应明确并高度重视高校创业教育对社会发展的重要意义，将创业教育包含在高等教育人才培养体系中，普及创业教育在人才培养中的重要性，使人们接受并支持创业教育。第二，建立创业教育机构，辅助高校开展创业教育工作。高校可结合自身实际情况，建立专门的创业教育院系，通过科学合理的规划，明确其职责，统筹协调全校的创业教育工作，同时要增强与学校其他部门的协作意识。第三，在开展创业教育的过程中，加强与社会的交流、互动。创业教育既包含理论知识的传授，又涉及实践应用，因此仅依靠高校不能完成优质、完整的创业教育，还需要政府、企业以及第三方机构等相互配合。高校在开展创业教育的过程中要整合各方资源，使得学校与学校、学校与企业、学校与政府、学校与国际协同育人。

2. 教育体系科学化，全面育人

科学合理的教育体系是促进高校创业教育快速稳步发展的重要支撑。高校创业教育作为一项系统工程，科学化的教育体系直接影响创业教育工作的开展状况。在2010年和2012年教育部颁发的政策文件中都强调过，要把创业教育融入人才培养体系，面向全体学生。因此，高校在开展创业教育工作的过程中，要注重学生的精神塑造、意识培养、技能提升以及知识内化，通过完善教育课程体系、加强实践平台的构建、革新教育评价模式以及提高指导服务质量，构建科学的教育体系，不断深化高校创业教育的发展。

3. 教育队伍专业化，科学育人

创业教育教师队伍在高校创业教育中起着关键作用，其水平直接影响着人才培养的质量。2010年，教育部明确提出，要建立高素质创新创业教师队伍。我国高校创业教育发展势头愈来愈好，教师队伍作为创业教育的关键因素，对推动创业教育发展起着重要作用。因此，高校要把建立高水平的创业师资队伍放在创业教育高质量发展的战略高度，来规划学校的师资力量。一方面，通过落实科学的教师聘用制度，聘请具备丰富创业教育理论与实践知识、众多创业实践经验以及创业能力出众的教师。另一方面，加强教师队伍培训，不断提高教师的能力。同时，建立相应的教学评价机制，注重教师的绩效考核，并要提高教师的福利待遇，以激发教师的积极性。只有保证优质、高水平的教师队伍，才能保证人才培养的质量，才能保证创业教育高质量发展。

4. 教育气氛人文化，文化育人

校园文化是一所学校的重要根基，具有教学不能替代的教育功能。当前，创新创业已成为新时代社会发展的主流趋势之一，因此建设创新创业型大学必然成为高等教育发展战略的支点。高校要营造创新创业文化氛围，将其与创业教育融合，发挥校园文化的育人功能。第一，围绕创业教育人才目标，在创业教育工作中不断探索，营造创业氛围，培养师生的创业意识，激发师生的创业活力，形成浓厚的校园创业文化。第二，将创新精神渗透到计划开展的各项创业教育活动中。要创业就必须要有创新，创业教育其中一项要义就是培养学生的创新意识，提高学生的创新能力。在创业教育过程中，应鼓励学生进行创新、尝试，培养其竞争、进取、团结、坚忍的品质。第三，结合典型的富含创业精神的成功创业人物事例，宣传其创新创业精神，积极营造创新创业的氛围。[1]

三、我国高校创业教育理念和基本模式的理论阐释

（一）高校创业教育理念

明晰高校创业教育理念，是把握高校创业教育的正确发展方向，顺利开展高校创业教育工作的基本前提。[2] 学术界对创业教育的说法不一，大致可分为三个层面，分别是培养具有开创性的人的教育活动，培养创业素质的教育活动，培养创业技能的教育活动。开创性、创业素质以及创业技能均为高校创业教育培养的目标内容。因而，高校创业教育是高校通过利用各类教育资源，在提高大学生创业素质的基础上激发学生的创造性，使学生具备开创精神，掌握创业技能的教育活动。

首先，高校创业教育面向全体学生。高校全体学生都有权利接受创业教育和创业训练。创业教育作为学生提高自我发展能力的平台，能够使学生主动汲取知识，并激发学生的创造思维。因此，大学生接受创业教育，就是为他们的发展打下坚实基础。其一，可以促进大学生继续攻读更高层次学历，其二，可以为步入社会积累知识与能力。

其次，高校创业教育贯穿大学培养全过程。创业教育并非存在于大学某一阶段，是贯穿于大学整个教育过程，不管是本科阶段还是硕士、博士阶段，直到踏入社会。高校创业教育的核心是教育，并使创新精神与创业理念融入其中，将其像一颗种子一样埋入学生心中，使学生创新创业思想不断发展壮大。大学阶段的

---

[1] 于跃进：《我国高校创业教育的回溯、反思与展望》，《中国成人教育》2016年第20期。
[2] 胡金焱：《创新创业教育：理念、制度与平台》，《中国高教研究》2018年第7期。

创业教育还应与专业教育相结合，将学生创新创业精神激发出来，在创业方面发挥专业优势，实现专业教育与职业教育双管齐下。

最后，创业教育是面向未来的。我国社会发展已从注重高速增长转为注重高质量发展。创业教育因具备鲜明的创新性特征，与国家创新驱动发展战略联系极为密切，对接着国家创新驱动发展战略，为推进强国建设培养创新型人才。我国推动供给侧结构性改革，其根本就是为了借助创新这一重要推动力，来转变发展方式，优化经济结构，转变新旧动能。党的十九大报告提出了人才强国等七大战略以及建设科技强国等目标，战略的落实与目标的实现与高等教育联系极为密切，提高了高校创业教育质量的要求，加大了高校创业教育。并且，国家未来发展的重任即将落到新一代高校大学生的肩上。因此，创业教育兼具着培养实现民族复兴的人才的作用，影响深远。

（二）高校创业教育的基本模式

创业教育作为一种新时代的教育模式与理念，受到国家的高度重视。创新思想作为创业教育的灵魂，其作用在教育活动中显得尤为突出，即以培养具有创新精神、创业能力、创新能力的高素质创新创业型人才为目标，在高校教育活动中融入创新创业的模式、机制等。当前，我国高校的创业教育模式仍处在探索阶段，但有些高校已形成了适合自身特色的创业教育模式（见图2-1），总结起来主要有以下几种。

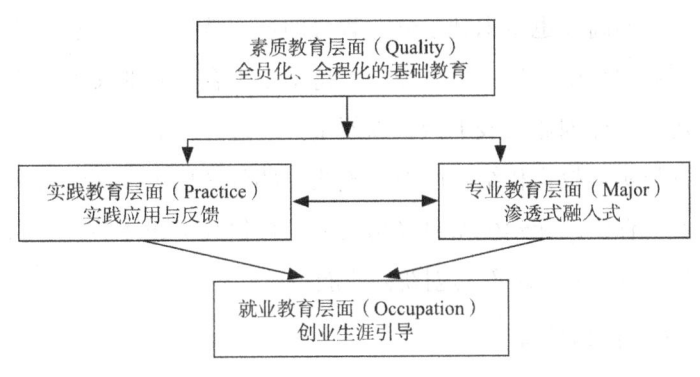

图2-1　创业教育基本模式

1. 与就业指导相结合

就业是每个大学毕业生面临的现实问题，加之目前社会上严峻的就业形势，高校十分重视培养学生的就业能力。大多数高校开展创业教育的主要形式在于,对学生进行就业指导服务的同时,附带开展部分创业教育活动。从某种程度上来讲,高校创业教育与大学生的就业指导存在一定联系,创业是就业的另外一种形式,学生通过创业教育被培养成一名创业者,在解决自己就业的前提下又为社会大众创造了工作岗位,以创业促进社会就业。这种学生就业指导附带创业教育的模式更倾向于创业对就业的作用,是学生就业指导工作的一部分。

2. 与专业教育相融合

专业教育是高校人才培养的重中之重。在当前国内推崇创业教育的热潮下,有些高校已将创业教育纳入高校教育体系,使创业教育成为高等教育的必要组成部分,以防止将其边缘化。创业教育与专业教育相辅相成、彼此促进,但两者相融合的教育模式仍处于探索阶段,在实际落实此模式的过程中还存在一系列问题。创业教育的开展,需要树立科学、合理的教育理念并以此为思想准绳,构建完善的创业教育体系。高校创业教育教学或其他活动,应与专业教育相结合,以提高专业能力,加强专业技术创新,代表性强的就是理工类专业。除此之外,创业教育过程中应在注重传授专业理论知识的基础上,更注重通过灵活手段激发学生的创新思维。当然,这对创业教育的教学模式以及方法要求较高。

3. 与实践教育相结合

创业极具实践性与操作性,因而创业教育也被赋予了较强的实践性特性。很多开展创业教育的高校也意识到了创业教育的这一特性,并有意增添了创业实践活动在整个创业教育中的比重。比如,支持学生去合作企业实习、举行校园创业大赛等,并建立各种创业实践平台,以便于学生进行创业实践,主动开展协同创新的创业教育与实践教育相结合的教育模式。部分高校正在探索将多样式的实践活动融入创业教育中,让学生亲身经历实践,强化其实践体验,提高其动手操作能力,充实其实践经验,培养其创新创业能力。

4. 与素质教育相结合

创业教育是适于全体大学生的素质教育,而非精英教育。[①]创业教育培养大学生的创新意识、精神及能力,这是之前的教育所欠缺的。因此,创业教育是提升大

---

① 李秋斌:《大学生创新创业教育基本模式和路径选择》,《闽江学院学报》2014年第35期。

学生相应素质的开端，而非终点。创业教育是实现素质教育目标的重要举措，并符合我国新时代发展亟须创新型人才的要求，所以通过大力开展创业教育来提高大学生综合素质是我国高校人才培养模式改革的必然趋势，极大顺应了社会发展潮流。

各大高校开展创业教育并非仅局限于以上模式，更大程度上应在上述模式的基础之上，结合自身实际情况，构建多维、立体、层层推进的创业教育模式。

第二节　创业型体育教育基本理论

随着国内外形势不断变化，高校传统的就业教育模式显然已不适应新时代，与时代脱轨，而专业教育与创业教育相结合的教育模式成为高校发展的必然趋势。创业教育受到我国政府极大重视，发展速度迅速提升。高校的体育教育作为高等教育的重要组成部分，与创业教育相结合意义重大，理应受到重视。因此，本节对创业型体育教育的基本理论展开研究，以促进其发展。

一、创业型体育教育的内涵

科学合理界定内涵是促进创业教育优良发展的关键，创业型体育教育亦如此。界定创业型体育教育内涵的过程，既是界定创业型体育教育概念的过程，也是明确创业型体育教育的本质属性，认清创业型体育教育功能与目标的综合过程。

目前，创业型体育教育还没有严格的概念界定，但有一点值得肯定的是，创业型体育教育是在创业教育基础上发展而来的。并且，创业教育应用于高校的体育教育，两者相互结合形成创业型体育教育。要把握创业型体育教育的内涵，就要明晰创业教育的概念，了解高校的体育教育。前文提及，创业教育是培养大学生的创新意识、创新精神、创业能力，并注重提高大学生的综合素质，以培养具有开创型人才的教育活动。体育教育则指体育院系开展的教育活动，培养体育专业的学生的德、智、体全面发展，使学生具备良好的社会责任感以及文化素养，提升学生的体育科研能力与专业水平。通过对创业教育与体育教育的理解可认为，创业型体育教育就是创业教育主干的一个分支，是指使体育专业的学生接受创业教育，与专业教育融合，以培养体育专业学生的创业意识、创新精神、创业知识及技能，提高其知识文化素养，综合发展其各方面素质的教育活动。

创业型体育教育作为创业教育与体育教育的融合教育，也可以说是体育教育的一种新的教育模式与理念，贯穿高校体育教育的整个过程，旨在培养高素质，具备创新创业能力的体育专业学生，同时创业型体育教育符合新时代体育院系教育改革的发展趋势，因此开展创业型体育教育对体育专业大学生非常有必要。其一，利于体育专业学生转变思想，提高创新创业意识；其二，有助于完善体育专业学生的知识结构，提高综合素质；其三，可以极大提高体育专业学生的创业与就业能力，有效促进其创业就业。

二、创业型体育教育的构成

（一）创业型体育教育的个体：培养创业者和建设师资队伍

1. 培养体育专业的创业者

培养体育专业的创业者实质上更多的是培养学生的创新创业精神及其创业能力，培养对象就是体育专业大学生。在培养过程中要切实保证不漏一人，做到全覆盖地培养学生，并在培养过程中注重发现具备创业潜质的学生，帮助发展其创业资质。同时，注重培养体育专业学生的创业素质，具体分为三个方面：一是创业意识，这对创业者来说能及时寻找并发现创业机会；二是创业精神，这包括最核心的创新精神、合作精神、敢于担当的精神以及强烈的责任感；三是创业能力，指学生在创业过程中需具备的创业理论、实践知识和专业技能。

2. 建设创业型体育师资队伍

教师是创业教育中的主体之一，创业型体育师资队伍的水平是影响创业教育质量的决定性因素。因此，只有建立高水平的师资队伍才能保障创业教育的效果，才能加快创业型体育教育的发展。体育院系要大力培养教师的创业素质，或从校外引进极具创业经验的创业成功人士，在体育院系开展创业教育活动，并与专业教育进行融合，以培养本专业学生的创业意识、创业精神和创业素质。

（二）创业型体育教育的过程：建设创业课程和创业实践

1. 建设创业型体育课程

系统全面的课程能使学生掌握较为全面的创业知识与技能。创业型体育课程能够让体育专业学生掌握创业中所需的知识和技能，具体包括创业战略知识、创业运作知识、创业财务知识、创业文化知识、创业法律知识等，由于体育专业的实践性较强，因此也要求学生熟练掌握体育专业技能与理论知识。学生通过吸收这些知识提升自身创业素养，以提高自身创业能力。

2. 创业实践教育

创业教育具有很强的实践性，因为创业本质上就是实践活动，加之与实践性较强的体育专业教育结合，便形成了创业型体育教育。在创业教育过程中如果仅向学生传授理论知识，学生根本无法真正理解创业，这样培养出的学生毫无实践经验。所以，要注重学生的创业实践教育，以此让学生将理论与实践相结合，亲身获取创业经验。

（三）创业型体育教育的环境：营造创业氛围和激励创业个体

1. 营造创业氛围

良好的创业氛围是开展创业教育的有利条件。在创业教育过程中，若能够营造浓厚的创业氛围，则可以使学生受到潜移默化的影响，在无形之中就培养了学生的创业意识，使学生更加了解创业。这种良好的创业氛围包括宣传创业文化与知识、鼓励创业、弘扬创业精神。这种氛围还可在一定程度上激发体育专业学生和教师的创业激情，投身于体育方向的创业。所以，体育院系在营造体育氛围时，也要注意大力营造创业氛围。

2. 激励创业个体

激励是促进学生投身于创业实践活动的催化剂。对于刚开始进行学习和创业的学生来说，激励就是促进他们前行的动力。常见的激励方式包括：建立创业基金，以解决学生创业路上的资金问题；设立奖金和荣誉，奖励为本院系创业工作作出突出贡献的学生或教师；建立专门的创业教育服务机构，为创业者提供创业服务。如果以上措施可以落实的话，一定会激励越来越多的人参与创业。①

---

① 张友惠、曹兴：《大学创业教育要素构成及其整合分析》，《湘潭师范学院学报（社会科学版）》2008年第4期。

三、创业型体育教育的特征

（一）教育理念先进

进入新时代，各国为提高本国的国际竞争力、促进经济高质量发展，大力推崇创业教育，中国亦如此。创业教育不可独立进行，在体育领域就要与体育教育相结合，以培养富含创新精神、创业意识、创新创业能力的创业型体育专业人才。创业型体育教育是时代对高校体育专业教育提出的新要求，是历史的选择。创业型体育教育面向体育专业全体学生，以提高其创业素质与专业知识修养，培养优质创业型体育人才，促进我国高等教育人才培养模式的转变，加强体育教育与市场的成功对接，推动我国创业教育工作的进行。

（二）教育实践性强

创业教育具有较强的实践性，加之体育专业的专业特性，要求学生必须掌握体育技能，并通过体育实践考核，这就更加凸显了创业型体育教育的实践性。在开展创业型体育教育的过程中，教师在传授给学生创业理论知识的同时，还要带领学生参与相关创业实践活动，比如深入体育企业进行实践、做些校外体育培训的兼职、参与创业大赛等，以此来提升学生的实践能力。

（三）教育内容丰富

创业型体育教育是创业教育与体育专业教育的结合，因此其教育内容要包含这两方面内容。首先，创业教育内容可分为创业意识、创业人格、创业品质、创业知识和创业技能五个方面，而这五个方面又包含多种知识。其次，体育专业教育内容也较为繁多，既包括各项体育专业理论，又包括各项运动技能。各项教育内容交互错杂，充实学生的学习过程，提高学生的创业能力与专业素养，促进学生综合素质的提高。

（四）创业教育与体育专业教育紧密结合

创业型体育教育本身就是创业教育与体育专业教育融合而成的一种教育模式，因此二者之间联系密切。我国的体育行业创业前景一片大好，体育市场潜力巨大，现阶段进行创业的体育专业学生数量呈现上涨趋势。要想开拓体育市场、促进体育经济发展就需要进行体育行业创业，即需要体育院系将创业教育与专业教育紧密结合，让学生掌握全面的创业与专业知识技能、树立创新创业意识、增强创新创业精神。只有将创业与专业知识融会贯通，才能使学生有足够的实力去创业。

四、创业型体育教育的功能

（一）促进高校人才培养模式改革

在新世纪，必须通过创新提高国际竞争力，才能处于世界领先地位，因此我国需要大批创新创业人才，这就给各高校创业教育提出了要求。通过开展创业型体育教育，可变革体育院系的人才培养模式，培养体育专业学生的创业素质，提高体育专业学生的创新能力和创业能力，使学生由"找工作"转变为"创造工作"，培养越来越多的创业者，带动更多学生开辟市场，以激发我国经济活力。

（二）提高创业型体育专业人才的培养质量

通过我国创业研究中心调查发现，我国创业者受教育程度偏低。[①]之前，我国的创业人员一般是迫于生活压力选择创业，文化素质较低。但随着时代发展，人们受教育程度逐渐提高，思想观念不断更新，创业者的素质也逐渐提高。体育专业的学生亦如此，前期只接受传统的体育教育，对新时代的一些新事物缺少见解，思想缺少活力。创业型体育教育这一新模式通过教授体育专业学生各种创业知识，使学生参与创业实践活动，激发学生的创业潜能，更新学生的思想，提高学生的创新精神与创业意识，极大程度地提高体育专业学生的综合素质，使得创业型体育专业人才质量得以提高。

（三）促进体育专业学生的创业就业

近些年我国就业形势极为严峻，每年一到高校毕业季就会出现毕业即失业的现象，而这一现象在体育专业毕业生中更为常见。开展创业型体育教育，可革

---

① 刘铸、张纪洪：《大学生创业教育的基本功能与重要意义》，《中国高等教育》2010年第18期。

新体育专业学生的思想，使其具有创业意识，并且提高体育专业学生的创业就业能力，促进其创业就业，从而使体育专业的学生创办自己的体育事业，同时在解决自身就业的前提下又为社会大众创造了就业岗位，当然，这些岗位大部分还是适于体育专业学生的。因此，创业型体育教育可极大地促进体育专业学生的创业就业。

（四）满足社会对体育专业人才的需求

随着社会不断发展，时代不断变化，社会对体育专业人才的需求也不断变化。我国体育院系的传统教育模式并没有发展学生的创新创业能力，因此满足不了现在的社会需求。而现阶段我国经济快速发展，正处于转变经济结构的关键时期，体育产业发展势头旺盛，体育市场不断被开拓，为体育专业学生提供了创业就业机会。同时，中小学学校数量及学生数量增多，缺乏大量的体育教师。在此绝佳机遇下，体育专业学生可通过接受创业型体育教育完善自身，为我国教育事业的进一步发展提供保障。

（五）促进社会经济与体育产业发展

创新型体育教育培养创新创业人才，而创新创业人才推动创业经济的发展。回顾我国改革开放40余年的成就可发现，我国的经济快速发展很大程度上因为创业经济被激发。那些适合社会发展、符合时代要求、发现机遇的创业活动已成为社会经济发展的引擎，并且还能够开拓市场，促进某一产业的长久发展。创业经济增长需要人才来推动，而人才需要创业教育培养。创业型体育教育在培养人才的情况下帮助学生识别当下复杂多变的创业环境，只有使学生更加富有魄力、远见及创新创业精神，才能让学生在创业道路上走得更远，不断开拓体育产业市场，促进体育产业发展，并最终促进社会经济发展。

五、创业型体育教育的影响因素

近年来，国家对高校创业教育的重视程度不断提高，因此创业教育在高校中广泛开展，但体育院系的创业教育进展情况并不乐观。对此，笔者总结出创业型体育教育的影响因素，分为内部因素和外部因素，并对其进行分析，希望为进一步发展高校创业教育、完善创业型体育教育提供理论依据。

（一）内部因素

1. 学生个人素质

学生个人素质是影响创业型体育教育的重要因素。在教育过程中，学生的学习素养是其掌握相关知识的基本条件，也是发挥创业教育作用的重要保障。同时，个人综合能力亦非常重要，创业型体育教育并非只要求学生学习和掌握理论与实践知识，还需要有良好的个人品德，沟通、领导、协调能力，以及较高的胆识与魄力。兼具这些能力的学生能够高质量地完成创业型体育教育并大概率成功创业。

2. 教师因素

教师的道德品质、知识结构与科研能力对创业型体育教育影响较大。首先，良好的道德品质是一个人做任何事情的基本条件，教师具备良好的品德能够受到学生喜爱及工作单位的青睐，并有助于推进其个人的工作。其次，由于教师常年在高校工作，其知识结构大都偏重于理论而缺乏实践经验，因此在教育过程中会更大程度地向学生传授理论知识。而成功的创业者不仅具备丰富的实践经验，还掌握着市场动态。因此，可以通过外聘教师或与企业保持联系以获取与创业相关的重要知识，提高教育质量。最后，在教育过程中会遇见各种问题，教师具备较强的科研能力可以对这些问题进行深入研究，并找到解决问题的最佳方法。①

3. 学校因素

教学目标的顶层设计与教学环境是影响创业型体育教育的重要因素。教学目标决定着教育方向，只有正确、清晰的教学目标，才能通过教师与学生的共同努力达到教学效果。教学环境包括创业型体育教育的氛围、教学软硬件设备等，学校的创业氛围能够激发教师与学生的创业激情，使其主动投入创业教育与创业实践活动中，增强教师与学生的主动性。教学软硬件设施可以给师生提供优质的教学服务，对提高教学质量、提升创业型体育教育效果有着重要作用。

（二）外部因素

1. 政策支持

我国为推动创业教育与体育教育的发展已出台一系列政策，开展创业型体育

---

① 林可全:《大学生创新创业教育的影响因素研究》,《黑河学刊》2018年第4期。

教育既可以促进创业教育的发展，又可推动我国高校体育教育改革，可谓是一举两得。政府出台的支持创业的政策对学生有很大影响，尤其是在社会保障方面，但也会受到诸多条件限制。比如，大学生缺乏对创业教育的正确认识以及创业实践的勇气，而政策具有较强的针对性和指导性，但在当前状况下，难以估量政策的落实效果。[①]

2.体育专业特点

体育专业毕业生就业范围狭窄，主要就业方向是中小学体育教师，因此具有较强的就业局限性。这一特点导致体育专业学生的就业率较低，并且多数工作不符合自身期望。因此开展创业型体育教育可以提升体育专业学生的就业能力与创业能力，可以从根本上解决体育专业就业范围狭窄这一特点，并促进体育专业学生就业创业。

3.外部资源

外部资源主要指企业资源，这与高校的创业教育密切相关。高校创业教育提供的教育内容有限，无法提供主要的实践活动，因此实践活动最好由与学校联系较为密切的企业提供，为学生提供创业的实践机会，激发学生的创业兴趣，使学生亲身体验创业，总结经验。另外，企业可以为学校提供一些课题，以参与创业教育的学生为主要完成对象，这样既能提高学生的实践能力，又能让学生进行创业模拟，为以后的创业总结经验。所以，通过利用外部资源可使创业型体育教育高质量顺利进行。

上述影响因素，无一不影响着创业型体育教育。社会、政府、高校都应发挥各自优势，共同促进创业型体育教育的落实，进而推动创业教育的发展。同时，学术界也应加强对创业型体育教育相关理论的研究，不断开拓、创新理论和思想，让先进的学术理论指导实践。

六、创业型体育教育的发展

我国极其重视发展创业教育，我国高校创业教育目前虽处于初步发展阶段，但发展速度较快。我国高校创业教育工作以多种形式开展，通过理论与实践相结

---

① 陈媛:《创新创业教育的影响因素与运行机制》,《中国高校科技》2018年第9期。

合,培养创新创业型人才。创业型体育教育作为我国高校创业教育的重要组成部分,亦处于创业教育大力发展的洪流之中,其目前虽处于初步探索阶段,存在一些问题,但是发展潜力巨大。创业型体育教育在发展过程中应遵循以下建议。

(一)树立科学的创新创业教育理念

创业型体育教育要想实现高质量可持续发展,需要高校与教师转变传统的教学和人才培养观念,将体育专业教育与创业教育进行有机结合,培养创新创业型体育人才。因此,在落实创业型体育教育的过程中,高校与教师需要树立科学的创新创业教育理念,避免思想与认识的局限性,重在培养并提升学生的创新创业意识、创新思维、创业素养等,打造出一个个开创型的体育人才,促进学生长远发展,促进社会高质量可持续发展。

(二)加快创业型师资队伍建设

基于创业教育师资短缺的现状,体育院系要加强创业师资队伍建设,注重培养具备创业素质的教师,组织创业教育师资培训班并鼓励教师积极参与,培训教师相关创业知识,传播创新创业教育理念,丰富教师创新创业内涵。同时,支持教师参加创业实践活动,亲身体验创业,丰富创业实践经验,增强自身创业实践能力。另外,为组建理论与实践并重的优质创业型体育教育师资队伍,还要坚持"走出去"与"请进来"相结合,要求本校教师到其他高校学习创业人才培养经验,到校外企业学习一线创业实践经验和其他创业成功经验,并加强学校之间、学校与企业之间的合作,保持密切合作关系。

(三)完善体育创业实践课程体系

体育创业实践课程是创业型体育教育不可或缺的一部分,是提高学生的实践经验与能力的重要秘诀。第一,体育院系应结合体育专业的教学内容,设计与体育教育相关的创业实践活动并组织学生积极参与,加强学生对创业的理解。第二,体育院系应组织学生参与社会中的一些创业活动,让学生进入企业参观、实习,亲身体验一些企业的工作,这样更利于培养学生的创业精神与能力。

(四)建立创业型体育教育的管理机制

良好的管理机制能使创业型体育井然有序地进行。针对当前较为混乱的创业教育管理现象，高校需规划并建立一个完善的、符合自身实际发展状况的创业教育管理机制，包括学校总体管理机制和各院系管理机制，而对于体育院系则应将这种管理机制落实到创业型体育教育模式中，使这种模式更加规范、科学。第一，高校以及下属各院系应成立相应的创业教育管理部门，分别负责高校总体和各院系的创业教育工作，并制订创业教育计划。第二，创业教育管理部门应针对体育专业的学科特点，将创业元素融入体育教育中，使创业教育与体育教育相结合，并设计相应的创业实践项目，丰富、完善创业型体育教育。第三，构建科学合理的创业型体育教育评价模式，制订创业型体育教育的评价机制，完善创业型体育教学评价标准，通过制订奖惩措施激励教师的教学热情和学生的学习积极性。

七、创业型体育教育的内外部教育质量保障体系

（一）内部教育质量保障体系

1. 创业型体育教育培养目标

创业型体育教育的培养目标是开展创业型体育教育的基点，是评价创业型体育教育质量的重要标准，为其提供明确的发展方向。一方面，高校应将创业教育纳入高等教育体系，而创业型体育教育也就顺理成章成为高校体育教育必不可少的一部分，高校应明确创业型体育教育的培养目标是将体育专业学生培养成创业型体育人才。高校应根据实际情况，设定层次分明的培养目标，并在此层面设立课程体系、教学目标、教学管理等子目标。另一方面，正确认识创业型体育教育的培养目标。创业型体育教育是进一步将素质教育理念落到实处的一种方式，既是一种职业化教育，也是一种综合型素质教育，旨在培养学生的创新与创业意识、创新与创业精神、创新与创业能力，帮助学生实现自身价值。

2. 创业型体育教育教学模式

优化创业型体育教育的教学模式是使创业型体育教学活动顺利进行的关键。其一，要构建科学、合理的课程体系。教育目标的实现是以课程为载体的，课程设置情况会很大程度影响创业型体育教育的质量。因此要合理设置创业理论课程和创业实践课程，实现创业型体育教育课程的价值。其二，要加强创业课程与体

育专业课程的有机结合。要以体育专业的特点为依托，开设具有鲜明创业特色和体育特色的课程，将创业教育理念与方法融入体育教育当中。其三，要转变传统的教学观念，改变陈旧的教学方式。要以传授理论知识为基础，积极探索新颖、多样的教学方式，调动学生参与创业型体育教育学习的主动性。同时，要鼓励开展创业实践训练、案例教学等实践性和创新性突出的教学活动。其四，注意开发与创业型体育教育相匹配的创业教材。要缩小创业教育教材内容与现实社会的时间跨度，降低二者差异程度，将最前沿的创业教育理论融入教材中，让学生学习到最先进的理论知识；打破专业学科之间的局限，将体育专业基础理论、实践知识与创业理论、实践知识相融合，确保教材的全面性和科学性；提倡特色教材，结合成功创业的优秀案例，使教材更贴近现实的同时进一步激发学生的创业激情。

3. 创业型体育教育的师资管理

高素质的创业教育师资队伍是保障创业教育质量的关键。首先，建立教师培训制度，一方面，要委派创业教师前往相关企业进行创业实践锻炼，优化创业教师的培训方式，不断拓宽创业教师的发展渠道。另一方面，要强化培训力度，提高培训质量，提升创业教师的综合素养。其次，鼓励教师积极参与创业教育理论研究工作，提升自身创业理论知识素养，丰富包括经济资源统筹、法律人才管理等与创业相关的理论知识，建立自身较为系统完善的创业知识体系。最后，为激发教师参与创业教育的主观能动性，进一步提高创业教育质量，应健全教师创业教育评价机制与激励体系。

4. 创业型体育教育的服务保障体系

创业型体育教育的服务保障主要体现在三个方面。其一，大学生创业指导服务中心。该平台既可为学生创业提供资金、场地支持，还可提供专业人员的答疑服务，同时也可促进学生与社会、企业之间建立良好的沟通。其二，创业教育实践平台。创业教育实施过程中仅依靠理论教育是行不通的，创业是一个理论结合实践的综合过程，因此创业教育必须要进行创业教育实践，而创业教育实践平台作为高校开展创业教育实践的主要基地，可为师生提供将创业理论付诸创业实践的可行性场地。其三，创业教育信息化服务平台。及时获取准确、全面的信息很大程度上能够为创业教育工作提供极大的便利，利用现代科技建立网络化的创业教育信息服务平台可帮助师生了解到最新、最权威的创业教育讲座、各类创业鼓励政策以及各大企业的动态信息等，实现线上信息获取与线下创业教育的有机结合。

（二）外部教育质量保障体系

1. 创业型体育教育经费投入

目前，我国创业教育的经费主要来自政府财政拨款，来源较为单一。为进一步促进创业教育发展，推动创业型体育教育的实施，应拓展多元创业教育经费来源，建立多个创业教育经费渠道，构建政府、社会与高校三者互相结合的创业教育经费支持体系。第一，政府应发挥主导作用，加大创业教育经费的支持力度。第二，社会应发挥参与功能，倡导社会中的企业单位、事业单位等设立创业基金，满足高校创业教育的资金需求。第三，高校应结合自身实际，发挥自身优势，可通过产学研一体、申请创业研究课题等方式，与企业建立密切合作关系，加快创业科研成果的产出、转化与实践，加快筹集创业教育资金。

2. 创业型体育教育扶持政策

创业型体育教育扶持政策是开展创业型体育教育的重要政策保障。首先，政府应有效发挥其宏观调控功能，为开展创业型体育教育提供良好的政策环境。其一，制定并出台创业教育政策；其二，对创业教育政策制定和落实进行监督，保证其科学性、合理性以及有效落实。其次，各类媒体应广泛、大力宣传创业教育政策，使教师、学生乃至社会人士了解创业教育的政策内容，清楚政府对创业的支持力度。调动社会多方力量，统筹社会优质资源为创业教育提供有效服务，营造浓厚的创业氛围，为有效实施创业教育政策提供良好的社会环境。最后，高校应结合自身实际状况，推行适合自身的政策措施，比如推出与创新创业有关的学分政策，鼓励学生主动参与创业教育与创业实践，对积极参与创业教育和创业实践活动以及从中获取优秀成绩的学生进行精神和物质表彰，及时向上反馈创业教育政策在创业型体育教育开展过程中存在的问题，政府再对其不断完善、优化，确保创业教育政策的科学性、合理性，以此保障创业型体育教育质量。

第三节　国外创业教育模式借鉴

一、国外创业教育的实践经验

通过了解国外创业教育的发展过程,可发现国外先进的创业教育并不是凭空而来的,而是经历了一条漫长而艰难的发展道路,才逐步成熟、逐渐完善的。创业教育是一个庞大的系统,其内容丰富,内涵广泛深邃,现从以下三个方面对国外先进的创业教育经验进行总结。

(一)创业教育组织

教育系统承载着培训创业者的重要任务,国外的创业教育机构种类繁多、形式多样,包括高校的专职、兼职机构,管理和服务创业教育的机构,还有除高校外专门进行创业培训的机构,以上这些机构不以营利为目的,而注重为学生提供创业服务,它们相互支撑,发挥作用,共同组成了大学生创业教育组织的主体。

美国的创业教育组织分属不同的层级,主要包括教师组织和学生组织,进行各类创业教育工作,如开发创业教育教学方法、交流教学信息等。位于美国的国际创富组织作为全球创业教育组织总部,专注于帮助各国提高创业扶持机构的专业能力,对不同创业人群和行业设计创业教育课程。美国的巴布森学院作为全球最有名的商学院,其创业管理水平之高独一无二,主要培养本科、MBA 及高层经理研修,发展学生的各项创业素养。[①] 英国为了有效进行创业教育,通过财政拨款建立了英国科学创业中心,并成立了大学生创业委员会。

(二)创业教育支持

创业教育是一项由社会多方面共同参与的系统工程,它不单单需要学校、教师、学生及政府的参与,更需要社会大环境的支持。一些发达国家就建立了相对完善的创业支持体系。

第一,资金支持。美国的大学生创业得到社会的大力支持,社会为其创业提供资金,解决了其创业资金短缺的问题。美国成立的多个创业基金会,每年都会

---

① 向东春、肖云龙:《美国百森创业教育的特点及其启示》,《现代大学教育》2003 年第 2 期。

通过奖学金和捐赠的形式向学校提供创业教育基金。英国大学生进行创业时，申请创业基金并不需要财产抵押和复杂的手续，并且英国私人创业投资资金占很大一部分。第二，政策支持。在美国进行创业注册公司时，流程简单，审批仅需4步，用时7天，费用较低。英国、法国、日本及新加坡等国家也通过制定相关政策文件大力支持创业教育。第三，服务支持和其他支持。法国创业计划培训中心会对进行创业的学员提供大约半年到一年的后续帮助，主要是专家对学员创业中面临的问题进行指导。①英国科学创业中心提供的服务更注重于培养大学生将大学中学到的技术进行转化的能力，以使其取得突破性成果。

（三）创业实践教学

实践性是创业和创业教育活动的本质特征，实践教学是创业教育的关键环节，对创业教育高效顺利开展、培养学生创新创业能力、促进学生进行成功创业具有重要意义。

美国高校开展的创业教育一贯推崇"实践大于原则"的思想，一直以来将实践教学视为创业教育和创新创业活动的重要部分。其一，美国高校设立了创业专业学位，将创业作为一个专门的专业。创业教育课程体系合理、设置健全完善，其中不同学校以自身实际特色专业和学科资源来设计创业教学计划。美国高校在开展创业教育过程中将创业实践教学与专业学科相互渗透，进行多学科混合人才培养，其中的教学内容包括理论知识学习、创业实例分析以及创业实践教学中的模拟演练，以此培养学生的创新创业意识与能力。其二，美国高校具有较强的师资队伍。美国创业教育协会规定高校教师每年都要参加创业实践培训，组织教师模拟真实创业活动，培养教师的创业实践能力，使教师自身的创业实践能力达到标杆再去教育学生。美国高校创业教育师资队伍既有专职教师，又包括校外兼职教师，专职教师具备充足的创业知识和实践经验，且教师和商人双重身份为一体；兼职教师主要包括成功的创业者、企业家、投资家和具有一定创业能力的校友等。

二、我国创业教育的实践经验

截至2022年，我国高校创业教育已走过20多年。这段时间我国创业教育取

---

① 徐茂华：《高校创业教育课程体系初探》，《中国青年政治学院学报》2009年第28期。

得了些许成就，发展已步入正轨。现对我国高校创业教育的实践经验进行总结。

（一）创业教育课程体系

创业教育课程体系是有效开展创业教育的关键。国内创业教育经过二十余年发展，对创业教育课程体系及如何建设创业教育课程体系认识较为充分。国内创业教育领域著名专家黄兆信和赵国靖根据创业课程的特点将其划分为基础课、专业课、实践课。[①]

清华大学作为国内开展创业教育的先进单位，最早开设创业课程，已经形成了较为完善的课程体系。首先，清华大学根据不同年级学生的创业知识积累量，设计不同的创业课程。比如，因本科生掌握的创业知识较为匮乏，所以对其开设创业管理等基础课程，而对有一定创业知识积累的研究生开设更深层次的像创新研究等激发性创业课程。其次，清华大学允许学生选择本专业或相近的创业课程。在各专业领域内开设创业课程，并注重学生将理论付诸实践。

（二）创业教育实践空间

国内高校的创业实践空间主要以创客空间的形式展开，师生可以在此接受先进的技术指导，对学生参与创业实践活动，提高实践能力具有重要作用。

国内最早建立的创客空间是清华大学的 i.Center，之后各大高校的创客空间纷纷兴起，但组织形式不同，主要以创业孵化园、创业苗圃及众创空间等组织形式出现，并通过技能培训等多种形式回馈社会，促进社会发展。天津大学作为国内创业教育改革示范高校，其团委主导与中科招商集团一同建立了创客空间——宣怀班。宣怀班注重理论与实践相结合，把握创业机会，并为师生提供硬件设备，以期培养出优秀的创业人才。但我国高校的创客空间在实行过程中存在难以高效调动跨部门的资源以实现资源整合的问题，因此应培养相关专业人才，加强各部门、领域组织间的协调。

（三）创业教育制度

完善的创业教育制度是引领创业教育顺利发展的重要保障。我国许多高校在开展创业教育过程中都会以相应的规章制度来规定教师、学生以及领导层的行为，

---

① 黄兆信、赵国靖：《中美高校创业教育课程体系比较研究》，《中国高教研究》2015年第1期。

同时通过举办各种与创业相关的活动营造浓厚的创新创业文化氛围，潜移默化地影响大学生，激励大学生进行创业。从各地高校开展创业教育的经验来看，创业教育制度是创业教育体系的架构。创业教育制度可分为两方面：其一，规划层制度，其二，实施层制度。规划层制度主要通过创业教育改革实施方案、创业训练计划实施方案、创业教育实施办法等解决创业教育定位、组织与管理等一系列问题。实施层制度主要通过学分制管理办法、创业奖学金实施颁发、创业流程规范等解决创业教育平台运行与管理、课程建设、资金使用等问题。在具体的创业教育制度细节方面，高校更注重较强可视性、操作性和规范性的规则，比如在创业实践平台使用与建设方面，多数高校会通过规定实践平台的使用细则，规范创业实践平台的使用流程，提高创业实践平台使用的合理性和科学性，争取使其发挥更大效益。

三、与国外创业经验的比较

创业教育是各国大力开展的符合时代发展潮流的教育活动，世界各国已对其进行了探索，并取得了可观成果，总结出了先进经验。我们可通过对比国内外创业教育，吸取精华，剔除糟粕，加强我国的创业教育。现从以下几个方面进行对比。

（一）创业教育理念

创业教育理念是创业教育的灵魂，指引着创业教育的发展方向。国外创业教育开展较早，其早已将创业教育与国家战略相联系，具有较强的前瞻性，而我国更大程度上将创业教育看作一项就业政策，其主要目的是缓解当前严峻的社会就业形势。像开展创业教育较为早的美国、英国等发达国家，最初提及创业教育理念的时候，也考虑到通过开展创业教育解决人们的就业问题，但更大程度上是提高受教育者的就业能力，培养学生的创业能力，以此创业理念开展创业教育，开辟了一种崭新的教育目标、科学的人才培养模式以及新时代的高等教育改革方向。近年来，我国创业教育理念得到进一步升华，创业教育工作亦步入正轨。

（二）创业教育实践

创业教育实践是创业教育的重要组成部分，国外发达国家在此方面具有鲜明特点。国外创业教育实践内容形式丰富多样，包括培养学生的创业意识、端正学生的创业态度、丰富学生的创业知识、培养学生的创业技能等。在落实创业教育实践过程中注重创业内容的完整性和实用性，并将创业教育贯穿学校教育的全过程。创业教育在高校大力开展的同时，注重向中小学延伸，传授基本创业知识。因创业教育具有鲜明的系统性、开放性、专业性等特点，所以，在教育过程中注重创业与专业结合；打造创业师资力量，为学校聘用具备丰富创业实践经验的教师，并按时开展培训，提升教师综合素质；注重创业教育的灵活教育方式，使学生亲身经历创业实践；同时搜集、统筹各方资源，实现创业教育的效益最大化。而我国创业教育处于初步探索阶段，缺少创业所需的金融、管理、财务等知识的系统教学，没有建立一个完整的教学体系。截至目前，我国高校的创业教育得到很大程度的普及，其在近几年发展得尤为迅速，但多为表面工作，深入程度有待提高，并且仅限于高校，不能贯穿教育的全过程。

（三）创业教育模式

创业教育是一项需要社会多方力量共同参与的十分复杂的系统工程，需要学校、教师、学生及相关政府部门在社会大环境支持的基本条件下一同发力。国外创业教育深入人心，因此存在良好的社会环境支持，支持系统较为完善。美国的创业教育水平居世界首位，其指导思想明确、课程设置完善、教育机构专业，并配有完善的经济环境，为创业教育提供资金支持。美国高校创业教育具有很强的实践性，通过举办多种创业竞赛，鼓励支持大学生参加创业活动，并且要求善始善终，从前期设计最初计划到后期的转化成果，都是在实际的市场中进行的，这直接使学生亲身体验创业，对提升学生的创业能力具有重要作用。像英国、法国等发达国家的创业教育模式，虽不如美国发展得成熟，但也具备较高水平。我国与其相比，缺乏强有力的资金支持及创业教育支持，并且社会多方缺少对创业教育的理解，难以形成一个整合社会多方力量的体系，这就使得创业活动的开展很被动。

（四）创业教育课程体系

创新创业是从产生创新创业想法到实现此想法并创造价值的全过程。因此，创业教育应该构建完善、系统的课程体系，课程设置亦应遵循系统化的原则。而目前我国创业教育课程设置较为单一、不成体系，学生选择的理论必修课与实践选修课之间衔接程度不足，出现脱节现象。创业教育理论课更注重专业技术知识而缺乏素质教育，创业实践课跨学科专业支持不足。所以，我国应在创业教育这条路上不断探索，以求建立完善创业教育课程体系。

英国创业教育课程体系建设已较为完善，因此以英国为例，分析并借鉴其创业教育课程体系建设经验。其一，创业课程按不同标准分为不同模块，以教学目标为依据将其分为什么是创新创业、如何创新创业和创新变革；以课程内容为依据将其分为创业通识知识、创业系统方法论和企业内部升级转型变革模式。其中，各类课程循序渐进、有侧重点地培养学生的创新创业意识与能力。其二，课程组织方面，理论课注重专业与创新创业相融合，将创新创业元素体现于专业课程中；实践课注重跨学科之间的合理衔接，实现协同创业。其三，选修课程系列化，学生可自主选择相关选修课，制订符合自身的创业教育课程规划。

通过中外比较可见，我国创业教育与国外创业教育在水平和经验上虽然有一定差距，但各自都总结出了适合各自发展的实用经验。我国创业教育应理性看待国外创业教育经验，吸取精华，剔除糟粕，发扬我国创业教育的优势，弥补我国创业教育的不足，争取早日实现创业教育理论与实践上的进一步重大突破。

第三章 创业教育实证分析

第一节 创业教育发展研究

一、创业教育理论回顾

近年来,创业教育发展获得飞速提升,主要表现在创业教育相关理论研究增多与创业教育实践开展火热。其中的创业教育理论是支撑创业教育顺利开展的支柱,其理论水平反映着创业教育的发展质量。因此,我们现对创业教育理论进行回顾,以探寻创业教育的奥妙,进而将创业教育理论与我国创业教育结合,促进创业教育事业的发展。

(一)创业认知研究

在进行创业教育之前,首先要明白创业是什么,对创业有较为清楚的认知。创业的任务就是创造价值。鲍莫尔(Baumol)作为世界著名创业研究专家,对复制型和创新型的企业家进行了辨别——二者的区别在于是否创造价值,复制型企业家不创造价值,创新型企业家通过创新技术、创造新产品等方式创造经济价值。之后,便有学者针对创业价值类型提出了常规价值和探索价值,常规价值指较为简单地为改进工艺制作进行的日常活动,探索价值则指在做事中进行了技术方法上的创新,发明了某种新事物等。

此外,创业基本要素作为创业的基本组成部分,是成功创业的关键,理应成为创业教育的一部分。创业基本要素包括承担风险的心境、创新的思维、统筹资源的技能、组建团队的能力,以及处变不惊、于乱象之中保持清醒、善于发现机会的能力。创业活动受各种因素干扰,不确定性太大,因此需要创业者具备以上能力。

有学者认为，目前人们已探寻出了创业教育的三个"世界"。第一是"创业"世界，比较注重创业者的天赋、品性，如承担风险、敢于面对挑战、坚忍的品质等；第二是"过程"世界，注重新公司的建立经过，关系到市场资源、资本、绩效等方面；第三是"认知"世界，注重创业实践活动中的思想方面，比如某问题的决策、创业团队的思想启发及知识结构等。除这些外，学者还强调，人们眼中的创业正向"方法"世界靠拢，也就是将其看作一种创新的方法。

总之，创新才能创业，创业就是通过创新思想将新想法运用到实际中，并创造出相应的价值。创业不仅限于创办公司，其背后隐藏着多种因素。创业是一个复杂过程，需要通过探寻机遇、统筹协调资源、挖掘企业家能力和利用外部资源实现价值创新。同时，创业也是一个动态过程，各要素处于不断变化之中，这就需要创业者具有敏锐的洞察力、较强的应变能力和饱满的创业热情。以上对创业的认知会使人们对创业理解更深，为顺利有效开展创业教育工作提供理论依据。

（二）创业能力研究

能力就是通过自身所掌握的技能胜任某些任务的条件，是通往成功道路的必要条件，创业能力亦如此，是创业成功的制胜因素。欧盟委员会是这样定义"能力"的，在工作或学习环境中，在专业或个人发展过程中，已被证明的运用知识、技能，以及个人、社会或方法的能力。[①]

创业能力指拥有发现或创造一个新的领域，致力于理解创造新事物的能力。现有研究帮助人们更好地理解创业能力，如创业能力不仅限于个人，还面向组织；创业能力涉及范围较广，并通过不同途径发挥作用。以下可以明确：创业区别于其他活动的显著特征在于发现商业机会；个人或团队的创业能力直接决定着创业是否成功；区分通用创业能力与不同行业下的创业能力是非常有必要的；在创业能力形成和发展早期不断积累经验。

学术界认为，创业能力是一种不仅局限于商业领域的能力，它适合全体人民，

---

① European Parliament and Council of the European Union.Recommendation of the European Parliament and of the Council of 23 April 2008 on the Establishment of the European Qualifications Framework for Lifelong Learning (Text with EEA relevance)[J]. *Official journal of the European Union*, 2008(111): 4.

并广泛应用于学习、生活、工作中。有学者认为，创业能力包含三方面，分别为知识、技能、态度，体现了创业能力从认知到非认知的过渡。

通过总结创业能力相关研究可以得出：创业能力不排除与个人天赋有关，但更大程度上可通过后天的教育得以发展；积极参与创业实践活动、学习创业经验、总结并反思创业心得是提升创业能力的有效方法；创业能力是一种普适性的能力，不仅适用于创业，还对个人学习、生活、工作方面具有重要价值。这些对创业能力的认识为高校进行创业教育提供了理论依据。

（三）创业教学教法研究

创业教学教法根植于经验学习理论，近年来备受学者库伯（Kolb）关注。库伯经研究认为，经验学习会依次经历计划、行动、反思、理论建构 4 个阶段，并以此循环往复。[①] 吉布（Gibb）教授认为，创业的教学方式不同于传统教学方法，创业教育应注重创新，而不是分析，注重主动学习理解而不是被动灌输知识，注重视野而不是知识，注重看待问题的观念化而不是固定概念和理论本身。[②]

世界经济合作与发展组织强调，通过创业教学促进学生创业能力发展的关键就是选定正确的教学方法，而"做中学"的教学方法再适合不过。教师为了让学生主动识别、提高技能、承担责任，提升自身对外界利益相关者的价值，应基于创业的问题设计相关活动让学生参与。[③] 这样学生会在实际的创业活动中针对某些存在的问题主动探索解决办法，帮助学生在不确定的社会情境下学会创新，并提高创业实践能力。

从以上有关创业教法的理论研究中可以获得以下启示：在开展创业教育过程中应考虑并采用适当的教法，以创业的本质和过程为依据制订教学目标、内容，注重发挥经验对培养创业能力的作用，激发学生创业的主观能动性，使学生自主投入创业活动，通过团队合作中的"做中学"，逐渐提高学生的学习层次，加深学生的学习深度。

---

① D. A. Kolb. *Experiential Learning:Experience as the Source of Learning and Development*[M]. Englewood Cliffs, New Jersey: Prentice-Hall. 1984.
② A.Gibb, A. Price. *A Compendium of Pedagogies for Teaching Entrepreneurship (Second Edition)* [R]. National Centre of Entrepreneurship in Education, 2014: 18-19.
③ 崔军、戴越：《高校创业教育理论研究》，《高教发展与评估》2018 年第 34 期。

二、创业教育国家政策解读

"创业教育"这个话题一直被人们讨论,其与学术教育和职业教育占有同等重要的地位。要想开展高校教育改革和大力促进中国人才的培养,大力发展创新创业教育是一种有效的手段。随着我国各个领域的"飞速"发展,我们要秉承"以人为本""全方位"的育人理念,全面提升大学生创新创业的能力,从而满足新时代中国发展的需求和中国发展对人才的需求。[①]

(一)以"全渠道"为理念,是我国新时代创新创业教育政策的发展方向

"全渠道"一词起源于零售领域,是指企业为了满足消费者的需求,在不同的时间地点以及环境下,为消费者提供他们想要的服务渠道的总称,以满足消费者的消费体验。学校中的"主要顾客"是学生,要使我国的创新创业教育得到充分的发展,大学生创业教育的发展状况是其中的主要方面。因此,必须要加大对大学生创新创业教育的开展力度和重视程度。各大高校办学定位和发展方向要充分贯彻和适应国家大政方针的要求和当地经济发展的实际情况。尤其是在创新创业教育方面,各个高校要充分贯彻以人为本的科学发展观,为学生的发展提供一条"全渠道"的道路。

(二)以阐释人才价值最大化为证明,充分表达了我国创新创业教育政策对人才的关怀和希冀

"以人为本"是我党治国理政的重要依据之一,也是我国的重要政策之一。这充分体现了中国共产党全心全意为人民服务的根本宗旨。"以人为本"是指在我国政治经济文化发展过程中努力实现"以人为本"的发展目标,将发展的成果充分落实到人民身上,把人民的利益作为一切工作的出发点和落脚点,从群众中来,到群众中去。

高校是培养我国高素质人才的"摇篮",而高素质人才是实现中华民族伟大复兴的中流砥柱,高校要为学生的全面发展提供条件,打通就业、创业、创新的"全渠道"。例如,开展相关的创业课程以及为学生创造条件去参加相关创业实践活动。只有这样才能使学生得到理论与实践的全面发展,才能为国家培养高素质

[①] 靳晓光:《高校创新创业教育的发展阶段、政策逻辑及推进策略》,《湖北经济学院学报》2022年第19期。

人才。同时，也能够让每一个学生充分了解自己，为自己今后的职业发展打下坚实的基础。

三、创业教育主体

创业教育不仅依靠政府，还依靠高校和社会本身。把握好创业教育的主体，协调好主体之间的关系，实现密切配合，是使创业教育顺利发展、保证创业教育发展水平的关键。

（一）社会主体

社会在创业教育中的核心地位是由创业教育的社会需要决定的。创业教育成果产业化是高校创业教育的根本阶段，社会是创业教育成果的最终接纳者，高校创业教育只有与社会紧密相连，才能取得良好成绩，达到事半功倍的效果。

1. 以社会的引领作用促进创业教育良性发展

现在社会网络发达，传媒数量众多，社会各界应该利用多种信息传递途径宣传我国的创业政策、创业教育政策、创业成功的案例、创业教育社会功能等，使广大民众了解、支持创业教育，从而营造良好的创业社会氛围。同时，应完善社会对创业教育的评价体系，被评价对象主要为高校的创业教育相关活动，社会评价则主要基于自身需求与利益，这利于促进高校创业教育与社会需求紧密结合，并且创业教育质量可通过社会评价来评判，使社会评价成为促进高校创业教育发展的动力。

2. 以多元化、全程化的社会参与主导高校创业教育实施

社会是开展创业活动的必要主体，只有发挥多元化、全程化的社会参与作用，才能协调利用社会的资源优势，促进创业教育发展。以前，我国社会参与创业教育大多在人才培养的后期，表现为企业为学生提供实习机会，社会主体参与方式较为单一。而美国社会参与创业教育的主体包括企业界、投资机构、非营利组织等多种行为主体，共同促进创业教育的变革与创业教育的产业化，有效促进高校创业教育的开展。相对而言，我国的社会组织，如投资机构、企业等，应了解并认清开展创业教育的必要性。社会各界应以发展的眼光审视创业教育，清楚它为国家、为社会、为个人带来的长远利益。

（二）高校主体

以往我国高校开展创业教育大都以国家政策为驱动力，而非主动开展，显得尤为被动。而国家制定创业教育政策是以国际社会经济发展大趋势为参考依据的，也就是说，创业教育已成为新时代培养学生综合能力的必然选择。因此，高校在开展创业教育中是培养学生的直接主体，需要转变根本态度，以调动创业教育的主观能动性，将外部压力转化为内部动力，这样才能出谋划策，才能有实现高校创业教育朝正确方向发展的可能。高校应从对待政策的观念、改善校内环境、联合社会系统三方面入手，提高创业教育的发展质量。

1. 改善对待创业教育政策的态度

高校开展创业教育不能仅因为迫于政府压力单纯地执行政府政策、迎合政府，如此十分被动。美国高校对创业教育有较为清晰正确的认识，认为创业教育对人才培养意义重大，并与国家、社会的发展联系密切，因此美国高校始终发挥主观能动性推动创业教育发展。我国高校应改变被动执行政府政策、缺乏主动性的现状，改善被动迎合政府政策的态度，在创业教育的发展道路上发挥主动性，不断探寻有益于创业教育的举措，将创业教育融入教育体系中，提高创业教育的地位。

2. 改善校内环境

美国高校的创业教育成绩斐然，理应借鉴其优势。美国高校之间、高校与社会之间存在着密切联系，在创业课程、创业实践、师资队伍建设等方面协同工作、联合进行，促使其创业教育水平提升。美国高校主动完善创业课程体系、促进社会各类资源合理配置、开展各类创业实践活动等做法营造了浓厚的创业氛围，为校园提供了良好的创业环境。我国高校亦应如此，避免政府督促，主动探索课程设置，设计自主型课程，转变创业教育开展的独立形式，加强高校之间、高校与社会之间的联系，建立创业实践平台，加强专业与创业之间的融合，改善我国高校创业环境，为实现创业教育目标奠定基础，为我国高校创业教育良好发展提供动力。

3. 联合社会系统

高校的创业环境并非自成一体，而是与整个社会大环境密不可分的，是社会大环境中的一个子集。美国高校通过研究创业教育成果向社会输出，并从社会引进相关资源，从而加强二者之间的联系，使高校与社会之间形成一个互利共生的关系。[①]我国高校亦应引进各类资源，实现优质人才、经验、技术的汇集，优化高校创业教育平台，同时明确自身于社会中的创业价值。高校应清楚自身定位，创业教育开展是否成功的衡量标准是要看服务社会的水平。高校处于社会之中，其开展创业教育只能与社会需求相适应，与社会需求实现有效对接，才能为社会创造不可替代的价值。

（三）政府主体

政府是高校开展创业教育的推动者，主导高校创业教育的发展。以往，高校在政府的主导下开展创业教育，高校及社会并未发挥应有的作用，创业教育缺乏生机。如今，政府实现简政放权，扩大高校创业教育的自主权，是激发高校创业教育的活力的关键。

1.加强基础设施建设，提高行政服务效率

政府是形成良好创业环境的重要保证。目前，我国政府制定了优待力度较强的创业政策，注重服务于大学生的创业活动，但实际上设立的门槛较高，流程烦冗，学生难以真正从中受益，因此政府难以实现其初衷。为改变此状况，政府应采取实际措施，为学生创业提供便利服务，使政策与服务更加精准和可操作，避免政策与服务成为摆设。一方面，应为学生提供较为完善的交通、网络、厂房等基础设施，保证创业具备良好的基础设施条件。另一方面，政府各部门应明确自身职责，提高行政服务效率，删减不必要的政务步骤，避免大学生创业时烦琐的创业流程，降低其创业成本。

2.改进资助方式方法，引导社会组织发挥优势

我国高校创业教育资助来源单一，由政府全面资助，但此供给方式会使政府产生较大压力。而美国政府对高校创业教育进行资助时，将主要资助力量放在社会组织上，通过加强这些组织与高校的联系，相互扶持，互为支撑。[②]可见，我国政府理应改进资助方式，避免直接向高校提供资金、设施，而应支持高校与创

[①] 严毛新：《从社会创业生态系统角度看高校创业教育的发展》，《教育研究》2015年第36期。
[②] 黄首晶、杜晨阳：《试析社会、高校、政府在高校创业教育中的主体功能——基于中美的比较分析》，《比较教育研究》2017年第39期。

业教育相关的社会机构积极互动,使这些机构不断发展壮大,进而引导其服务高校创业教育。

四、国内高校代表性创业教育的实证分析

调查结果显示,如今各大高校学生,尤其是重点高校的学生,对创新创业有自己的独特见解,并具有一定参与创业实践活动的意愿,但学生对培养自身创业能力的途径有些许模糊,仅局限于参与社会实践活动和兼职等。近些年,高校在国家政策支持的背景下,以政府陆续颁发的创业扶植政策为抓手,不断改革高等教育,逐渐转变教育方式,对学生进行创业教育,发展学生各项创业能力,同时有些高校还与企业密切合作,双向互利,增强高校创业教育的开展成效。

2015年1月,具有区域发展特性的、推动区域发展的上海创新创业教育联盟成立,此区域联盟由复旦大学和上海交通大学组成,其目的就是通过更方便地审视本区域的文化、环境等,推动本区域创新实践成果产出,在提升院校自身创业实力的同时促进区域经济发展。上海外国语大学在创业教育上投入大量精力,大力开展创业实践活动,成绩斐然。此院校建立了创新创业智能管理系统,组织了创业论坛,对优秀的创业项目研究成果进行评选、展示并给予嘉奖,这一活动很大程度上提升了上海外国语大学的创新创业影响力。

天津大学响应国家创业政策号召,成立了宣怀学院及兼具培养创业精神和创业实践能力的创业教育试点。2015年2月3日,以推行创业教育为目的的宣怀学院在政府、高校及企业三方共同筹集33亿元巨额资金的情况下正式成立,同时在配有创业实践导师、创业场地和资金支持等优惠政策的有利条件下,建立了由创业萌芽产生到创业成果产出无缝衔接的创业服务平台。为帮助更多师生,促进当地经济发展,此后顺利构建了像"北洋创业俱乐部"等多个创业信息交流平台,发展成为天津地区的创业示范基地,对促进天津"众创空间"发展起到了良好的激励和带头作用。另外,天津市一批批"众创空间"在创业团队的帮助下建立起来,据不完全统计,到2015年底已经达到了86个,同时,从创业团队受益的企业已经注册超过460家。可以看出,天津市的创新创业在宣怀学院创业团队的带领下正朝着专业化方向蓬勃发展。

清华大学作为我国高校创新创业教育联盟的发起者,既走在科学研究领域的

前沿，亦引领着国内创业教育领域的发展。清华大学从不同角度对创业教育进行探索，通过多种方式（比如清华创客、学生科技竞赛项目、SRT 项目等）钻研创业教育，利用国内顶尖学生人才研究创业科技成果，带动国内各大高校创业教育发展，并建立起了较为系统的创业教育体系。早在 1996 年，清华大学就整合了校内的工程实践教学经验，并建立了工业训练中心，随着进一步发展，在 2014 年又转型升级为为创客提供先进技术和硬件设备的 i.Center。i.Center 的建立促使众多创新创业研究成果的问世，很大程度上促进了清华大学创业教育的发展。

第二节 创业型体育教育实证分析

一、创业型体育人才培养

20 世纪 90 年代初，我国紧跟时代发展潮流，顺应高等教育改革的发展趋势，将创新创业教育与高等教育相结合。但由于我国创业教育工作开展较晚，高校对创业教育了解和认识程度不够充分，对其了解主要集中于国外创业教育研究的理论层面，因此相对来说缺乏创业教育实践经验，有关创业型体育教育经验更是稀少。当前，我国高校创业教育已走过几十年，在此方面已取得一定成就，但体育院校的创业教育开展工作并不理想。创业型体育教育已成为当今高等体育教育发展的必然趋势，但仅有上海体育学院、北京体育大学等少数体育高校和综合类院校的体育学院真正开展了创业教育工作。笔者通过对各大高校体育专业学生下发创业型体育人才培养的调查问卷来获取创业型体育人才培养的实际状况，并通过与相关专家深度访谈，深入了解当今创业型体育人才培养各方面的状况，对创业型体育人才培养中存在的问题进行探讨，掌握实际创业型体育教育的调查资料，对当今创业型体育教育进行经验反思。

（一）创业型体育人才培养的定位

近些年，在创业教育全球发展的大趋势下，创业教育理念逐渐渗入我国高等教育事业中，我国高校各专业领域应顺应创业教育潮流，大力开展创业教育。其中，体育作为国家重点关注的领域，体育院校更应开展创业教育。

创业型体育人才培养是当今体育教育改革的产物，亦是提高体育专业学生综合竞争力的重要保证。创业型体育人才培养的任务主要是以培养并提升学生的创新创业意识为基础，以培养学生的创新创业精神为递进，从根本上改变学生对创业教育的认识，进而培养学生相应的各项创业知识、技能和专业知识，提高其创新创业能力，利用其自身所掌握的知识、技能，最终能够创造出具有开创性的事物。体育专业教育向学生传授了体育专业知识结构、体育专业术语、各项运动技能，培养并提高了体育专业学生解决专业问题的思维能力和动手能力。而创业教育更注重学生的现实生活，尤其是生活对创新创造的需求，并且能够激发学生进行创新的主观能动性。专业教育与创业教育不仅互不矛盾，而且可相辅相成、互相促进，二者存在多个学科上的共性，创业教育与体育管理、体育经济密切相关，同时，人们对体育运动的渴求与众多体育行业相关联，致使体育教育、体育表演、运动竞赛等体育行业拥有巨大的创业发展空间。因此，我国现在以至将来对创业型体育人才的需求是不断上涨的，创业型体育人才培养也具有相当大的潜力。

像巴布森学院、斯坦福大学等具有高水平创业教育的高校，学生参与创业教育的比例较高，并且拥有成熟完善的创业教育体系。从全球经验来看，开展全校性的创业教育使全体学生接受创业教育既是创业时代的要求，又是高等教育改革的必然趋势。而体育院校若是将创业型体育教育定位成精英化的以学科模式为途径发展的教育，就违背了创业教育的初衷，同时也不符合社会发展的要求。

创业型体育人才培养定位要坚持两个原则：一是明确体育教学中专业教学与创业教育的重要地位，在教育观念、课程设置、教学安排上要对两者进行有机结合，发挥其最大效益；二是创业型体育教育在人才培养目标、教育理念、教育模式等方面与传统的体育教育存在明显差异，因此应建立创业型人才培养体系。

（二）创业型体育人才培养的模式

我国体育院系创业教育存在一系列问题：理论基础和创业思想欠缺；创业课程零散，课程体系不完善；缺乏创业教育教师，师资力量薄弱；缺少支撑创业的实践平台等。以上问题涉及的因素是创业型体育人才培养模式必备因素，现以调查所得的资料为基础，以前人理论研究为依据，为创业型体育人才培养模式构建给出相应对策。

首先，转变体育教育观念，树立合理的培养观念。高校体育教育必须转变观念，在重视体育专业教育的前提下，大力发展创业教育，二者并重，相互渗透、融合。创业型体育人才培养不仅要注重实际操作上的体育专业技能、创业技能，更要注重精神层面的创新精神，同时向学生传输正确的就业观念，不要被传统体育专业学生静态的就业观念所束缚，在当今体育事业兴起的背景下应转为创新创业型的动态灵活就业观念，建立和完善体育创业人才培养管理机构。虽然我国创业教育已走过几十年发展历程，但是还未普及到全部高校，没有被纳入高等教育体系中去，仍在高校教育中处于边缘地位。而美国的创业教育组织机构相对完善，既有政策研究中心，还有创业家协会等机构。基于此，我国体育院校可以借鉴国外经验，结合学校专业特色，制订创业教育计划，组建强有力的师资队伍，构建创业实践平台，推动创新创业组织管理机构的建立。其次，创业型体育课程体系是创业型体育人才培养的关键和核心要素，高等体育院系要根据自身创业教育开展状况建立适合自身的创业教育课程体系。高质量创业师资队伍是创业型体育人才培养的前提，引进和培养高素质创业教师，组建强有力的创业师资队伍，是推进创业型体育人才培养的重要动力。创业实践活动是将创业理论知识运用到创业实际的中介，是创业型体育人才培养的必经之路。体育院系应立足专业特点，大力开展创业教育实践活动，如"挑战杯"创业计划大赛、体育产业相关的活动等，并鼓励体育专业学生积极参与，提高创业实践能力。

（三）创业型体育人才培养的运行管理

高校创业教育要想顺利开展，确保创业教育实施过程中的有效性和专业性，一定离不开完善的创业运行管理机制。高校创业教育运行管理机制是为了更科学、有效、全面地开展创业教育各项工作，培养并提升学生创业意识，保证创业教育中各机构、各系统、各环节之间相互协调，促进高校创业教育工作开展顺畅。创业型体育人才培养的运行管理是促进创业型体育人才培养工作顺利进行的重要保证，不同体育院校通过不同方式开展创业教育实践活动，并形成了多样的创业教育运行管理模式。现以不同高校创业人才培养的运行机制为例，分析了解不同专业创业教育的运行机制，为创业型体育人才培养的运行机制提供经验。

其一，"社团拉动式"创业教育运行模式。温州大学鼓励学生自由组建创业社团，并以此作为本学校创业教育的基本形式；学校通过创业平台，为学生提供创业服务；具有显著创业成效的创业工作室可通过入驻大学生创业园获得进一步发展，帮助学生解决了许多不必要的麻烦，使学生得到了创业实践锻炼和创业经验。

其二，"学科带动式"创业教育运行模式。燕山大学以其领先于众多高校的机械工程学院为创新创业试验区，以培养机械工程创业型人才为主要目标，借助其重型机械专业特色，将其重点学科材料加工、机械制造及自动化等作为创新创业基础，革新、完善原先的课程体系和人才培养方案，建立创新创业实验室，组织创新创业实践活动并鼓励学生积极参与，使特色学科发展与创业教育结合并相互促进。

其三，"竞赛推动式"创业教育运行模式。北京航空航天大学为统一领导创业教育建立了创业管理培训学院。在创业教育开展过程中，将创业与专业相融合，在课堂教育开展基础上结合实践活动，革新课程体系，以先进科技为方向，鼓励学生参加挑战杯、创业技能大赛等创业活动，提高创业意识与实践能力，培养高质量创业型专业人才。

以上三种创业教育管理运行模式，是我国创业教育开展过程中的基本成果，对促进大学生创业意识和创业精神的培养、创业能力的提升具有重要意义。我国创业型体育人才培养的运行管理应以此为鉴，汲取对自身的有益经验，促进创业型体育人才培养的运行机制形成。

（四）创业型体育人才培养的绩效评估

针对创业人才培养的绩效评估是判定创业教育开展质量的重要途径，无论是高校创业研究人员还是创业教育实践者，均在积极探索适合我国创业教育的绩效评价方式。创业型体育教育亦如此，针对创业型体育人才培养的绩效评估是反映其开展质量状况的重要方式。

高校创业教育绩效评估是教育评估的子系统之一，而创业型体育教育绩效评估又是创业教育的子系统之一，其问题的关键就在于如何将创业教育绩效评估进行量化，而将定性问题转为定量问题就需要构建相应的指标评价体系。评价指标体系构建是否合理，涉及要素是否全面、客观，直接影响创业教育的评价质量，因此在构建评价体系时应进行深入、全面的考虑，遵循科学性、系统性、目的性等基本原则。现以创业教育绩效评估为基础，对创业型体育人才培养的绩效评估进行研究。

1. 教师——创业型体育人才培养质量的主导

教师作为创业型体育教育的直接实施者，是决定创业人才质量的主导因素。高校创业教育的顺利开展由教师所具备的素质和执教水平决定。创业教育的质量好坏与教师对创业知识的掌握、理解和传授密切相关。只有教师具备一系列创业素质，并将创业文化与专业教育结合在一起，通过创新性教学方法引导学生，把创业内涵融入专业教学当中，才可一步步培养学生的创业意识，提高学生的创新能力。

2. 课程——创业型体育人才培养质量的核心

创业课程应建立在学科专业基础之上，是创业教育与专业教育的有机结合。在课程体系方面，创业型体育教育课程应包括创业与体育的融合、课程数量、课程学分、课程内容等。在实际操作层面，为体现一套完善的创业型体育教育课程体系，应将创业实践与理论相结合，培养学生的创新精神和创新能力；课程设置目标应围绕学生的创业素养展开；创业课程与体育专业课程相结合，从创业教育和专业教育两个角度共同提升学生的创业实力；开展创业教育时注意学生的个性，可针对不同个体制订相应的创业教育培养方案，注重学生的个性发展并将其合理运用到创业教育中，提高学生的创业能力。

3. 组织管理——创业型体育人才培养的保障

组织管理是串联高校创业教育各要素顺利进行的秘诀。创业教育人才培养过程中的组织管理包括各个方面：行政、后勤、学科建设、实践平台、创业服务等，这些组织管理的要素是培养创业型体育人才的重要保障。一个高校的学科建设水平很大程度上决定着其人才培养的质量，高水平的学科可以为学生提供前沿信息，进行更科学的培养，一开始就使学生站在此领域的高处，更可能达到培养目标。拥有良好的创业实践平台能有效促进学生实践能力的提升，保障学生创业和专业相结合的实践活动。

笔者结合前人研究，认为教师、课程和组织管理是影响创业型体育人才培养的三个关键要素，而具体构建绩效评估体系时还需分别在三要素层面继续下分：教师队伍层面可分为教学方法、教学内容、参与热情、时间投入；课程设计层面可分为培养目标、课程数量、课程内容、实践课程、课程管理、课程评价；组织管理层面可分为场地投入、经费投入、项目平台、成果转化、学科融合。我们可以此评价指标来评估创业型体育人才培养工作。

二、创业型体育人才培养现状及存在问题

(一)培养现状

刘振忠针对 20 所体育院校的创新创业状况的调查结果显示,体育院校的创业型体育人才培养状况不容乐观。具体表现如下。

其一,调查对象中大约三分之一的人认为创新创业教育是专门培养学生的有效手段;还有三分之一的人认为创新创业教育是高等教育为顺应社会发展趋势而来的必然改革;最后一部分人缺乏对创新创业教育的了解,对其认识不足。

其二,部分师生对创业教育认识不充分,难以把握创业教育与专业教育之间的关系,并对创业教育没有一致的认识。调查显示,多数高校并不会以对待专业教育同等重要的眼光去对待创业教育,创业教育在多数体育院系中并没有受到重视,其实际落实和开展状况令人担忧。其原因之一就是多数高校缺乏创业教育方面的师资力量,在进行教学活动时仍按照传统教学方法,缺乏相关创业教育课程体系。

其三,调查显示,体育院系在培养创业型体育人才时存在诸多问题,主要体现在三个方面:第一,创业课程零散,缺乏完整的课程体系,相应教材和师资力量不足;第二,创业资金和场地条件匮乏;第三,观念落后,缺乏创业意识。根据调查可知,致使创业教育在体育院系开展不顺利的主要原因是学校对其重视程度较低,同时缺乏相应物质条件支持,使得学校和教师开展创业教育的积极性较低,没有形成创业型体育人才培养的教学观念。

其四,部分学生对创新创业认识较为正确,并对参与创业教育展现出了一定积极性,但由于创业知识的欠缺,还未能充分认识创业教育与专业教育的联系。其中,超过百分之五十的学生想参加创业教育活动。

从刘振忠老师对体育院校本科生创业认知取向的调查[①]中可知,由于现在社会严峻的就业形势,多数体育专业学生对待就业的观念较为平稳,希望找到一份

---

① 刘振忠:《京津冀协同创新创业型体育人才培养研究》,复旦大学出版社 2019 年版。

稳定的工作，仅少数学生有创业意愿。这在一定程度上反映出学生缺乏勇于挑战、敢于尝试、承受压力等心理素质，缺乏创业的主观能动性。大约百分之三十的学生认为，创业是就业的一种形式，不仅能解决自身就业，还能为社会提供就业岗位。以下为对体育院校在校生就业取向的调查情况。

其一，据调查，大约百分之三十的学生认为先工作几年积累创业成本，再进行创业；百分之二十的学生对此的看法较为模糊，主要看创业机会；百分之四十左右的学生认为，创业倾向团队合作，说明学生具有较强的创业团队意识。

其二，体育专业学生纷纷表示，缺乏相关创业知识，主要包括市场营销、公司管理和资源统筹等方面的知识。资金问题是多数人认为在创业过程中遇到的最大难题，其次是个人素质和创业项目中存在的问题。可见，制约众人创业的重要因素是创业资金匮乏，大学生还未参加工作，没有积蓄，大多只能靠家庭支持，因此创业资金短缺对大学生创业来说是极为致命的，直接就将大学生的创业念头打消。

总之，随时代发展，创业教育普及是大势所趋。体育专业学生极需要通过创业教育来提升创业素养，进而提升创业就业的竞争力，刺激体育市场，推动体育事业发展。但是创业教育目前并未普及到各院校，且开展程度不一，大多数院校并没有将创业教育纳入体育专业人才培养体系中去。这些院校会开展一些创业教育活动，但由于这些活动形式化和边缘化较为严重，因此对帮助学生提升创业意识、创业能力及激发创业思想的作用微乎其微。学生在这种教育环境下难以受到真正的创业教育，其创业心理素质和创业能力亦难以提高。

（二）存在问题

1. 传统教育理念相对滞后

我国高校体育院系的教学方式和培养观念具有一定时滞性。由于近些年高校扩招，高校学生数量持续飞速增长，师生比例严重失调。因此，多数教师的课堂教学仅采用单向教学方式，这就使体育人才培养方式较为单一、固定，培养出的体育人才极具同质化，对未来学生创业就业造成负面影响。同时，高校现在的体育人才培养更侧重于专业技能培训（运动技能、体育教育等素质），在一定程度上忽视了培养学生的创业意识、创业精神及创业能力，导致众多学生缺乏创业意识和能力，使其毕业后难以在创业和就业竞争中脱颖而出。另外，部分教师和学生缺乏对创业的了解,没有形成对创业的正确认识,导致对创业教育理解片面,甚至没有任何了解,这显然不利于创业型体育教育的发展。

2. 缺乏有效的创业实践教学体系

大学生创业素质包括创业意识、创业精神、创业知识、创业技能和创业经验等,而要想获得这一切都要以高校创业实践教学活动为依托。对体育专业而言,在构建创业实践教学体系时,很大程度上与学生的体育运动技能相关,而缺少了与创业教育相关的实践内容,没能使体育专业学生的课堂教育与创业实践教育进行衔接,亦不利于体育专业学生的创业实践素质培养。另外,很多体育院系缺乏校外的创业实践平台,减少了学生进入相关企业实践的机会,很少与创业实践相结合。尽管有些院校会安排学生进行校外短期实习,可由于缺乏系统和具体的创业实践内容,体育专业学生的创业受益亦较为有限。

3. 创业教育管理机制不健全

虽然目前有些高校提高了对创业型体育人才培养的重视程度,但由于创业教育与高校体育教育结合较晚、研究较少,缺少可借鉴的成功经验,因此高校创业教育的管理机制不健全,高校对创业教育的管理还有待提高。[①] 同时,还有些高校一直处于观望状态,未开展创业型体育教育工作,对创业教育管理机制的重视程度较低,没有将创业教育与体育人才培养体系进行融合,致使体育专业的创业教育七零八落,缺乏明确的教育主体、教育目标及系统完善的评价标准,教育部门之间亦存在协调上的矛盾,影响高校创业型体育人才的培养。

高校创业型体育教育工作的开展必然会对体育院系教师提出更高标准的要求,高校体育教师在具备优异运动技能和体育教育素质的前提下,还要加强自身创业能力培养,为自身增添过硬的创业教育素质和创业实践能力,以胜任培养创业型体育人才的任务。

三、基于 SWOT 分析的创业型体育教育

大学生毕业人数逐年增长,体育专业毕业生人数亦如此,在严峻的就业环境

[①] 王世强、肖刚、盛祥梅等:《我国体育院校创新创业教育的实施困境和应对策略》,《体育科技》2020 年第 41 期。

下，高校体育专业学生亦摆脱不了"难就业"的魔爪。由于体育专业的特殊性，毕业生大多选择教师行业，专业内的就业范围相对于其他专业更为有限，因此更大程度上增加了体育专业学生的就业难度。2014 年，国务院将全民健身上升到国家战略层面，发展体育产业，进而拓宽了体育专业学生的就业范围，为体育专业学生创业就业提供了机遇。

体育产业拥有广泛市场，具有良好的发展前景，若能给予有效刺激，不久将迎来发展洪流，但社会、高校等容易忽视该学科的价值。因此，要发挥创业型体育教育的作用，培养创业型体育人才，激发体育市场的强大作用，促进学生创业就业和体育产业发展。

（一）SWOT 分析法

SWOT 分析法是一种企业竞争态势分析法，根据企业内部资源和所处环境条件，评价企业管理自身的优势（strength）、劣势（weakness）以及面临的竞争机会（opportunity）和威胁（threat），进而分析企业核心竞争力。总之，SWOT 分析法是一种常被用于基础分析的综合分析方法。现对创业型体育教育进行 SWOT 分析，分析其优势、劣势、机会和威胁因素，从而发挥创业型体育教育的优势，把握机会，有效统筹资源，寻求适合我国的创业型体育教育当代模式。

（二）创业型体育教育的态势分析

1. 优势分析

首先，国家对创业教育的重视及支持力度加大。李克强同志于 2015 年提出"大众创业、万众创新"的口号，从此便掀起一股创业热潮。同时，政府对高校创业教育的重视程度也不断加强，体现在一系列针对改革高等教育、开展创业教育的政策文件被颁布，比如《国务院办公厅关于深化高等学校创新创业教育改革的实施意见》等。通过观察政策导向，就可知国家对创业教育的重视程度非同一般，而创业型体育教育作为创业教育的重要组成部分，为推进创业型教育发展提供了条件。

其次，高校创业教育已取得一定成绩，积累了一定经验。2002 年，教育部在清华大学、中国航空航天大学等高校设立创业教育试点，积累发展经验，为我国接下来全面开展创业教育做铺垫。随着创业政策不断出台，高校创业教育模式不断探索，高校创业教育已取得一定成效。尤其近些年，高校创业教育发展得如火如荼，各专业领域都在积极结合创业教育，不断拓宽创业教育的研究范围。体育教育作为高校教育的重要组成部分，自然而然应汲取之前各专业领域的创业教育发展经验并为自身所用，为创业型体育教育的发展奠定基础。

再次，体育专业学生自身具备良好的心理素质、身体素质、专业素养及社会能力。高校体育专业学生由于其专业特性，须经过长时间、高负荷训练才能参加体育和文化考试，并取得合格成绩后才得以迈入大学校门，体育专业学生在此阶段已练就了坚毅、抗压、永不言败的精神，而这些就是创业所必备的心理素质。同时，体育专业学生也练就了强健的身体，具备充沛的精力去参与创业活动。体育专业学生在高中和大学阶段会学习各种技能，其自身必定具备一定技能水平，从而提高了自身专业素养，能够有效为自身创业活动服务。除此之外，体育专业学生多数性格阳光开朗、积极热情、善于交际，因此具备较强的社会能力，这种能力是促使创业活动成功的必要条件。

最后，高校提供充足的创业空间和资金。为响应国家号召，顺应社会发展潮流，培养学生创新创业精神以及能力，各大高校积极开展创业教育。众多高校设立了创业孵化园或创业基地，并配备相应设施，为高校创业教育工作和学生创业提供了空间。有些高校还为学生攻克创业项目提供资金，为学生提供创业办公设施，这大大降低了学生的创业成本，减轻了学生的负担。近年来，有关体育产业创新创业竞赛举办次数增多，各体育院系对其重视程度亦不断提高，支持力度不断加大，许多高校还给予创新创业资金支持，这在一定程度上对创业型体育教育起到了推动作用。

2. 劣势分析

首先，缺乏创新意识与能力。由于体育专业具有特殊性，此专业学生在升学时的高考成绩由文化成绩和体育成绩按相应比例换算构成，相对于其他院系学生，其高考文化成绩较低，所以体育专业学生整体的理论知识水平较低。同时，也暴露出了一个问题，即体育专业学生整体的创新意识有所欠缺，习惯了被动接受学习，缺乏主动探索新知识的意识、对外界感知的敏感度以及对社会发展、市场走向、体育产业的了解，难以激发创新意识。[①]

---

① 蔡慧、闫高原：《SWOT 理论视角下高职院校创新创业实践分析》，《创新创业理论研究与实践》2019 年第 2 期。

其次，高校课程体系不完善且缺乏指导教师。目前，大部分体育院系的创业课程开设不完善，存在纰漏，并且缺乏相应的创业指导教师，难以与现在的发展需要相匹配。像天津体院等一些专业体育院校的专业均与体育相关，其师资配备相对于其他类型院校较为全面，并且有教师专门为学生提供创业指导，而综合类院校体育学院的教师多以专业技能和专业理论教学为主，师资力量难以满足本学院的创业指导需求，有关体育的创业教育课程亦较少。近两届全国大学体育产业创新创业大赛的参赛队伍大多来自体育类院校，而通过对综合大学的体育学院进行调查发现，有些学校并没有开设创业课程，有些学校虽开设了创业课程，但是创业课程体系联动不足、不完善，缺少理论与实践结合的创业实践平台。高校创业课程设置并不能以修学分、敷衍上级为目的，要将理论与实际相联系，激发学生的创业激情。

最后，项目同质化，缺乏市场竞争力。[①] 由于体育专业具有一定局限性，因此本专业学生的创新创业想法受到影响。体育创业项目同质化现象较为普遍，体育培训行业居多，并且培训机构之间无明显差异，自身的核心竞争力较为欠缺，市场前景有限。因此，体育专业学生创业项目缺乏技术含量、创新不足、竞争力较弱等问题逐渐显现出来，这也是体育类创业项目难以在"挑战杯"等较高水平创业大赛中凸显的重要原因之一。

3. 机会分析

首先，政府强有力的支持。2014年，"大众创业、万众创新"由李克强同志提出以来，"创业""创新"逐步凸显在大众的视野中。自此，国家根据社会实际形势出台一系列有关高校学生创新创业的政策，为高校开展创业教育工作以及鼓励大学生投身创新创业提供了强有力的政策支持。创业型体育教育是社会发展、高等教育改革的产物，对培养高等创业型体育人才，促进高校创业教育以及体育教育的融合发展具有重要作用。创业型体育教育正需要这一大机遇开辟前进道路。

其次，资金扶持力度大。很多高校为鼓励并支持学生参与创业活动，设立了创业项目资金，以解决大学生创业过程中的资金难题。在国家政策的支持引导下，各省市陆续颁布体育产业的扶持政策，以促进我国体育市场稳固发展。

---

① 王泽善、李星、闻靖：《基于SWOT分析的我国高校创业型人才培养》，《教育与职业》2016年第23期。

再次，体育产业发展形势较好，体育市场潜力较大。随着人们生活质量不断提升以及健康意识不断提高，人们生活中的体育活动时间占比增多，体育锻炼已成为人们日常生活中不可或缺的一部分。此外，肥胖、近视、体能差等身体不良状况困扰青少年及其家长，体育中考使家长转变对待体育的传统观念，即希望孩子能进行体育锻炼。同时，体育培训行业是体育专业大学生进行创业的良好选择，创业成本较低，具有较高可行性。

最后，高校多学科资源融合。体育专业学生普遍文化知识储备不足，难以与其创新能力相匹配，不利于创业型体育教育工作顺利开展。但是高校作为多学科知识的大熔炉，其富含多学科先进知识，具备整合各专业资源的优势，可以在创业型体育教育过程中提供直接解决相应问题的方案或为体育学院提供相应专业培训，可以更有效地发挥高校多学科资源的优势，这对顺利、有效地开展创业型体育教育起着极为重要的作用。

4. 威胁分析

首先，体育产业发展形势好，竞争激烈。体育市场具有良好发展形势的同时，也伴随着巨大的竞争压力。体育专业学生相对于具备一定经验的创业人士，竞争力要弱些。同时，体育专业毕业生的数量逐年增多，其面临着越来越严峻的创业和就业形势。因此，创业型体育教育在开展过程中就要提高学生的创新创业能力，争取保证学生自身专业素养过硬，从而提高竞争力。

其次，高校创业型体育教育的课程体系还不够完善，教学内容不先进，具有一定滞后性。创业型体育教育课程体系建设和教学内容的科学合理设计是培养创业型体育人才、促进创业型体育教育顺利发展的重要载体。但是，我国部分高校还未将创业教育纳入人才培养体系，仅将创业教育课程作为大学生就业与创业指导的一部分，课程不系统，使学生接受到不完善的创业教育，未达到实际创业指导效果。

最后，创业教育评价监督体系不完善，直接影响创业型体育教育。我国创业教育发展较晚，监督、评价方面发展还较为欠缺，因此具有较大的发展潜力。科学合理地构建创业教育监督评价体系是推动高校整体创业教育、促进创业型体育教育发展的必要条件，对培养创业型体育人才发挥着重要作用。

（三）创业型体育教育的发展对策

1. 基于 SO 策略分析

发展创业型体育教育要利用现在的社会机遇，发挥体育专业学生身体、心理以及专业能力优势。同时，在国家出台的一系列政策支持与良好校园创业环境烘托下，主动选择体育专业内的相关领域分别对学生进行创业教育引导，发挥专业优势。[①] 高校的体育院系也要主动与其他学科进行融合，善于发现自身存在的不足，汲取其他学科优势，实现共同发展。

2. 基于 WO 策略分析

体育专业学生在接受创业教育或参与创业活动过程中存在创新意识较弱、理论知识储备较少、创业课程体系以及教育评价监督体系不完善等劣势。首先，创业课程作为创业教育的必要载体，高校应大力加强创业型体育教育课程体系建设，使其具备多层次、专业化、特色化的特点。其次，应将体育院系的创业教育融入体育专业学生的培养体系，贯穿其大学培养的整个过程。注重培养学生的创新意识、创业认知、相关理论实践知识，广泛开展创业实践活动并积极鼓励学生参与。[②] 党的十九大报告中指出，要深化产教融合，加强高校与企业之间的合作关系。针对教师资源不足等问题，高校可通过与企业之间密切合作，对学生乃至教师进行创业指导。

3. 基于 ST 策略分析

体育专业学生在参与创业活动时极易被传统观念或激烈竞争影响。因此，体育院系在对学生进行创业培训时要注重培养其创新创业意识、专业和创业理论知识与实践能力，不要为迎合上级的任务而敷衍，不要急于求成，要稳住创业教育的脚跟，注重基础夯实，发挥自身优势，提升核心竞争力，直面内外部挑战。

4. 基于 WT 策略分析

创业教育正与"互联网+"时代重合，可使两者结合，通过互联网发挥创业教育的最大效益。应对学生进行"互联网+"训练，促进各专业领域间的资源互

---

① 黄剑聪：《高校体育专业学生创新创业的发展路径研究》，《林区教学》2021 年第 10 期。
② 肖林鹏：《对应用型本科院校社会体育专业创新创业教育的若干思考》，《大庆师范学院学报》2015 年第 35 期。

通。体育专业学生受到的创业教育和参与的创业实践活动应紧跟时代步伐，围绕"互联网+"开展体育创新创业项目研究，整合体育与其他相关行业资源，提高自身竞争力，最终实现创新创业项目的长远发展。同时，面对内外部的压力，要善于发现自身优劣，明确自身处境，时刻保持理性，避免盲目创业引发的风险。

大学生创业与今后社会顺利发展息息相关，关系到国计民生，因此与之相对应的培养学生创新创业能力的创业教育理应得到重视。在创新创业盛行的社会大环境下，体育产业具有良好的发展势头，市场可开发潜力较大，这对体育专业学生来说是机遇与挑战并存。因此，应正确看待创业型体育教育的优势和劣势，扬长避短，将其效益发挥到最大化，培养优质创业型体育人才，促进创业教育事业发展。

四、体育专业本科生创业能力影响因素研究

面对复杂多变的社会经济发展形势，全国就业形势异常严峻。目前，体育专业本科毕业生进一步激增，由于专业特点，体育专业毕业生的就业渠道较为狭窄，其就业难度更大。因此，高校体育专业本科生创业作为有效带动就业的重要手段，受到社会各界关注。创业是否成功与学生自身创业能力紧密相关，而创业能力的提升又离不开创业教育。2015年，国务院颁布《国务院办公厅关于深化高等学校创新创业教育改革的实施意见》，我国高校创业教育经历了试点期和推广期，正在步入转型升级期。在国家政策大力支持和行政力量强力主导下，近年来，接受创业教育和参与创业活动的体育专业大学生逐渐增多。为此，提升体育专业本科生的创业能力，已成为各大体育院校追求体育专业本科生高质量就业的重要目标。本研究旨在分析体育专业本科生创业能力的影响因素，提出优化策略，以期为提高我国体育专业本科生创业能力提供理论依据，为培养体育专业本科生提供实际建议。

现有创业能力相关研究的研究对象主要集中于整体的全部专业的大学生，而分专业领域进行的研究较少。研究内容既有创业能力模型构建，又有创业能力影响因素，但存在一定问题，即创业能力概念大都停留在理论层面，而缺乏对创业能力实际现状的深入考察。研究方法大多以定性为主，主要靠学者的主观意识判断，主观性较强，与实际情况存在或多或少的偏差，缺乏实际调查依据。基于此，本研究关注我国体育专业本科生创业能力的现状，通过实际调查，运用量化研究

方法探究其影响因素，并提出提升创业能力的相应对策，以促进体育专业本科生更好地实现创业目标。

（一）研究对象与方法

1. 研究对象

以体育专业本科生创业能力影响因素为研究对象。

2. 研究方法

（1）文献资料法

通过研读在中国知网检索到的173篇有关创业能力影响因素的核心期刊和CSSCI，总结归纳出影响体育专业本科生创业能力的各项指标，为本研究提供强有力的理论依据。

（2）问卷调查法

本研究调查问卷的建立基于专家指导、对相关权威资料的梳理以及前人研究。设计出一份20个题项的《体育专业本科生创业能力影响因素问卷》，以李克特五级量表为评分标准，向鲁东大学、济南大学、山东师范大学的体育学院本科生发放共350份问卷，回收321份，回收率为91.7%，剔除无效问卷29份，剩余有效问卷292份，问卷有效率为90.9%，以此来获取体育专业本科生对创业能力的真实反馈。

（3）专家访谈法

通过与从事创业教育和体育教育工作的专家交流，在确定体育专业本科生创业能力影响因素指标方面向专家寻求指导，结合专家意见删除一项指标，便于建立初始调查问卷。

（4）因子分析法

使用Excel和Spss23.0对回收的调查问卷进行数据处理，并通过Spss23.0软件和Amos23.0分别进行探索性因素分析、验证性因素分析，以此来验证、分析体育专业本科生创业能力影响因素。

（二）信度检验

对回收的292份有效问卷进行信度检验。首先，以修正后的项与总计相关性为判断标准,对所回收问卷各题项的数据进行处理,若标准数值在0.3以上,相关性符合标准,则保留该题项,若标准数值在0.3以下,相关性较弱,则删除该题项。经检验,本问卷有两个题项的标准数值在0.3以下,故删除,剩余18个。其次,对剩余题项进行信度检验,以克隆巴赫α系数为判断标准,若所得数值大于0.7,则信度较好,反之,信度较差。经检验(见表3-1),总体α系数为0.856,各维度α系数分别为0.841、0.887、0.863、0.889,均大于0.7,说明删除两个干扰题项之后的问卷题项具有良好信度。

表3-1 体育专业本科生创业能力影响因素因子各维度一致性系数($n=292$)

维度	克隆巴赫α系数	项数
维度1	0.841	3
维度2	0.887	5
维度3	0.863	6
维度4	0.889	4
整体	0.856	18

(三)探索性因素分析

探索性因素分析可将题项划分为不同维度,还可检验每个题项的效度,是保证各题项效度的重要方法。在检验效度之前,需求得整体题项的KMO值和显著性,必须同时满足KMO值大于0.7和显著性小于0.05两个条件才符合探索性因素分析的标准。经Spss23.0求得体育专业本科生创业能力影响因素的KMO值为0.835,巴特利特球形检验结果(见表3-2)为:近似卡方为2 765.43,自由度为92,显著性小于0.05,均符合标准,故适合对各题项进行探索性因素分析。

表3-2 KMO值和巴特利特检验

KMO		0.835
巴特利特球形度检验	近似卡方	2 765.43
	自由度	91
	显著性	0.000

以体育专业本科生创业能力影响因素指标为探索性因素分析对象,运用凯撒正态化最大方差法和主成分分析法得出因子载荷矩阵。探索性因素分析结果显示,有一因素的因子载荷为0.386,不符合小于0.4的标准,故删除,剩余17个因素

均大于 0.4，符合大于 0.4 的标准，故保留。同时，这 17 个因素被划分为四个维度（见表 3-3）。

表 3-3 探索性因素分析结果

题项	因子载荷			
	维度 1	维度 2	维度 3	维度 4
v1 创业政策	0.876	—	—	—
v2 经济环境	0.833	—	—	—
v3 创业服务	0.802	—	—	—
v4 创业经历	—	0.853	—	—
v5 兼职经历	—	0.841	—	—
v6 学习投入程度	—	0.710	—	—
v7 创业意愿	—	0.827	—	—
v8 专业能力	—	0.765	—	—
v9 创业氛围	—	—	0.838	—
v10 创业教育	—	—	0.840	—
v11 师资力量	—	—	0.904	—
v12 校企合作	—	—	0.709	—
v13 教师指导	—	—	0.808	—
v14 家庭收入	—	—	—	0.776
v15 父母职业	—	—	—	0.794
v16 家庭所在地	—	—	—	0.832
v17 家庭支持	—	—	—	0.863

注：本量表没有反向计分题项。

根据探索性因素分析结果，将 17 个具有良好信效度的因素划分为 4 个维度，现根据各维度的因素对其进行命名。维度 1 包括创业政策、经济环境、创业服务 3 个因素，它们与政府和社会联系密切，故将维度 1 命名为社会因素。维度 2 包括创业经历、兼职经历、学习投入程度、创业意愿和专业能力，这 5 个因素的出发点均为学生个体，因此将维度 2 命名为学生因素。维度 3 包括创业氛围、创业教育、师资力量、校企合作、教师指导 5 个因素，均与学校相关，因此将维度 3

命名为学校因素。维度4包括家庭收入、父母职业、家庭所在地、家庭支持4个因素，隶属于家庭范围，因此将维度4命名为家庭因素。

通过探索性因素分析将各因素划分为4个维度并命名，可使体育专业本科生创业能力的影响因素更加直观。

（四）验证性因素分析

通过Amos23.0运行体育专业本科生创业能力影响因素的验证性因素分析结构方程模型，建立了社会因素、学生因素、学校因素、家庭因素四个维度的体育专业本科生创业能力影响因素结构模型与路径系数（见图3-1）。

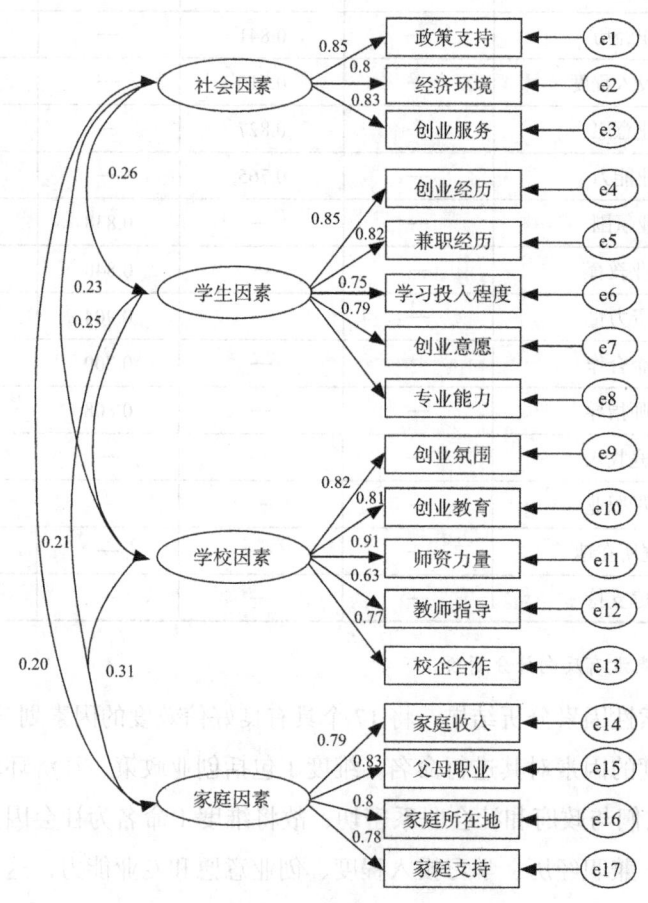

图3-1 结构模型与路径系数

以各影响因素因子载荷大于 0.5 为标准，判断各个因素与体育专业本科生创业能力的相关性，图 3-1 结果显示，各因素的因子载荷均大于 0.5，说明各因素与体育专业本科生创业能力相关性较强，符合标准。

将 Spss 样本数据导入 Amos23.0 软件中，建立整体拟合系数，以验证建立的结构模型。将 χ^2、df、χ^2/df、RMSEA、GFI、TLI 等数值作为整体拟合指数的评判标准，χ^2/df（卡方和自由度比值）小于 3 且越小越理想，RMSEA（近似误差均方根）小于 0.08 符合标准。结果显示（见表 3-4），χ^2 为 186.732，df 为 73，χ^2/df 为 2.558，RMSEA 为 0.064，数值均在有效范围内。GFI、TLI、CFI、NFI 数值分别为 0.923、0.902、0.916、0.933，均大于 0.9。综合以上数值结果建立的体育专业本科生创业能力影响因素结构模型较为理想。

表 3-4 整体拟合系数表

χ^2	df	χ^2/df	RMSEA	GFI	TLI	CFI	NFI
186.732	73	2.558	0.064	0.923	0.902	0.916	0.933

（五）体育专业本科生创业能力影响因素理论模型构建

在前人研究基础上，筛选初始体育专业本科生创业能力影响因素，并通过专家指导给出意见，经问卷调查得出体育专业本科生创业能力的实际状况，通过因子分析得出影响因素结构模型，将体育专业本科生创业能力影响因素划分为社会因素、学生因素、学校因素、家庭因素 4 个维度。现对各维度的因素进行分析，以构建相应的理论模型（见图 3-2）。

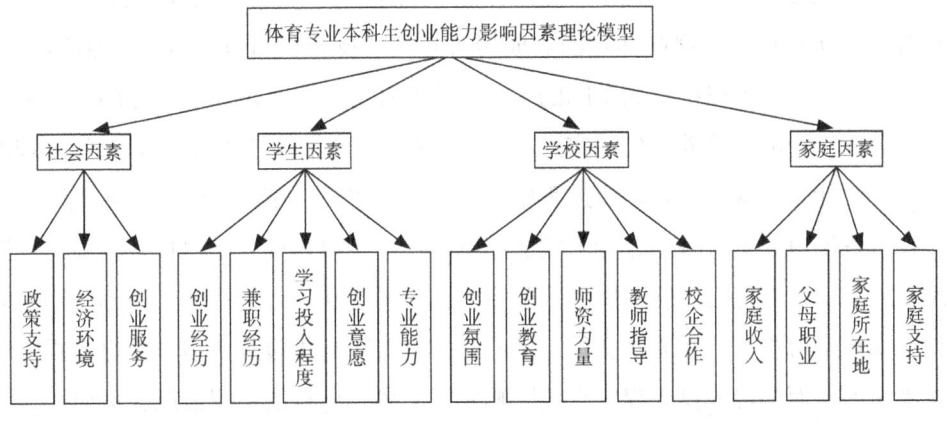

图 3-2 体育专业本科生创业能力影响因素理论模型

1. 社会因素

社会因素是保障体育专业本科生创业能力提升的重要因素。第一，创业政策。大学生创业能力提升靠创业教育，而创业教育发展靠国家创业政策。创业政策是把控创业教育各方面发展方向的关键，近年来，国家为促进我国高校创业教育发展而颁布一系列创业政策，使得我国高校创业教育取得显著成效。若在创业资金、税收和软环境等方面继续给予优化，更会带动体育专业本科生创业能力的提升。第二，经济环境。目前，体育专业本科生创业面临的经济环境问题主要是市场规范和创业融资。不规范的市场行为易导致初来乍到的创业大学生无所适从，一定程度上降低大学生对创业的期望，打击大学生创业的信心，极大程度地影响接下来创业活动顺利开展以及创业能力提升。创业融资问题是大学生创业时的常见难题，现实中很多良好可行的创业计划和设想无法坚持到最终落地的主要原因就是创业融资不到位，造成创业资金短缺。由此可见，经济环境在一定程度上可影响体育专业本科生的创业能力。第三，创业服务。创业服务可为创业者提供创业指导、创业咨询和创业帮助，是创业者在创业过程中提升综合创业能力、减少创业风险的重要因素。体育专业本科生还未完全步入社会，较为缺乏社会经验，在参与创业活动过程中难免会遇到各类问题，这就需要创业服务来为其解决问题，帮助学生不断积累创业经验，提高自身创业综合能力。

2. 学生因素

学生个人因素是影响自身创业能力的根本因素。第一，创业经历。通过创业，学生能够了解创业过程中的各个方面，包括市场调研、商业模式设计、资源整合、团队管理等，这些都是创业成功所必备的技能和知识。第二，兼职经历。通过兼职，学生可以接触到实际的工作环境和业务操作，增加对行业的认识和理解。兼职经历能够培养学生的实践能力、沟通能力、团队合作能力和时间管理能力等关键能力，这些都是创业过程中不可或缺的素质。第三，学习投入程度。学习投入程度对学生自身创业能力发展影响较广，主要表现为学习投入程度与资源统筹能力、沟通能力、管理能力等联系密切。学生在提升创业能力过程中不应局限于知识学习投入，在人际交往、创业合作、管理与决策等诸多方面也需投入精力来学习，而学习的投入程度直接影响着以上各方面技能掌握情况，进而影响着学生自身创业能力。第四，创业意愿。创业意愿与创业行为密切相关，是影响创业能力的根本因素。当学生自身创业意愿比较强烈时，会激发其内在创业兴趣和创业潜质，从而在创业方面投入更多时间和精力，对创业能力产生显著正向影响。相反，体育专业学生若无创业意愿或创业意愿不明显，就缺乏参与创业活动的主动性和积极性，提升创业能力更无从谈起。第五，专业能力。体育专业本科生的专业能力主要包括体育专业理论知识和技能的掌握程度、特有的专业气质和专业情操、体育教学能力等。体育专业本科生参与的创业活动大多与本专业相关，这就需要自身通过掌握较强的体育专业能力来提升综合创业能力，使创业活动顺利进行。

3. 学校因素

学校因素是影响体育专业本科生创业能力的关键因素。第一，创业氛围。高校拥有一个良好的创业氛围对学生积极参与创业活动，提升创业能力具有重要作用。从心理学角度来看，浓厚的创业氛围可以对体育专业本科生创业心理产生潜移默化的影响，主要表现为激发体育专业本科生的创业积极性，提高体育专业本科生的创业热情，在浓厚创业氛围的渲染下，推动体育专业本科生投身于创业活动中，其创业能力自然而然得以提升。第二，创业教育。创业教育主要指体育专业学生的创业课程培训状况，是影响体育专业本科生创业能力的核心因素。钟云华在其研究中提出，经过创业课程培训的大学生的创业能力是未参与过创业课程培训的大学生的创业能力的 3.206 倍。创业教育既可促进学生学习创业知识与技能，使学生了解前沿的创业信息，又能激发学生创业意愿，提升学生的创业素质。第三，师资力量。创业教师是创业教学活动的直接参与者，直接影响创业教育开展状况。高校创业教育师资力量是否强大，对提高体育专业本科生创业能力至关重要。创业教育师资力量主要体现在专业水平、学历职称、队伍数量、实践经验等方面，各方面越优异，师资力量越强，同时，体育专业本科生创业能力的提升越能够得到保障。第四，校企合作。校企合作是高校与企业之间建立的一种注重教育质量、资源共享、在校学习与企业实践的合作模式，能为体育专业本科生培养创业能力提供新的发展方向。在校企合作模式的推动下，通过建立众创空间、搭建创业共享平台来统筹各类创业资源，可为体育专业本科生参与创业活动、提升创业能力提供有力保障。第五，教师指导。教师指导主要体现为指导方式和类型，是影响体育专业本科生创业能力的重要因素。其中，变革型、支持型以及授权型的教师指导方式利于学生养成自主思考、主动学习的习惯，培养学生的创新意识和创造思维，一定程度上能促进体育专业本科生创业所需的人际沟通能力、管理决策能力等。

4.家庭因素

家庭因素与体育专业本科生创业能力联系密切，对其具有重要影响。第一，家庭收入。大多创业者认为创业的制约因素是资金问题，创业资金是使创业活动顺利进行的基本保障。实际创业过程中会存在多项资金需求，家庭收入可观的体育专业本科生为解决创业资金需求一定程度上可将部分家庭收入转化为创业资金，为参与创业活动和提升自身创业能力提供资金保障。相反，一般情况下，家庭收入不可观的体育专业本科生缺乏最基本的创业经济条件，难以支撑其创业活动正常进行，因此一定程度上影响创业能力的提升。第二，父母职业。麦可思研究院将大学生家庭分为管理阶层、产业与服务业员工、专业人员、农民与农民工、无业与退休五类社会阶层。胡继承在其研究中以麦可思研究院这一划分依据进行调查，发现处于管理阶层和专业人员家庭的大学生就业状况明显优于其他类型家庭的大学生，同时，处于私营企业主、个体工商户、企业经理人员家庭的大学生参与创业的比例显著高于其他类型家庭的大学生，这明显反映出父母职业对大学生就业和创业的影响。在就业和创业方面，管理阶层家庭和专业人员家庭的父母拥有相应背景、各类优良资源以及广阔的眼界，有利于大学生提升创业能力，而处于其他类型家庭的父母很少具备以上条件，基本不会对大学生的创业能力产生影响，甚至对大学生创业能力产生负影响。第三，家庭所在地。有研究表明，大学生家庭所在地对大学生创业能力影响极其显著。一般情况下，家庭处于省会或直辖市的体育专业本科生创业能力高于其他家庭所在地的学生。若体育专业本科生家庭所在地具有较高行政级别和经济发展水平，相应的教育资源和各项基础条件也会越好，大学生也会拥有更多学习资源和学习机会，因此会为体育专业本科生提高自身创业能力提供良好的基础。第四，家庭支持。有些家庭的家长受传统观念束缚，认为创业有风险、困难太多、难以开展，倾向于自家大学生毕业找一份稳定的工作，不支持自家孩子进行创业，这就与具有创业意愿的大学生相冲突。这种情况下不仅缺少家庭的鼓励支持，还为大学生增添创业的阻力，极大程度地影响了大学生创业的积极性和主动性。相反，若大学生的创业行为得到家庭大力支持，就会减少大学生自身的物质和精神压力，提高大学生创业积极性，同时有助于提升大学生的创业综合能力。

第三节 创业型体育教育培养目标定位

创业型体育教育是一种产生于新时代的体育教育与创业教育相结合的教育观念，其必会随时代洪流不断发展。体育院系开展创业型体育教育，在教学理念、专业规模、教育体系等方面与其他院系的创业教育存在较大差异，而此差异决定了创业型体育教育目标的特定性。

创业型体育教育应以激发学生创业意识、培养学生创业品质、丰富学生创业知识、提升创业技能为主，提高学生综合素质，最终使学生进行自主创业（见图3-3）。

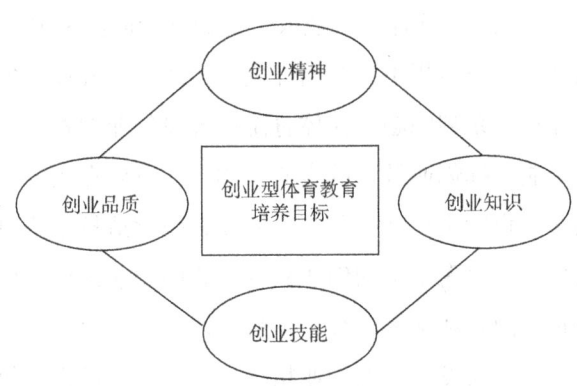

图 3-3 创业型体育教育培养目标模型

一、激发创业精神

教育是国之根本，是人才养成的必要途径，还是必要的社会活动，通过教育能有效提高我国国力。创业型体育教育是时代发展的产物，是高等教育改革的必然趋势。

在创业型体育教育开展过程中，为使此教育发挥高效作用，就要发挥学生的主观能动性，而作为教育的传授者，首先就要激发学生的创业精神。具体来说，就是运用各种方法手段，改善学生创业的惰性、依赖性，调动其创业学习的主观能动性，进而提升其对创业环境的适应能力和独立思考能力，最终使其创新创造能力得以发展提高。从创业者视角来看，思想限于陈规是创业过程中的最大障碍，所以，打破传统思想、勇于挑战权威就成为创业者走向成功之路必需的优良品质。此外，创业者要在此基础上加强自身约束，将有限的精力投入创业中去，一步步提升自我，使自身在专业学习与创业领域得到进一步发展。若要成为一名极具创造性的创业型体育人才，接受创业型体育教育并有效发挥其效益是必需的途径。

学生接受教育是为了提升自身素质，选择更好的就业岗位，而就业难已成为当今重大社会问题。面临如此社会形势，创业则成为缓解就业难的重要途径，而大学生作为时代的引领者，极具创造力，并蕴藏着巨大能量，所以，鼓励大学生进行创业是当之不二的决策。另外，在创业型体育教育开展过程中，要通过多种方式积极转变学生的传统就业观念，使其富有创造精神和敢于质疑的勇气，并树立创业的自信心，展现出当代体育专业大学生的创新创业风貌。

当前，我国高校随政策指引，为培养创业人才大都开设了创业课程，但创业课程的实际开展存在一系列问题。在体育院系开设创业课程对多数高校来说往往只是一种形式，未能发挥创业教育的实质作用，所以要在激发学生创业意识之前引发学校开展创业教育的主动性。此外，还要积极营造校园浓厚的创业氛围，使学生对创业耳濡目染，熏陶学生的创业精神。我国创业课程可分为两种形式和两个阶段，分别为必修课程和选修课程，本科阶段和研究生阶段。通过多途径、多层次的教育方式不仅能激发学生的创业精神，还能在此过程中使学生了解相关知识，增加学生的知识储备，这对开展创业型体育教育具有重要意义。

二、培养创业品质

体育专业大学生创业品质的培养和塑造是其创业成功的必要条件，亦是创业型体育人才培养的必需要素。关于创业品质，全球各国学者纷纷提及并给予定义，截至目前还未能有一个较为统一的说法，尚未形成较为完整的关于创业品质的认识体系。笔者在前人研究基础上认为，创业品质是创业者在创业实践过程中调节心理和行为的个性心理特征，其核心是情感与意志，这与创业者本身所具有的性格、气质等联系密切。以此度之,创业品质主要包括:坚定的创业信念与创业自信;强大的心理抗压能力;宏伟的事业心与持续创业的恒心;积极向上的乐观心态与良好的情绪控制;富含创业激情;时刻保持理性;善于理解和宽容;斗志旺盛、愈挫愈勇、不言败的品质;良好的道德品质和高度的社会责任感。[①]由此可见,创业品质内涵丰富,均对学生创业有着巨大影响。

我国大学生创业品质高低不一,存在较大差异,总的来说普遍较差。而创业品质作为创业成功的关键因素,其存在的问题会严重影响学生的创业成功率,致使人才和物质资源浪费。因此,创业型体育教育培养的目标之一就是培养学生的创业品质,从而提高学生创业成功率。体育院系培养体育专业学生的良好创业品质可通过建立和完善行为引导机制,提高体育专业学生对创业的认识,使其了解创业品质,规范创业行为,提高思想品质,将各种违法行为和危害性行为的思想扼杀在脑海里。

培养学生创业品质对提高学生创业能力和创业成功率具有重要意义。首先,可通过在创业教育中适度强化学生的创业理念,使学生转变创业观念,了解创业的重要性。其次,可通过在校园或本院系开展多种形式的创业实践活动或校园文化活动,使校园充满创业文化气息,潜移默化地影响学生,这对培养学生创业思想意识、汲取创业文化知识具有较大影响。最后,可通过强化心理素质来培养学生的创业品质,相对于普通大学生来说,体育专业学生的文化知识储备和基本素养普遍较低,这一直以来是众人对体育专业学生的真实看法,因此在创业中可能会成为劣势。在这种情况下,体育院系必须强化体育专业学生的心理素质教育,培养体育专业学生的创业品质。

三、提升创业技能

创业技能是一种高层次的综合能力,包括通用技能和专业技能,通用技能包括学习能力、沟通能力、耐挫能力等,专业技能包括领导能力、管理能力、创新能力、策划能力等,是创业者走向创业成功之道的必备条件。

高等教育早已由精英化转变为大众化,毕业生就业问题日益严峻,而大多数

---

① 曲殿彬、许文霞:《论高等学校创业教育体系的构建》,《东北师大学报(哲学社会科学版)》2009年第3期。

高校仍秉承传统教学方式，忽略了对学生创业意识和创业技能的培养，致使大多数学生毕业后在创业就业方面缺乏良好的竞争力。同时，体育专业学生对创业认识不充分，以为创业就仅局限于创办公司，还以为创业教育仅为凑学分的形式课，没有重视起来，很大程度阻碍了创业教育发展，也严重影响了其创业技能的养成。另外，由于体育专业较为特殊的学科特点，与其他专业存在较大差异，一直以来，体育院系将体育理论知识和运动技能传授作为体育教学的重点，并且采用单一的灌输式和讲授式教学方式，导致学生缺乏学习的主动性而一直处于被动的学习状态。

我国体育专业大学生的创业技能并不突出，存在诸多问题，现针对大学生的创业技能培养给予相应对策。首先，我国高校在传统教育观念影响下存在创业教育的认识偏差。如今，我国高等教育正加快改革的脚步，各大高校也越来越重视创业教育，因为只有树立正确的创业教育理念，加大对体育专业学生创业技能的培养，才能造就富有创新性、开拓性的创业型体育人才。其次，营造浓厚的创业氛围。高校应以发达的媒体科技为载体，在校园内宣传创业政策、创业成功事例等振奋人心的创业案例，并开展创业实践、创业讲座等活动，把创业文化建设作为校园文化建设的重要范畴，积极烘托浓厚的创业文化氛围。再次，构建科学完善的创业课程体系。创业技能包括多种能力，而这些能力需要通过各类创业课程来提升，因此高校须建立科学完善的创业课程体系来弥补学生创业技能的不足。最后，创业实践平台对提升学生创业技能是不可或缺的。创业实践是提升创业技能的关键环节，又因体育专业较强的实践性和创业的复杂性、特殊性以及综合性，创业实践平台就成为促进创业型体育教育发展的、完善体育专业学生创业技能的必要阶梯。因此，可通过在校内建立创业孵化基地，帮助学生模拟真实创业，还可拓展校外基地建设、成立学生创业团队帮助学生进行创业实习。

四、丰富创业知识

创业知识是进行创业的基本保证，对创业者来说，创业意识和创业品质固然重要，更重要的是掌握丰富的创业知识。根据现实创业教育状况来看，高校在开展创业教育过程中教师教授的知识和学生学习的知识通常仅限于课堂和校园，很少有机会去校外企业参与创业实践活动，从中获取一线创业知识。

对学生来说，具备一定创业基础是进行创业的前提，而这里所说的创业基础便是扎实的创业知识和专业知识。创业成功得益于机遇，更得益于创业实力，而创业知识就是创业实力的重要体现。国外学者于2017年通过研究大量创业案例得出：在一定条件下，创业者对创业知识的储备量、理解量和运用量的多少与创业成功呈正相关，对成功创业具有重要影响。我国学者对创业知识与创业之间的关系进行研究，发现大学生掌握创业知识对创业具有正向影响，其中对成功创业影响程度最大的是管理类知识，而综合其他学者的关于创业知识对创业的影响研究，可知：大学生掌握一定创业知识有利于把握创业方向，发现创业新机遇；创业是一个涉及众多因素的复杂活动，创业知识可以在创业各方面为大学生提供智力支持，得出问题解决办法；创业知识对学生解决在创业过程中遇到的难题具有十分重要的作用，大学生在创立企业或企业发展中时可以通过掌握的创业知识来分辨市场机遇、威胁，克服企业发展过程中面临的经营、管理、资源、财务等方面的难题；最后，掌握创业知识有利于自身发展，获得成就感，带来其他效益，促进自身创业就业。所以，创业知识对大学生创业来说是非常必要的，体育专业大学生更是如此，在开展创业型体育教育过程中应注重对学生进行创业知识的传授。

为利于开展创业型体育教育，提高体育专业大学生创业成功率，必须协调各方力量，促进体育专业大学生学习并掌握充分的创业知识。可通过以下措施促进学生掌握知识。

首先，高校体育院系可构建创业型体育教育培训体系，以保证学生学习足够的创业知识，可通过开展创业课堂的形式向学生传授创业知识。已有研究表明，高校在人才培养方案中设置创业课程能够有效提高学生学习的主动性，应以专业课的重视程度对待创业课程，编写创业教材，形成规范完整的课程。[①] 其次，校方亦应认积极组织创业大赛等实践活动，呼吁学生踊跃报名参加比赛，以此促进学生学习并掌握创业知识。其三，高校应与企业密切合作，聘请企业家进校开设创业讲座，宣讲创业知识，为学生提供最实际的创业经验和创业知识。最后，高校应加强与企业之间的合作，为广大学生提供多个学习创业知识的平台。要想使

---

① 余呈先、吴作成、张毅芳：《大学生获取创业知识的困境与对策》，《科技创业月刊》2018年第31期。

创业教育达到其目的，就应使高校与企业紧密合作，企业为高校提供实践平台，为学生提供创业经验，高校为企业输送创业人才，如此双方互益之举应该推崇。通过此方式，大学生就可学习到企业运营管理的实践知识，再与学校中的理论知识相结合，就可进一步提升自身的创业知识水平，为创业提供支持。

创业精神、创业品质、创业技能、创业知识等四个创业教育培养目标之间紧密联系、互相影响。加大对以上目标的培养力度，可大幅度提升体育专业学生的创业素养，培育创业创新型体育人才，促进创业教育的良好发展，为顺利开展创业型体育教育工作迈出重要一步。

第四章 创业型体育教育当代模式的构建与评价

第一节 创业型体育教育培养方案的设计与优化

一、创业型体育教育培养的发展战略

创新创业是一个历久弥新的话题。新时代下,随着我国经济技术的不断发展,我国对各行业人才的需求也随之不断增加。由于政府的政策支持和体育发展的趋势,创业型体育教育逐渐地被人们所重视。创业型体育教育的发展满足了我国对创业型人才的需要,这极大地促进了我国经济的发展。体育本就是教育的一个重要组成部分,近年来国家和广大人民群众对体育格外重视,使得创业与体育教育的相互渗透尤为重要。要使我国的创业型体育教育得到充分的重视,发展战略规划尤为重要。

(一)创业型体育教育发展战略的概念

"发展战略"一词,最早出现在《经济发展战略》一书中,是指对事物的发展提前做出长期的战略谋划。创业型体育教育的发展战略是指对创业型体育教育的发展所做出的战略谋划,是对此领域未来如何发展的总布局,具有指导性的意义。不同的体育战略主题均需要做出战略谋划,只有这样各个环节才能有效衔接,实现最终的目标。创业型体育教育是指以体育为内容、以创业为方向的一种教育方式,其目的是促进体育领域创业的数量和质量,增加体育领域创业的高素质人才。

(二）创业型体育教育发展战略的特点

1. 全局性

发展战略是对某一事物未来发展方向的界定与规划，因此发展战略一定是谋划全局的计划方案，而不能仅仅盯着眼前细小的事物，必须结合实际从大局出发对某一事物的发展进行宏观上的界定。创业型体育教育发展战略亦是如此，它是关于创业型体育教育发展的总体的构思，其主要致力于去研究有关创业型体育教育发展过程中所遇到的全局性的重大问题，细小的事物不在考虑的范围之内。因此，必须从大局着眼，从全局出发来确立整体的观念与思想。

2. 长期性

发展战略往往是为了实现某一目标所做出的长远规划，它是在总结了过去的经验，结合当前的实际情况，从发展角度着眼于对未来的谋划上的。它不是一个短期内可以实现的目标，必须做好打"持久战"的准备。立足于当下并且着眼于未来，按照应有的时间线循序渐进地发展，处理好当下与未来发展之间的关系，是我们需要解决的一大难题。创业型体育教育发展战略亦是如此，要将当前我国创业型体育教育发展的形式同过去创业型体育教育发展的成果有机地结合起来，只有这样才能实现我们最终的目标。

3. 阶段性

在发展战略的第二个特点中我们指出，其具有长期性的特点。既然具有长期性的特点，那就充分地说明发展战略的实施和推进并不是一蹴而就的，不能够在短时间内实现我们的目标。因此，必须做好科学合理的规划，按照目标和任务要求将整个发展过程科学合理地划分为几个不同的阶段，并依据所划分的不同阶段提出相应的任务、要求和对策，使其按部就班地发展下去。创业型体育教育发展亦是如此，在其发展过程中，亦是应该根据其发展的时间线划分为多个时间段，通过完成每个时间段不同的任务，实现最终的目标。

4. 教育性

教育这一领域随着时代的发展被广大人民重视的程度不断增加，教育决定着人才的培养、国家的可持续发展，因此教育的发展是我国发展的重中之重。在创业型体育教育的发展过程中，教育性是一个显而易见的特点。随着我国政治、经济、文化各个领域的快速发展，人民对体育的需求也日益增加，体育教育逐渐被人们重视。创业型体育教育的目标则是培养出体育领域创业的高素质人才，必然具有教育性特点。

但是，我们要知道目标的选择和确定并不是随意的。它是在结合当下的实际情况和自身的具体水平所做出的科学的决策和决定。在目标确定的过程中有以下几个原则可供参考，分别是超前性、整体性、连续性和协调性。首先是超前性，要知道我们设置战略目标就是要改变现状，使自己达到一个更好的状态，因此这就要求我们设计的目标要具有超前性，也可以称之为先进性，因为我们是为了进步，是为了超越当前的状态。但是我们也必须知道理论联系实际，只是单纯地考虑美好的结果是不切实际的，我们也需要去评估我们所设立的目标的可行性，要把可能性和先进性有机地结合起来。其次是整体性，主要是指在确定战略目标的过程中要具有综合性和整体性，不能过于单一，在目标确定的过程中要考虑得全面一点，综合性地去考虑，不能只考虑单一的一面。再次是连续性，是指目标实现过程中不同阶段的有效衔接。我们都知道，要实现一个巨大的目标是不可能一蹴而就的，必须将一个巨大的目标分解为多个阶段，对每一个不同的阶段都设立一个小目标，通过完成每一个阶段的小目标，最终实现我们最后的展望，但是不同阶段的目标要互相衔接，以及本次大战略目标也要和下一次的相衔接。最后是协调性，主要是指发展过程中内部的协调和外部的协调。内部的协调主要是指各个发展阶段之间的协调，而外部的协调，主要是指本次发展战略的发展目标同当地有关部门之间的协调。

3. 战略重点的筛选

谋划发展战略的第三个步骤是战略重点的筛选。战略重点是指在所谋划的战略发展过程中，对于实现我们战略目标具有关键意义，或者在发展过程中具有优势或者发展比较落后和薄弱的，需要加强的环节、部门、环境或者是区域等因素。在任何事物的发展过程中，我们不可能考虑得面面俱到。因为我们的发展总是具有不平衡性，所以我们需要善于抓住事物发展的主要关键点，对症下药，重点克服和发展具有关键性影响的因素。

战略重点的筛选同样需要遵守以下几个原则，分别是紧密联系实际、找准关键环节及致力消除瓶颈。紧密联系实际这一原则主要是指在战略重点选择的过程中要联系实际，不能眼高手低，筛选出的重点要切实可行。战略重点的筛选并不是由人们的主观意识决定的，必须有充分的理论和现实依据来做支撑。第二个原则是找准关键环节。在战略实施过程中会包含多个阶段和环节，我们不可能每一个部分都面面俱到，要想在短时间内达到预期的效果，必须对各个环节的主次以及轻重缓急进行区分，找到解决问题的关键所在。第三个原则是致力消除瓶颈。战略重点还应该筛选出那些在发展过程中出现的较为困难、不宜攻克的环节或者部门等。

4. 战略阶段的划分

发展战略谋划的第四个步骤是战略阶段的划分。要实现我们的最终目标必须经历一个长期的过程，因为最终目标的实现不可能是一蹴而就的。要使最终的目标能够得以实现，不仅要将整个实现的全过程划分为多个不同的阶段，并且要对每一个阶段都设立一个目标，通过每一个阶段目标的实现来实现最终的目标，即必须经过前期、中期和后期三个部分、三个阶段才能最终实现，同时在这一过程中必须根据每个阶段的实际情况来确定每个阶段的战略性任务，通过对每一个阶段性任务的完成实现最终目标。

5. 战略对策的谋划

发展战略谋划的最后一个步骤是战略对策的谋划。顾名思义，战略对策是指为了实现最终的战略目标所采取的手段和措施。具体定位到创业型体育教育领域来讲，发展战略的谋划目的是要促使其能够全面且可持续地发展，因此必须以战略对策为主要依据，战略对策所涉及的范围很广泛，从政治、经济、文化、社科到法律、法规等领域均有所涉猎。

创业型体育教育发展对策是指根据我国目前此领域的战略发展目标，根据创业型体育教育发展过程中所产生的困境和重大问题所提出的方针和对策。因为战略对策会直接关系到战略目标的实现，所以我们在对战略对策进行谋划的过程中需要深思熟虑，需要进行广泛的思考和咨询，以使理论联系实际，政策规划紧扣发展目标，最终实现目的。

对大学生进行创新创业教育是大势所趋，能够为我国培养具有创新性、灵活性和创造能力的高素质人才。随着体育强国等口号及政策的相应提出，我国对体育领域的重视程度也日益高涨。体育领域具有创新意识和能力的人才亦是国家所急需的。因此，加强高等院校创业型体育教育培养势在必行。[①]

二、创业型体育教育培养的发展定位

（一）创业型体育教育的理念

创业教育是近些年耳熟能详的话题。随着经济全球化、大数据时代和知识"大爆炸"的到来，教育质量的高低、教育所产生的结果如何等越来越被人们所重视，学生能否适应当前国家的发展，是教育界主要关注的话题。创业型体育教育是创业型教育的组成部分，是创业型教育的一个分支。随着近些年我国人民以及社会对体育的重视程度的逐渐增加，创业型体育教育逐渐出现在我们眼前，以满足我国当前体育领域的发展对体育人才的需求。我国的创业教育相对于国外起步较晚，在体育领域的创业教育更是落后于他国。因此，我们要从实际出发，寻找到一条符合中国实际的具有中国特色的创业型体育教育发展的道路。

1. 树立以人为本的理念

人是生产力发展的决定性因素，在任何社会和团体的发展中都起到了决定性的作用。联合国曾经表示，创业教育并不仅仅是一项教育内容，也是能够较好地促进学生进取心、探索精神、顽强拼搏的有效手段。通过创业教育可以有效地对学生进行全方位的培养和发展。在任何领域人才都是其可持续发展和持续创新发展的第一动力，没有人才，即使拥有再先进的发展策略和体系仍然不能取得良好的发展，仍然不能更好地实现自己的目标。

因此，在寻找符合中国实际的并且具有中国特色的创业型体育教育发展的道路时，我们一定要重视人才的培养，树立起"以人为本"的理念，注重我国创业型体育人才的全面发展，在培养此领域人才的过程中要坚定地推进"以人为本"的基本理念，为我国创业体育教育领域培养出更多的人才，为我国创业型体育教育的发展作出贡献。

---

① 郑汉山：《高等体育院系创业教育探析》，《广州体育学院学报》2003年第1期。

2. 理解创业型体育教育的核心是创新教育

在分析创业型体育教育之前我们可以对这一概念进行简单的分解。创业型体育教育这一概念的核心是"教育","体育"是它的修饰和限定,而"创业型"是一个大框架。我们要抓核心、重视限定。要重视教育,但是要注意是创新教育。因为创业的本质是创新,创业要想获得成功离不开创新二字。

因此,在我国创业型体育教育发展的过程中,在注重人才培养的同时,还要抓住创业教育的本质。创新是事物不断发展的动力源泉,教育的发展同样离不开创新。我们要加深对创业型体育教育这一概念核心的理解,注重创新教育的发展。不断地促进我国创业型体育教育的发展。

3. 突出专业教育

在寻找符合中国实际的并且具有中国特色的创业型体育教育发展的道路过程中,我们不仅要重视人才的培养,树立起"以人为本"的理念,抓住创业型体育教育的核心,同时,我们也要突出专业教育。教育是一个非常宽泛的类别,其中包含了许多学科门类和专业,专业教育是当代各个学科深入探索和发展的必经之路,我们不追求在整个面上有所建树,我们期待在某一个点有所突围。

因此,在发展我国创业型体育教育的过程中,我们要加强专业性的教育,不能宽泛地学习一些皮毛,不仅要对与创业相关的知识进行专业且深入的探讨与学习,还要对体育教育这一领域进行专业性的深入了解,只有对其专业的各个领域都进行深入的学习,才能有足够的理论基础去支持创新、去支持人才的培养,最终实现目标,促进我国创业型体育教育的发展与创新。

树立起"以人为本"的基本理念、加强对创业型体育教育本质的理解、促进专业教育是促进我国创业型体育教育发展的必由之路,也是促进我国体育教育发展不可或缺的重要手段。

(二)发展定位

创业型体育教育培养如何才能得到有效且可持续的发展是一个至关重要的问题,我们可以从以下几个方面来进行,分别是致力于复合型人才的培养、着重突出体育特色、顺应国家政策的发展趋势、顺应当地的经济发展条件,以及重视理论联系实际。

1. 创业型体育教育的发展应当致力于复合型人才的培养

随着全球各个国家的不断进步与发展，各个领域都得到了飞速的提升，为人类创造了巨大的财富。但正是由于发展过快以及人们越来越趋向对经济的追求，这就导致很多领域很快到达了瓶颈并且出现了人才流失的现象，越来越多的人才涌入一些时髦、紧跟当下潮流、会产生巨大收益的领域，一些小众的、没有那么时髦的领域就会"坐冷板凳"，得不到应有的发展。要想在人才不变的基础上有效地解决这一问题，这就要求我们要重视复合型人才的培养。

此外，随着时代的进步和科学技术的飞速发展，各个领域的学科知识不断地进行融合。就拿体育这一领域来说，目前体育已经融入各个领域中，体育已经与经济学、法律、管理学等多种学科进行融合以期解决在体育发展过程中所遇到的重大问题，也就是说，想解决一个领域的问题往往需要运用到多个领域的知识共同进行。但考虑到人才短缺的问题，对人才的需求也就逐渐发生了变化，即慢慢地由专业性人才向复合型人才转变。

在创业型体育教育发展过程中往往会遇到各式各样的问题，出现的问题需要人进行解决，假设在人才不变的基础上遇到的问题涉及多个领域的知识，那么问题就不会得到充分的解决，这就能体现出复合型人才的重要性。在创业型体育教育发展过程中需要复合型的人才，不仅要懂得创业型的知识，与体育和教育相关的知识同样要了解熟知。

因此，在探索创业型体育教育培养发展的路径过程中，人才的培养需要加以强调，而复合型人才的培养需要着重强调。我们不仅需要专业性人才，同时我们更加强调的是对于复合型人才的培养，即体育、教育、创业及其他相关领域的人才。打好人才的基础是实现我国各个领域可持续发展的基石。

2. 创业型体育教育的发展应当着重突出体育特色

创业型体育教育的发展除了上述的要致力于复合型人才的培养，我们也要重视体育特色的突出。虽然目前我国各个领域的发展急需复合型人才，但是任何一个领域都有一个核心，每一个领域的充分发展都应该充分围绕着某一关键的核心进行发展和创新，就好像圆规要想画出更大的圆必须在确定好定点的基础上去扩大圆规的半径，只有这样才能画出更大的圆形。在社会发展的各个领域亦是如此，只有在明确核心的基础上去扩大探索范围才能够实现目标取得成功。

此外，随着各个科目体系的完善，各种交叉性学科应运而生，就体育领域来说，出现了体育产业、体育经济、体育管理、体育哲学、体育史等交叉学科。例如，体育管理学既是现代管理学在体育领域中的分支，又是体育科学体系的重要组成部分。虽然出现了体育与多种科目融合的趋势，但是我们也要明确各个新兴学科的前提都是体育，因此在专业特色明确的基础上进行多种学科和领域的融合才能推动体育领域和其他相关领域的全面发展。

创业型体育教育的发展确实需要多个领域的融合，但是我们一定要明确其中心思想就是体育教育，我们一定要先去夯实体育教育这一特色且充分地发展和学习，并且在此基础上去加入创业的相关知识，才能促进创业型体育教育整个领域的发展。

因此，在创业型体育教育领域的发展过程中，我们应该更加重视采取相关的措施去突出体育特色。各个领域都了解、都精通的人才固然重要，但前提是在夯实体育这一特色的基础上进行创新与发展，要一专多能，不然很可能会发展成"四不像"，既发展不好体育也发展不好创新创业。

3. 创业型体育教育的发展应当顺应国家政策的发展趋势

创业型体育教育的发展除了要重视复合型人才的培养、注重突出体育的特色，也要明确当前创业型体育教育发展的趋势和我国对应创业型体育教育颁布的相关政策。在体育计划制订的过程中，党和国家的大政方针是一项非常重要的依据。包括各个时期党和国家及地方党政领导机关提出的路线、方针和政策。

此外，国家政策的颁布和落实是党领导国家和人民实现共同富裕的应有之义和必然要求。各项国家政策的推出都是在充分地分析了我国的当前形势和国际国内环境后所做出的最符合当前实际的手段和措施，其目的是要实现中华民族的伟大复兴，不断促进我国的发展，让百姓过上幸福的生活。因此，各个领域的发展都应当遵守政府的政策，顺应时代发展的趋势，只有这样才能实现每一个领域的全面发展。

要发展创业型体育教育不能一股脑地、盲目地去发展，必须审时度势，充分地分析当下我国在此领域所颁布的相应的政策，紧跟时代发展的潮流与趋势、紧跟党和人民政府的号召，按照国家颁布的创业型体育教育的政策里所提出的相关要求和契机进行发展，只有这样创业型体育教育的发展才能步入正轨，才能在国家政策所规定的范围内得到充分的发展。

因此，在创业型体育教育领域的发展过程中，我们要充分贯彻在创业型体育教育领域中我国颁布的相关政策文件，只有通过政府这只"有形的手"进行干预，再加上市场这只"无形的手"的配合，才能促进各个领域良性的且可持续的发展。

4. 创业型体育教育的发展应当顺应当地的经济发展条件

创业型体育教育的发展不仅要重视复合型人才的培养、注重突出体育的特色、明确当前创业型体育教育发展的趋势，以及我国对应创业型体育教育颁布的相关政策，还要顺应当地的经济发展条件。我们都知道经济基础决定上层建筑，因此在经济发展落后的地区或者城市，各个领域的发展都会受到制约和限制。例如，一个城市想要发展全民健身，那么广大人民群众健身所需要的器材和场地就必须进行贯彻落实，相关体育场地和器材的修建是需要大量经费的，因此经济发展水平会决定某一领域的体育事业是否能够得到良好的发展。此外，经济条件的发展还能够促进社会生活的稳定，提升我们的生活水平，促进人们积极地从事体育运动。

当今社会任何领域要想得到良好的发展，资金的注入是必不可少的，创业型体育教育的发展亦是如此，无论是相关课程的开设、教师的招聘，以及相关体育器材的购置都需要一个良好的经济基础。如果当地的经济条件有限，则没有足够的财力和物力去支持创业型体育教育的发展。

因此，在创业型体育教育发展过程中，我们要顺应当地的经济发展条件，依据当地的经济发展水平去制定创业型体育教育的相关政策，只有这样才能不断地促进当地创业型体育教育的发展，同时能够因地制宜，制定出符合当地经济水平的发展策略从而实现更好的发展。

5. 创业型体育教育的发展应当重视理论联系实际

创业型体育教育的发展不仅要重视复合型人才的培养、注重突出体育的特色、明确当前创业型体育教育发展的趋势，以及我国对应创业型体育教育颁布的相关政策、顺应当地的经济条件，还要注重理论联系实际。实践是检验真理的唯一标准，在解决实际问题的时候要具体问题具体分析，绝对不能纸上谈兵，仅仅靠着相关的理论知识去指导实践，这样会出现眼高手低以及与实际不匹配等问题。例如，在实现我国体育强国的道路上，我们不能仅仅是通过理论规定去执行，还必须根据每个地区的具体发展情况，因地制宜、因时制宜，去探索最合适的方法、用最合适的措施。

具体到创业型体育教育领域同样如此，在任何事物的发展过程中都存在着理论依据，而事物要想得到良性的且可持续的发展，单靠理论依据是不行的，容易出现"纸上谈兵"、眼高手低等现象，不仅不会促进相关事物的发展反而会阻碍甚至会抑制其发展与壮大。如果在事物的发展中只是去依靠理论，那么事物绝对不会得到良好的发展。例如，在全民健身事业的发展过程中，如果只是去凭借相关的理论依据为参照和模子而不是去全国各个城市、各个地区，去了解不同民族的人的运动习惯和风俗，则全民健身的目标会很难实现，那么体育强国的梦想也会遥遥无期。

因此，在创业型体育教育领域的发展过程中，我们要将理论与实际紧密地联系在一起，只有这样才能够因地、因时、因人制宜，提出最符合当地经济发展和风俗习惯的创业型体育教育发展方案，才能助力实现体育强国的目标。

三、创业型体育教育培养的目标定位

上面撰写了创业型体育教育培养的发展战略和创业型体育教育培养的发展定位，并得出了相应的结论。我们都知道，任何事物要想得到充分的发展必须有明确的目标，而目标的确定又取决于决策者对目标的定位，目标的定位决定了实现某些任务的复杂程度、可行程度及现实意义。在创业型体育教育发展的过程中，人才培养目标的不明晰、与高层次人才的衔接出现断裂无法形成一个有效的培养环境等，导致了人才培养的滞后与缓慢，最终导致了这一领域发展的滞后甚至停滞不前，清晰的人才培养目标是任何人才培养和发展的前提和基础。因此，目标的确定对于创业型体育教育人才的培养与发展尤其重要，对整个创业型体育教育领域的发展亦是如此。

目标需要一个集体、组织及每一个成员持续不断地努力才可能实现。我们都知道，在事物的发展过程中一定会受到主观、客观、可控及不可控因素的影响。因此，为了能够最大限度地实现我们的目标，我们在最初设置目标定位的时候就要主动考虑相关的问题，以便设置出最符合实际和自身利益的目标定位。创业型

体育教育也是如此，要积极思考相关问题，如人、财、物、时间、信息等一切可能出现的大小问题，以便于能够设置出最恰当的目标，可以从社会需要、体育专业的发展规律、学生身心发展规律、师资力量水平及目标的可实施性五个方面来进行思考。

（一）社会需求

改革开放以来，随着社会经济的发展和国家实力的提高，我国逐渐由社会主义计划经济转变为社会主义市场经济。在市场经济的环境下，经济的流动和分配主要是依靠市场这只"无形的手"和政府这只"有形的手"来配合进行。而这只"无形的手"是由成千上万个消费者所组成的，在政府不进行干预的情况下，只有消费者产生了需求并且进行了消费才能使经济活跃起来，而消费者的需求也是社会需求的另一种体现，可以说消费者的需求就是社会的需求，当然，从所涉及的范围来讲二者是一种包含与被包含的关系，社会需求包含了消费者需求。

综上所述，在考虑对创业型体育教育进行目标定位时我们需要考虑到社会对我们要达成的目标是否真的需要。如果社会的发展并不需要这一领域的参与，或者说创业型体育教育的发展并不会对社会的发展产生正向的作用，其无法满足社会的需求也无法满足消费者的需求，那么这一领域的发展将会受到极大的阻碍和忽视。

因此，在对创业型体育教育进行目标定位时，社会的需求是我们一定要着重思考的一项要素，不断地分析消费者及市场等因素，思考所设定的目标的可行性、可能性和有效性，思考目标的实现是否能够促进社会的进步与发展。只有这样才能设置出符合当下社会发展的目标，并为目标的最终实现打下坚实的基础。

（二）体育专业的发展规律

随着我国综合实力的快速提升，体育领域也不断发展与壮大，体育早已经融入我们日常生活中的各个领域，体育不断地与不同的学科进行交叉融合，形成了许多新兴的交叉学科。例如，体育与管理学结合形成体育管理学、体育与经济学融合形成体育经济学以及体育与生理学融合形成运动生理学等。多种学科的融合是全球各个国家体育发展的趋势，要想使体育中的某个领域得到充分发展，必须顺应事物的发展规律，符合社会发展潮流，不断地国际化、综合化。不仅仅是体育，任何事物的发展都要顺应时代、国家及各个领域的发展规律，只有这样才能得到健康且可持续的发展。

综上所述，在考虑对创业型体育教育进行目标定位时我们要去认识体育专业发展的规律并且遵循这一规律。如果在对创业型体育教育进行目标定位时我们没有充分地认识到体育专业的发展规律，或者认识到却没有遵循体育的发展规律，那么逆势而行是不会得到较好的结果的。

因此，在对创业型体育教育进行目标定位时，不仅要去思考社会的需求，还要去认识体育专业当下的发展规律，结合国际国内的大环境去分析体育在当下是如何发展的，体会体育未来的发展趋势，在此基础上去思考并设立创业型体育教育的目标才具有建设性和可持续发展的能力。

（三）学生身心发展规律

分析创业型体育教育这一学科名称的时候我们能够清晰地了解到这一学科是建立在教育这一个大框架的基础之上进行发展的。那么我们应该回归教育的本质——育人，在育人的过程中我们不能仅仅把身体健康作为唯一一个评价学生是否健康的指标，只是单单地遵循身体发展的规律来培养和教育学生，这样不仅忽略了教育的本质也会直接地忽略学生的心理健康。一个健康的人所具有的标准应该是身体健康、心理健康并且具有社会适应性。学生的教育不能仅仅依据身体发展的规律，同时还要依据心理的发展规律。

综上所述，在考虑对创业型体育教育进行目标定位时我们要充分重视学生的身心发展规律。如果在对创业型体育教育进行目标定位时我们没有充分地依据学生的身心发展规律，我们所制定的目标就不符合教育的本质，没有从"以人为本"的角度出发。那么，从教育的角度来讲其发展必定是失败的。

因此，在对创业型体育教育进行目标定位时，不仅要去思考社会的需求、去认识体育专业当下的发展规律，还要充分地考虑目标的设定是否符合学生身心发展的规律。应该从学生的角度出发，将"以人为本"的理念充分地贯彻到创业型体育教育的目标定位中。只有如此，才能称之为教育，也才能真正达到教育的目的。

（四）师资力量水平

2020年9月11日，习近平总书记在科学座谈会上表示："人才是第一资源。

国家科技创新力的根本源泉在于人。十年树木，百年树人。要把教育摆在更加重要位置，全面提高教育质量，注重培养学生创新意识和创新能力。"由此可见人才的重要性，人才是发展的第一动力。任何领域都有人才，如竞技体育领域有运动员、经济领域有经济学家等。那么作用到教育领域时，我们一定会想到教师。师资力量水平的高低是决定某一个学科是否能够取得突破性进展且可持续发展的重要依据和基础。

综上所述，在考虑对创业型体育教育进行目标定位时，我们要充分考虑不同高校的师资力量水平差异，师资力量较为雄厚的高校对目标的定位与师资力量相对薄弱的高校的目标定位一定是有所区别的，如果在制订创业型体育教育目标时没有充分地考虑自身师资力量水平，则目标的确定就可能会出现定位与自身水平不符的情况。

因此，在对创业型体育教育进行目标定位时，不仅要去思考社会的需求，去认识体育专业当下的发展规律，考虑目标的设定是否符合学生身心发展的规律，还要考虑到不同院校的师资水平差异。只有充分了解自己所具有的师资水平和资源情况，才能够因地制宜，制订出符合自身实际的目标，具有可操作性的目标，共同为创业型体育教育领域的发展作出贡献。

（五）目标的可实施性

确定目标的一项最基本的标准和要求就是去思考所选择的目标是否具有可实施性，所设立的目标能否在理论的基础上应用到实践中来。目标的可实施性是确定目标的基础，也是选择目标的标准，任何领域要想最终实现目标就必须把目标的可实施性纳入首要的参考范围中来，创业型体育教育亦是如此。

综上所述，在考虑对创业型体育教育进行目标定位时我们要充分考虑到所选择目标的可实施性，如果所定的目标的可实施性非常低，甚至根本没有实现的可能性，那么计划做得再详细都是无用功，同时也没有必要再在此目标基础上进行其他的工作，因为根本无法实现所定的目标。

因此，在对创业型体育教育进行目标定位时，我们要去思考所选择的目标定位是否具有可实施性。只有充分地分析所定的目标是否具有可实施性、可实施性的大小，才会对目标的实现具有正向和促进的作用。

第二节 创业型体育人才培养模型

国内外创业教育飞速发展，各国、各专业领域都在培养创业型人才。因此，高校体育教育有了新方向和新目标——培养创业型体育人才。培养创业型体育人才是高校体育教育改革的产物，是社会创业教育发展的必然趋势，是紧跟、引领时代潮流的重要举措。但国内尚未形成成熟的创业型体育人才培养的系统模式。本书旨在通过构建创业型体育人才培养模型，为高校体育教育培养创业型体育人才提供实质性理论参考，提高创业型体育教育的培养质量，丰富创业型体育教育模式，促进我国创业教育的发展。

一、创业型体育人才培养要素选取

创业型体育人才属于创业人才，创业人才培养包括创业型体育人才培养。笔者通过阅读大量有关创业人才培养和创业型体育教育的文献资料，从中梳理出9个创业型体育人才培养要素，分别为教育模式、教育观念、教师素养、教学方式、学生素质、创业意向、家庭环境、学校氛围、社会支持（见表4-1）。以上各要素是通过阅读文献自行梳理、借鉴前人研究成果并经过10位专家指导而选取的，因此具有较强的权威性。

表4-1 创业型体育人才培养要素

编号	要素	编号	要素	编号	要素
1	教育模式	4	教学方式	7	家庭环境
2	教育观念	5	学生素质	8	学校氛围
3	教师素养	6	创业意向	9	社会支持

二、创业型体育人才培养解释结构模型构建

（一）对各要素进行编码

将创业型体育人才培养9个要素进行编码：S1——教育模式、S2——教育观念、S3——教师素养、S4——教学方式、S5——学生素质、S6——创业意向、S7——家庭环境、S8——学校氛围、S9——社会支持。

（二）构建创业型体育人才培养要素的邻接矩阵 A

首先，通过课题小组讨论，对创业型体育人才培养各要素之间是否存在直接影响关系进行宏观判断。其次，邀请该领域专家对该系统 9 个要素之间建立的关系进行核验，最终确定创业型体育人才各要素之间存在的关系。当 S_i 对 S_j 有直接影响时，S_{ij} 值为 1，当 S_i 对 S_j 无直接影响时，S_{ij} 值为 0，以此为依据确定 9 个要素之间的二元关系，构建体系的邻接矩阵（见表 4-2）。

表 4-2 创业型体育人才培养邻接矩阵

要素	S1	S2	S3	S4	S5	S6	S7	S8	S9
S1	1	0	1	0	0	0	1	1	1
S2	0	1	1	0	0	0	1	1	1
S3	0	0	1	1	0	1	0	0	0
S4	0	0	0	1	0	0	0	0	0
S5	0	0	0	0	1	0	0	0	0
S6	0	0	0	0	0	1	0	0	0
S7	0	0	0	0	1	1	1	0	0
S8	0	0	0	0	0	1	0	1	0
S9	0	0	1	0	0	0	1	1	1

（三）创业型体育教育人才培养要素的可达矩阵

通过课题小组的研究讨论，明确了创业型体育人才培养要素之间的二元关系，依据各要素之间的关系可得出邻接矩阵。在确定邻接矩阵 A 的基础上，求邻接矩阵 A 与单位矩阵 I 的和（$A+I$），以布尔代数运算规则为运算依据，对某一整数 λ 做矩阵（$A+I$）的幂运算（0+0=0, 0+1=1, 1+1=1, 1×1=0, 1×1=1），下面公式中 I 为单位矩阵，矩阵 $M=(A+I)^{\lambda+1}=(A+I)^{\lambda}$ 称之为可达矩阵，借助 Matlab2016 软件进行编程辅助计算，求得可达矩阵 M（见表 4-3）。

$$M=(A+I)^{\lambda+1}=(A+I)^{\lambda}\neq(A+I)^{\lambda-1}\neq\cdots\neq(A+I)^{2}\neq(A+I)$$

表 4-3　创业型体育人才培养要素可达矩阵

	S1	S2	S3	S4	S5	S6	S7	S8	S9
S1	1	0	1	1	1	1	1	1	1
S2	0	1	1	1	1	1	1	1	1
S3	0	0	1	1	0	1	0	0	0
S4	0	0	0	1	0	0	0	0	0
S5	0	0	0	0	1	0	0	0	0
S6	0	0	0	0	0	1	0	0	0
S7	0	0	0	0	1	1	1	0	0
S8	0	0	0	0	0	1	0	1	0
S9	0	0	1	1	1	1	1	1	1

（四）创业型人才培养因素层级结构划分

对建立的可达矩阵 M 进行结构划分，将矩阵中第 Si 行为 1 的列对应的要素组成的矩阵为 $R(Si)=Sy'|mij=1S$，称为可达集；用 $A(Sy')$ 表示矩阵中第 Sy' 列元素为 1 的行对应的要素组成的矩阵 $A(Sy')=Sy'|mij=1S$，称为先行集。根据可达集 $R(Si)$ 和先行集 $A(Sy')$ 可以确定创业型体育人才培养要素的不同层级。找出可达集 $R(Si)$ 与先行集 $A(Sy')$ 的交集，即最高要素集，此集合满足 $R(Si) \cap A(Si)=R(Si)$，由以下公式得出

$$L1=\{Si \mid R(Si) \cap A(Si)=R(Si), i=1, 2, \cdots, k\}$$

根据各创业型体育人才培养要素的可达集和先行集，以 $R(Si) \cap A(Si)=R(Si)$ 为条件，确定创业型体育人才培养模型的最高层要素，并将其所在的行和列移除可达矩阵，再重复 $R(Si) \cap A(Si)=R(Si)$ 此条件对其他要素进行层级划分，直到划分出所有要素层级。结合表 4-3 创业型体育人才培养要素可达矩阵和以上各运算公式，可得出各要素的可达集 $R(Si)$、先行集 $A(Sy')$ 和交集，划分结果（见表 4-4—表 4-7）。

表 4-4　创业型体育人才培养要素集合划分（1）

要素	可达集 $R(Si)$	先行集 $A(Si)$	交集 $R(Si) \cap A(Si)$	层级（1）
$S1$	1,3,4,5,6,7,8,9	1	1	
$S2$	2,3,4,5,6,7,8,9	2	2	
$S3$	3,4,6	1,2,3,9	3	
$S4$	4	1,2,3,4,9	4	
$S5$	5	1,2,5,7,9	5	$S4,S5,S6$
$S6$	6	1,2,3,6,7,8,9	6	
$S7$	5,6,7	1,2,7,9	7	
$S8$	6,8	1,2,8,9	8	
$S9$	3,4,5,6,7,8,9	1,2,9	9	

根据创业型体育人才培养要素层级划分结果，获得第一层级要素，表示为 $L1=\{S4, S5, S6\}$。

表 4-5　创业型体育人才培养要素集合划分（2）

要素	可达集 $R(Si)$	先行集 $A(Si)$	交集 $R(Si) \cap A(Si)$	层级（2）
$S1$	1,3,7,8,9	1	1	
$S2$	2,3,7,8,9	2	2	
$S3$	3	1,2,3,9	3	
$S7$	7	1,2,7,9	7	$S3,S7,S8$
$S8$	8	1,2,8,9	8	
$S9$	3,7,8,9	1,2,9	9	

根据创业型体育人才培养要素层级划分结果，获得第二层级要素，表示为 $L2=\{S3, S7, S8\}$。

表 4-6　创业型体育人才培养要素集合划分（3）

要素	可达集 $R(Si)$	先行集 $A(Si)$	交集 $R(Si) \cap A(Si)$	层级（3）
$S1$	1,9	1	1	
$S2$	2,9	2	2	$S9$
$S9$	9	1,2,9	9	

根据创业型体育人才培养要素层级划分结果,获得第三层级要素,表示为 $L3=\{S9\}$。

表 4-7 创业型体育人才培养要素集合划分(3)

要素	可达集 R(Si)	先行集 A(Si)	交集 R(Si)∩A(Si)	层级(4)
S1	1	1	1	S1,S2
S2	2	2	2	

根据创业型体育人才培养要素层级划分结果,可得出第四层级要素,$L4=\{S1,S2\}$。

将可达矩阵按照层级划分并进行重新排列,得出强连通矩阵 R'(见表 4-8)。

表 4-8 强连通矩阵(4)

要素	S4	S5	S6	S3	S7	S8	S9	S1	S2
S4	1	0	0	0	0	0	0	0	0
S5	0	1	0	0	0	0	0	0	0
S6	0	0	1	0	0	0	0	0	0
S3	1	0	1	1	0	0	0	0	0
S7	0	1	1	0	1	0	0	0	0
S8	0	0	1	0	0	1	0	0	0
S9	1	1	1	1	1	1	0	0	0
S1	1	1	1	1	1	1	1	1	0
S2	1	1	1	1	1	1	1	0	1

通过按照 $R(Si)=C(Si)$ 逐级抽取要素的方法进行级位划分,直至抽取完所有要素,再以层级划分结果为判断依据,对创业型体育人才培养要素进行排列(见图 4-1)。

第四章 创业型体育教育当代模式的构建与评价

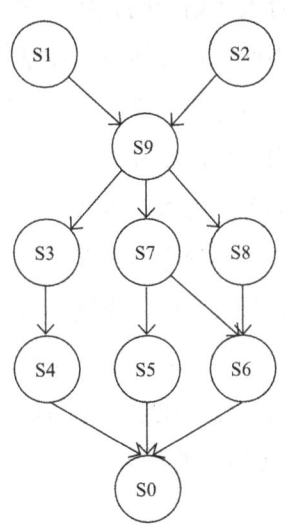

图 4-1 各层级结构关系

把相应的要素代入其中,得到创业型体育人才培养解释结构模型图(见图 4-2)。

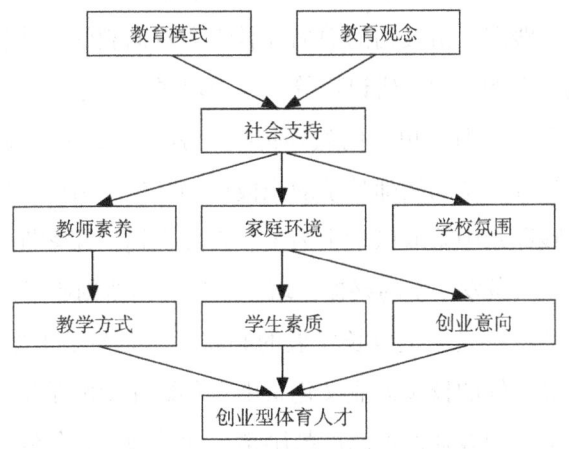

图 4-2 创业型体育人才培养解释结构模型

三、解释结构模型分析

由图 4-2 解释结构模型可知,创业型体育人才培养模型是一个五级的多级递阶系统，其中影响创业型体育人才培养的直接因素是教学方式、学生素质和创业意向，这是影响的根源层。因此，培养体育专业学生的创新创业能力和意识需从这三要素入手。再从第三级来看，影响教学方式的因素主要是教师素养，教师素养包括教师的职业道德、知识掌握广度和深度、自身能力及教师心理素质这四大部分，这四大部分无一不影响着教师教学方式。影响学生素质的是家庭环境，家庭环境伴随大学生二十余年，对大学生素质养成具有决定性影响。影响学生创业意向的因素主要是家庭环境和学校氛围，家庭环境和学校创业氛围长时间对学生造成潜移默化的影响，使学生产生创业意愿。从四级来看，造成三级的是社会支持，这是影响的中间层。影响体育专业学生创新创业能力的是教育模式和教育观念，它们是决定整个教育发展趋势的重要因素，对创业型体育教育有着决定性影响。

四、创业型体育人才培养建议

教学方式传统单一是制约体育专业学生创新创业能力培养的重要因素。我国高校体育院系应摆脱传统的教学方式，采取符合新时代人才培养要求的教学方式，这包括理论课和实践课。由最初的灌输式教学向双向教学方式转变，综合运用启发式、讨论小组、案例教学、研讨班等教学手段进行教学，提高教学方式的多样性、灵活性和有效性，避免单一的教师传授、学生接受这一种方式。通过多样、灵活、有效的教学方式调动教师教学的积极性和学生学习的积极性，在创业型体育教育理论与实践课堂中采取以学生为主、教师为辅的探索性学习方式，并通过教师不断引导，逐渐激发学生的兴趣，培养学生的创新创业意识。

学校、家庭、社会是学生成长发展的必要环境，与学生能力培养息息相关。学校可以通过建设良好的校园创业文化氛围潜移默化影响学生，提升其创业文化底蕴；通过改进学生和教师评价制度鼓励学生和教师进行创新，支持学生创造性思维发展和教师创造性教学开发；通过优化教学方式和学习方式为培养和发挥学生的创新创业意识提供平台，提高教师教学能力并培养学生创新创业能力。家庭作为学生最根本的生长环境，学生萌生创业意愿打算进行创业活动时理应得到家庭的支持。社会是每个人发展的必经道路，是学生进行创业的大环境，学生参与创业活动应受到社会各界的支持，鼓励并支持学生培养创新意识，参与创业实践活动，为学生创新创业意识养成和创业活动的参与构建一个较为理想的大环境。

创业型体育人才培养最重要的是培养体育专业学生的创新创业意识和创造性思维。体育学生通过接受创业教育与专业教育，应逐渐形成积极探索、自强不息、乐于创新、勇于实践的品质，同时也应掌握充足的创业与专业理论实践知识、技能，为学生参与创业实践活动，推动学生创业成功做好充分准备。通过ISM解释结构模型构建创业型体育人才培养模型，以期将体育专业学生培养为富有创新创业意识与能力的体育人才提供理论依据。

第三节　创业型体育教育当代模式的具体分析

创业型体育教育模式是新时代高等教育改革的产物，是培养具有创新创业精神的创业型体育人才的创新型教育模式。在前面基于解释结构模型已经构建出了系统的创业型体育教育培养模式，但未对其每个要素进行详细阐述，现根据构建的创业型体育教育模式，对其各要素进行分析。

一、培养模式

（一）教学计划

创业型体育教育模式区别于传统教育模式的主要一点就是理论与实践并重，教学计划亦如此，既要制订理论教学计划，实践教学计划也不可缺少。

1. 理论教学计划

首先，在制订理论教学计划时要能够把握住重要的教学环节（课程、学时、教学内容、理论考核等）。其次，应构建具有较强实践性的理论教学体系。在理论教学体系的制度方面，建立合理的制度，对创业型体育教学进行详细的条例、规范说明；机制方面，按照企业化的运作模式对教学进行管理，将评估机制、竞争机制、考核机制等设置到教学计划并运用到实际中；在落实过程中，设立创业型体育教学每一环节的考核指标，通过考核机制对其进行不定时评估，及时将评估结果向上级反馈，在各环节之间形成联动模式，确保教学顺利进行。

2. 实践教学计划

创业实践教学计划是提高学生创业实践能力的系统规划。在制订创业实践教学计划之前，应明确创业及体育理论与创业及体育实践之间的联系，不局限于简单的联系观点，应深入创业及体育理论核心，对理论各层次进行细致分析，将实践教学与理论教学各环节相关联，而非理论与实践相脱离或具有明显的先后次序。要将理论付诸实践过程中，分析其可能存在的实践活动，选择并制订合理的实践方案，实现理论到实践的转变，同时也可在创业型体育实践教学中检验创业型体育理论的可行性。因此，有必要明确理论教学与实践教学之间的关系和应用方法。另外，需要将理论教学与实践教学在各环节相对应，比如在实践教学内容选择、课程开设数量、建立实践教学的考核标准以及确定学时和学分比例等方面。除此之外，还需要将教学的重要推动力——竞争机制引入创业实践和理论教学中，所以，对理论与实践教学进行有效结合需要考虑兼顾多方面问题，是非常复杂烦琐而又最为关键的一项工作。因此，应建立专门的课题研究小组对此进行研究，争取进一步提高创业型体育人才培养的水准。

（二）教育理念

教育理念是教育思想的最高境界，教育理念是对"教育是什么"的价值判断和基本看法，科学合理的教育理念是教学行动的思想先导，为教育活动提供明确方向。因此，开展创业型体育教育亦应设计并遵循创业型体育教育理念。创业型体育教育可以简单地理解为创业教育与体育教育相结合的一种培养学生创新创业能力的教育活动，因此创业型体育教育理念的设计亦应以创业教育与体育教育理念为基础。

现如今，多数高校的创业教育理念不够清晰。有些高校为推进应用型办学，仅仅将人才培养目标对焦于培养应用型人才，教育观念仅停留在缓解就业压力这一表层，这体现出多数高校对创业教育的认知程度有待提高。[①] 同时，多数高校开展创业教育很大程度上通过开设创业选修课、举办创业活动等方式来应对政府的响应，以"达到"贯彻上级政策的目的。由此看来，创业教育尚未被正式纳入教育主流体系，对创业教育的思想认识有偏差、不充分，导致高校创业组织机构

---

① 吴学松：《应用型本科院校创新创业教育现状、问题与对策》，《教育与职业》2020年第5期。

不健全，创业教育资源利用不充分，创业管理混乱，难以形成工作合力，缺少创业文化氛围等问题。

创业型体育教育的特色就是创业教育，其灵魂就是创新，因此创新理念、凝聚思想共识就成为开展创业型体育教育的关键一步。第一，转变教学观念，完善顶层设计。一方面，践行创新驱动发展战略，在创业型体育教育开展过程中将创业教育作为发展的突破点，其作为培养创业型体育人才的教育模式，应以培养学生的创新创业意识和能力，发展学生的综合素养，促进学生可持续发展为创业型体育教育理念。显然，这种新颖的教育模式与体育院系的培养目标契合度较高，青出于蓝的一点就是发展学生的创新创业意识与能力。另一方面，提高创业型体育教育理念的共识度，加强顶层设计，优化底层配置。将创业型体育教育纳入年度工作计划，制订具体开展计划，形成统一领导、整体推进的教育格局，提升创业型体育教育在主流教育体系中的地位。第二，营造浓厚的创新创业氛围，培育创业文化。一方面，通过宣传栏、微信公众号、学校官网、各班级微信或QQ群等校内信息载体积极宣传创业成功案例或相关优惠政策，激发学生的创业意愿；另一方面，凝练创业型体育教育理念，融合创业型体育人才培养目标，营造浓厚的创业文化。在体育教育过程中，加强体育专业领域相关创业活动的开展，如创新创业大赛、"互联网+"、挑战杯等；建立创业团队，进行创业历练等活动，学生在提升创业能力，带动创业氛围的同时，还可贯彻创业型体育教育理念。创业型体育教育理念是一种无形的教育力量，是促进体育专业学生创新创业意识与能力发展的重要条件，是推动创业型体育教育顺利有效开展的指路明灯。

（三）课程体系

课程体系既是创业型体育人才培养的重要载体，又是人才培养目标的重要依托。课程体系在创业型体育教育中处于过渡期，对培养创业型体育人才起着承上启下的作用，向上要使学生达到毕业要求，向下决定着各类课程的课时和学分。目前，体育教育专业课程体系存在诸多典型问题：一是设置的运动技能课程无法满足学生的需求，运动技能课程主要使学生通过身体练习学习掌握运动项目，但有些院校的运动技能课程学分设置较少，致使学生难以掌握相应运动技能，并且各运动项目之间的数量比例不合理。二是实践类课程不能有效支撑毕业要求，创业型体育教育实践类课程应包括社会实践、专业实践、创业实践等内容，其中社会实践包括就业指导、社会调查、劳动教育等，专业实践包括体育教育见习、实习和研习，创业实践包括创业训练、创业活动等。但是在课程体系中存在实践类课程缺失，有些专业缺少教育研习课程，大部分专业缺乏创业课程。三是提升体育专业学生基础能力类课程开设不足，体育教育和创业教育均以学生为中心，以学生实际就业能力需求为导向，若是针对提升体育专业学生的基础能力课程开设存在缺陷，就会造成学生工作技能欠缺。经查阅体育专业人才培养方案发现，健康教育、竞赛组织与裁判工作以及体能训练等课程设置较为稀少。①

针对以上问题，应建立科学完善的创业型体育教育课程体系（见图4-3）。其一是通识教育课程，包括教育部和相关文件要求所规定的全部大学生必须掌握的知识内容，可增加学生知识面，提高学生的知识素养。其二是专业教育课程，其中包括专业基础课程、专业核心课程以及专业拓展课程，专业基础课主要包括体育概论、运动生理学、运动解剖学等体育理论课程，专业核心课依据不同体育专业方向而定，如体育教育专业的核心课为学校体育学、体育课程与教学论、运动技能学习与控制三门课程，而专业拓展课则为选修课程，主要以拓宽学生专业知识面为目的。其三是创业教育课程，包括通识类创业教育课程、专业类创业课程，通识类创业教育课程包括通识必修课（创业基础、管理学、经济学等与创业紧密联系的课程）、通识选修课（创新创业类课程模块）、专业类创业课程（创业与体育专业相结合，将创业元素融入体育教育中）。其四是实践课程，分为专业实践和创业实践，专业实践包括社会实践、体育专业实践、体育科研训练等，创业实践包括创新创业活动、互联网＋大学生创业大赛、创业模拟等。通过以上各类课程，共同组成创业型体育教育课程体系，其中的专业课要在传统基础上进行改进，注入创新创业思想，培养学生的创新创业精神，提高其创新创业能力，同时，注重理论课程与实践课程同时展开，通过理论与实践互相指导，实现理论与实践相统一。

---

① 岳新坡：《师范类专业认证背景下我国体育教育专业课程体系构建的问题与对策》，《北京体育大学学报》2022年第45期。

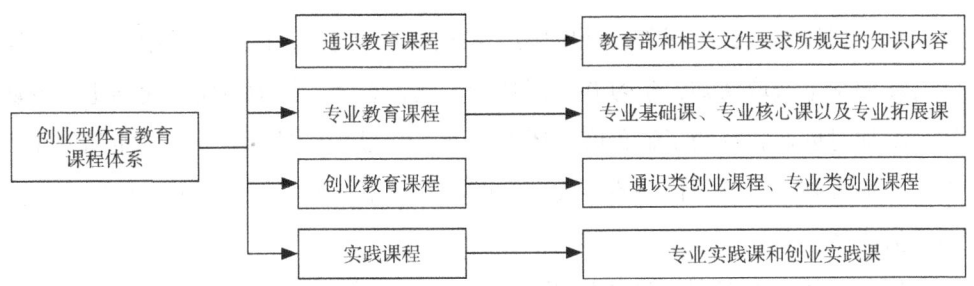

图 4-3 创业型体育教育课程体系

（四）教学设计

创业型体育教育的重点之一为课堂教学的转型，也就是教什么、学什么以及如何教、如何学。完整的创业型体育教学设计包括教学目标设计、课程设计、学习反馈效果设计、学法教法设计、教学环境设计、教学技术设计等环节。教学设计作为创业型体育教育的关键，是对教学的规划，直接影响创业型体育教育的开展状况。

1. 廓清教学分类目标，将创业教育纳入教学目标之中

教学目标不仅是教学的出发点和最终点，还为教学活动正常推进起到了重要导向作用。以 ADDIE 模型为依据，将学习需要作为出发点，制订教学目标。学习需要即自身目前学习状况与自身期望的学习状况之间的差距。期望状态是社会对创业型体育人才需求的标准，此期望由以下几种因素组成：社会变迁背景下所要承担的责任，未来工作对创业型体育人才的希望，以及学生自身在知识、技能发展方面的要求。

创新是创业型体育教育的灵魂，不仅要将其融入认知教学和技能教学的目标中，还要不断强化学生创新创业精神以及创新创业意识，使学生将两种思想内化于心。这就需要教师明确区分知识、技能以及态度的一般目标和具体目标，而具体目标就需要学生通过实际行动表现出来。只有经过统筹规划，才能将创新创业意识和创新创业能力通过具体目标纳入创业型体育课程教学目标中，建立体育专业课程的认知模型，进而培养出顺应社会发展趋势、符合社会发展需求的创新创业型体育人才。

2. 以学生为中心，反向课程设计

创业型体育教育的课程设计应围绕学生的主体地位，以学生为中心，通过实际行动使学生获取认知，学习并掌握技能、改善态度。行动不仅会使学生获取认知，增加对创业教育的了解程度，还可使学生学习并掌握相应专业技能和创业技能，塑造大脑，另外，行动还会改变态度，不知不觉地将创新创业意识融入学生的价值体系当中。

创业型体育教育课程设计强调学习是行动。学生学习为主，教师教授为辅，教学重点是"学"，而不是"教"。这就要求在教师指导下，学生在课前、课中、课后主动深入探索学习，而此过程会极大提高学生的学习能力，促进学生独立自主、敢于探索等品质的养成。创业型体育课程设计的关键在于，结合体育专业课程、创业课程特点和学生自身实际情况，极大程度地调动学生的学习动机，激发学生的创新创业激情。

创业型体育课程设计的步骤：第一，以学生的实际情况和创业需求为依据，确定课程的认知、技能和态度的具体目标；第二，建立课程学习状况的反馈机制，使检验评价方式与所建立的目标相一致，对学生的学习状况有所了解，及时发现问题并予以解决，保证学习过程顺利进行；第三，设计学生的学法，对能够自主探索的学生不进行严格苛刻要求，给其下发适当任务，使其学习效能发挥到最佳；第四，对教法进行设计，即如何更有效地促进学生学习；第五，对教学环境和教学氛围进行设计。

3. 改进学习效果反馈机制

传统的学习效果反馈机制往往仅限于考核，但考核存在一定局限，虽然注重原则，但忽略了实践，过于死板，考核一般通过试卷或者课程论文形式展开，根据以往经验来看，多数学生为通过考核会将大部分精力放在理论考试上，从而出现理论与实践不平衡的现象。而且部分学生也只是应付考试，考前背一背理论知识，试卷上所呈现出的答案并不能反映学生真实的专业能力、实践水平以及平时的学习态度，同时，学生自身具有的创新创业意识和能力也难以把握。实际上学习效果反馈机制不仅包括考核机制，还包括激励机制，这两种机制相结合能有效激发学生的学习欲望和创业动机。因此，应对学习效果机制进行合理改进，通过考核机制对学生的学习效果进行考核，其中设立一定的物质和精神奖励，以此激励学生产生动力参与学习和创新，并以此作为过程性激励，通过反馈机制使学生主动投身于学习。

每个学期开始，教师便可将本学期的知识、技能以及态度三方面的学习任务下发给学生，让学生结合自身实际状况选择主题，总成绩由过程性考核、课上表现（平时成绩）、期末考核等组成。通过积分、竞赛、活动等方式激发学生创新创业学习欲望。在理论教学和实践教学过程中，考验学生对专业知识和创业知识的运用能力，在理论考核中减少死记硬背的题目，增加综合应用题，着重考核学生对知识的综合理解与应用能力以及解决实际问题的能力。创业思维和创业能力体现的比重越高，创业型体育教育课程的考核效果越显著。

4.创新学法和教法，优化课堂教学

根据企业对体育人才需求和学生实际学习状况，以学生为中心进行教学，在传统教学基础上创新学法和教法，提高课堂效率。教学设计以学生为主体，学在教之前，新型课堂教学中的学法体现为凡是学生通过自学可以掌握的内容可不需教师专门来教，教师主要思考学生通过何种方式才可掌握所学知识以及提升运用知识的能力。新型课堂教学中的教法体现在如何帮助陷于困难的学生克服困难，将其从碌碌无为的大学生活中拉进积极向上的学习发展道路上。

在教学过程中可以将记忆、理解知识内容等简单目标分配给学生，使其自主学习；而实际应用、评价、创新等较为复杂的目标，可采取案例式、探究式、任务式等教学方法引导学生去实现。例如案例式教学法，通过分析案例，可使学生学会如何将知识运用到实际案例分析中，并且学生在进行自主的案例分析时，会认识到自身不足，反思自身的学习状况，从而加深学生对知识的理解，提高学习的目的性和主动性。[①] 其他教学方法开展方式虽然不同，但中心思想都是以学生为中心，从学生内心深处引导、推动学生主动学习。在实际课堂教学中，一定要适当激发学生的动机和掌控学生的情绪，这两者对促进学生学习、创新、实践具有积极影响。

5.打造真实学习场景，营造创新创业的环境氛围

沉浸在科学、真实的学习环境，会提高学生对教学情景和教学环境的认知。

---

① 杨燕：《课堂教学视角下"专创融合"教学设计研究》，《职教论坛》2021年第37期。

环境可以影响人，人长时间在不同环境下会产生极大差别，其中存在的镜像效应作为人体的本能反应，是导致该结果的关键因素。学习是自身认知的建构过程，学生的知识、技能以及态度是在教学环境中通过学习实践活动与思考形成的。通过模拟真实学习场景，在体育教育中营造浓厚的创业氛围以激发体育专业学生的创业学习主动性，提高创业型体育教育的教学质量。

创业学习与情境联系密切，在特定情境会产生意想不到的效果。一是物理环境，比如在真实的企业或创业空间里，会极大提高学生的创新创业意识与学习兴趣；二是社会环境，人与人之间的语言交流、思想碰撞以及关系处理，均可促进学生的创业教育学习以及社会化进度；三是真实的问题内容，运用创业存在的真实问题对学生进行考验，可以贴近创业实际，利于培养学生的应变能力与创新能力；四是真实过程，在创业型体育教育开展过程中严格要求学生脚踏实地、一步一个脚印完成任务，使学生养成务实求真的品质；五是真实的结果，学生在贴近实际或真实的环境中学习，会对本专业、创业课程有良好的认知，提高学生的综合能力。

学习的社会性特点较为突出，通过学生之间的合作式学习，能比较有效地激发学生学习积极性，其学习效果会优于教师教授方式。学生之间进行学习互动，更清楚不懂的同学卡在哪里，可以一语点破，不仅能使听的同学更容易理解，还可加深讲的同学的知识理解，使其认知更清晰。互动性学习氛围既利于教学相长，又能对学生创新创业意识和能力产生潜移默化的影响。同时，体育院系要营造激发学生创新创业活力的氛围，就要统筹校内资源、引进校外资源；建立体育专业的创业项目、共创空间等；加大校园内创业成功案例和创业大赛等活动的宣传力度，丰富创业制度和创业理念，加大校园创业文化普及，在体育专业文化建设基础上加大学生的创业文化滋养和熏陶，实现文化育人。

（五）教学方式

有效的教学方式会促进学生学习理解，产生有效的学习效果。通过对我国高校创业教育的研究，发现高校创业教育教学缺乏有效的教学方式。目前，高校创业课程分为理论教学和实践教学，应理论与实践相结合、两者并重，但由于条件限制等原因偏重于理论。开展创业教育实践活动既需大量物力财力，还需投入大量个人精力。一方面，高校缺乏开展创业实践活动的资金，无法开展后续工作，难以满足学生创业实践需求；另一方面，对教学中涉及的创业项目难以进行操作。教学过程中多数学生提出的创业项目仅处于理论阶段，难以投入实践中。这与教师教学方式关系密切，多数教师更专注于理论教学，缺乏实际创业经验，甚至有些教师因自身对创业课程缺乏兴趣，而在创业教学过程中表现出较大随意性，直接影响教学质量。教师缺乏创业教学的兴趣，也无法有效专注于课程教学，因此难以在创业教学中投入必要精力。

在创业型体育教学过程中，教师要不断地对教学方式进行改革创新，使多数学生能够通过有效的方式掌握学习内容，提高自身创新创业能力。在创业型体育教育理论课程中，教师可以引入不同的体育项目介绍，尤其是对于在当下体育领域中取得成就的创业知名人物的介绍。对这些成功创业者的介绍，能够为体育专业学生建立创业榜样，提升学生的创业学习兴趣。同时，教师在教学过程中要以学生为中心，这是保障学生与教师、学生与学生之间有效沟通的方式，可采用合作式、问题式和参与式等学习方式。在实践课程教学中，可采用小组结合的方式进行创业实践项目教学。课程结束之后，每小组完成一项创业型体育实践活动并以此作为课程考核内容之一，通过此方式激发学生创业学习的主动性。通过创新合理的创业型体育教学方式，不断丰富课程内容，可使学生积极投入创业型体育教育课程学习中去，提升自身创业素质。

（六）师资力量

师资力量是决定创业型体育教育质量的重要因素之一，组建结构合理、素质过硬的创业型体育师资队伍是提高创业型体育教育质量的重要保证。教师在教学过程中与学生直接接触，其自身素质高低直接影响教学质量，任何学科教学均如此。就创业教育来看，创业师资力量不足已成为我国创业教育突出的问题，多数高校的创业教育师资队伍主要由辅导员、经管类教学教师以及具备创业实践经验的社会兼职教师组建。虽然这些教师作为创业师资队伍当中的成员具备相当优势，但针对创业教学来说不能与之相匹配。辅导员主要负责处理学生事务，因此长期与学生接触，了解学生的实际学习生活，但是理论素养、教学经验和创业经验往往欠佳；从事理论教学的教师理论水平高、教学经验丰富，但缺乏创业经验，无法直接向学生传授创业技能；社会兼职教师大多具备成功创业经历，积累了丰富的创业经验，在创业教学课堂上可以直接将亲身经历的实际创业实践经历和经验传授给学生，但其并非专业教师，同时身居要务，工作繁忙，难以形成系统、完善的教学体系。因此，对不同类型师资进行合理调配，使教师之间进行优势互补，构建结构合理的师资队伍是创业型体育教育必须面对的问题。

创业型体育教育的成功开展应从建立创业教育师资队伍、提高创业教育师资力量着手。首先，建立教师工作激励机制，改善教师的工作环境。高校应制订奖励政策，对创业型体育教师给予职称评定、待遇报酬等方面的激励，为教师努力工作提供充足动力。其次，引导创业教师进行交流培训，进而提高师资水平。高校应定期对教师进行创业培训，使教师了解最新尤其与体育专业相关的创业知识和创业资讯，同时加强创业学术交流，提高教师的创业素养。最后，组建专业教师与社会兼职教师相结合的师资队伍。专业教师就是校内专门从事教学的教师，包括创业教学和体育专业教学，其拥有较为完善的教学理论体系，并且教学经验丰富。社会兼职教师包括：第一类是成功创业的企业家，其不仅具备真实的创业经历和创业经验，还拥有丰富的社会资源。第二类是从事人才管理、企业管理、市场咨询等工作的专业技术人员，他们具备各类创业必需的技术能力。第三类是具有丰富创新技术推广经验的人员。

（七）科研队伍

创业型体育教育科研是创业型体育教育事业发展的重要理论支撑和科学依据，而科研队伍又是创业型体育教育科研体系的基础。在竞争日益激烈的社会背景下，要想在创业型体育教育领域开创先进技术，取得优异成果，提升本领域在国内外的主动性，前提条件是要拥有一支具有出色创新能力和创业意识的科研队伍。

现如今，各大高校创业教育开展过程中普遍存在以下问题：一是仅成立了本专业科研团队，缺乏创业教育科研团队或团队力量薄弱，导致各工作环节存在一系列问题，最为突出的就是创业教育被理论水平束缚，难以用理论指导实践。二是科研团队带头人被非学术性活动影响，根据调查资料，在众多科研团队中，大约有58.1%的人担任行政职务，这些人当中有约为79.1%的人认为，因行政工作占用了过多本应该属于科研的时间，对创业教育发展产生了不利影响。三是科研团队的组建缺乏内生动力，科研团队离不开成员的努力与协作，有些高校创业教育的科研队伍组建往往不考虑成员的个人意愿以及研究兴趣，从而会存在研究的积极性缺失，内部成员之间工作的协调性出现问题。四是科研团队缺乏战略规划，一个创业教育科研团队不能未经系统论证而随意搭配，否则难以形成集群效应，无法产出创业成果。五是创业科研团队的考核评价机制不健全，难以激发成员的工作积极性，我国对科研团队成员的考核标准无非就是发表的学术论文、著作的等级和数量，此外还有在创业科研活动中的排列次序。以上成果毫无疑问全部归于团队，其中个人绩效难以判定，个人贡献与评价结果不一致的情况也难以避免，因此成员会因此出现懒散、惰化的情绪，体现在行为上就是混日子等消极行为，这不仅使团队个人和整体受到极大影响，还极易限制创业教育工作的开展。

基于以上高校创业科研团队存在的问题，要想组建创业型体育教育科研团队就要完善各项制度，加强创新团队建设。其一，加强战略规划，建立组织引导机制。创业型体育科研队伍的组建与发展，离不开政府的引导。首先，政府会对国内外社会经济发展进行深入分析和全面把握，并结合我国社会发展实际，从战略角度对组建创业教育科研团队进行政策引导。其次，高校要考虑自身的体育教育专业优势与相关产业发展需求，在充分论证前提下组建科研队伍，并汇集人力物力财力资源支持组建创新团队。其二，加强管理制度创新，实行科研团队带头人负责制。首先，规定使科研队伍带头人专注于科研团队的创业教育研究工作，不再使其兼职行政工作。其次，实行科研团队带头人负责制，使其引进更多优质高水平青年人才，培养一批具有强大科研实力的创业型体育教育科研队伍。同时，赋予科研团队带头人一定权力，将其责、权、利结合起来，使其拥有资源配置权力，从而更好地运作科研团队。其三，健全完善绩效考核评价制度，提高成员积极性，增强团队凝聚力。首先，弱化数量指标，将评价指标重点放在高质量、创新性、服务社会、为社会作出的贡献等方面。其次，在考核中应设立一些动态可观测指标，比如论文的增长率、专利授予与申请的比率等，以此提高科研队伍整体以及个人的研究积极性。最后，将评价机制与激励机制进行有机结合，既能获得创业研究过程中的反馈，又能激励科研队伍，促进创业教育研究成果的产出，推动创业型体育教育的开展。

（八）教育保障

教育保障存在于教育各个环节，是使得创业型体育教育顺利进行的必要条件，因此建立健全完善的创业型体育教育保障体系，做好创业型体育教育保障措施是开展好创业型体育教育的必要举措。

在政府大力支持创业教育的背景下，体育院系可与当地政府或社会联合创建为学生创业服务的创业平台。由于创业型体育教育包含了创业教育和体育教育两大实践性特点突出的专业，因此创业型体育教育对学生实践能力要求较高，创业教育实践体系是教育内容和教育课程体系的具体化。各高校体育院系为支持学生投身于创业，可在当地政府支持前提下建立创业型体育培训基地，在学生掌握一定创业知识之后为其进行创业实践、强化实践能力提供条件。其中，对学生在创业项目（体育类为主）分析、财务走向、资源管理等方面创业必需的能力进行专业培训。建立创业教育实训基地，让学生亲身体验趋于真实的创业经历，使其参与到真实的企业管理中，积累创业经验，提高自身综合能力。同时，可建立与体育相关并具有特色的服务行业创业实习基地，让体育专业学生模拟创业，进行创业孵化，提升创业成功率，将创业意向转为实际的创业公司。体育创业培训基地作为创业型体育教育实施过程中的重要一环，是保障创业体育实践顺利进行的重要载体。建立体育创业培训基地应以当代社会市场发展规律为依据，在激烈的市场竞争下为体育专业学生的创业活动提供坚实保障，为创业的学生提供服务。

为激发大学生的创业积极性，政府除了陆续为大学生在创业贷款、注册公司等方面提供帮扶和优惠服务，还需要做到以下几点。首先，为体育专业学生指明创业方向。例如，国家支持学生的创业项目；给予体育专业学生资金支持，促进学生参与创业；为体育院系提供相应技术支持，组建具有高素质的创业指导教师；搜寻体育领域创业前沿的信息，为学生提供最新最前沿的创业信息，把握创业方向。其次，组织专家评审团队对创业项目进行评审，协助创业团队开展一系列创办公司的工作，给较为成熟的创业团队谋求更好的发展。最后，对于创业的关键——启动资金，应建立科学合理的风险投资机制，通过专利技术、信用贷款等方式筹集足够的创业基金，提高创业资金使用的容错性。政府为帮扶大学生创业设立的"种子资金"，一定程度上可拉动资金投入，扩大创业资金规模，解决融资难题，为创业型体育教育提供良好的服务保障体系。

把创业型体育教育成果纳入管理指标，对有突出贡献成果的高校进行物质以及精神表彰，以此激励其他高校，形成体育院校之间的创业型体育教育竞争的良性循环。创业型体育教育作为时代发展的产物，顺应时代所需，具有很大的发展潜力，抓准时机在体育教育的过程中融入创业教育元素，有效实施创业型体育教育，既能开拓体育专业学生的创新创业思维，又能促进体育专业学生创造就业岗位。为保障创业型体育教育的顺利开展，政府和社会都应通过制定优惠创业政策、帮助筹集创业资金等一系列措施改善艰难的创业环境来支持大学生创业。

二、创业型体育教育实践模式

（一）创业型体育教育实践教学体系

创业型体育教育实践教学体系就是通过体育教育课程、创新创业课程、创业实践、专业实习等教育模式，提高学生的专业和创业知识素养，培养学生的创新创业意识与能力，使学生了解体育产业发展前景，清楚体育市场的发展潜力，发展学生实践能力，提升其社会阅历力，带动体育事业发展，提高体育领域在社会中的经济占比，进而服务于体育科技创新和市场创业，建设创新型国家。其核心是建立提升体育专业学生创新创业素质的创业型体育教育平台，强化创业技能和专业技能应用能力，培养创业型体育人才。

以体育专业教学特点、学生个性发展规律以及课内外活动与社会实践相结合的原则为依据，设立课堂教学、实习实践、社团活动以及社会服务四个既独立又关联的创业型体育教育实践平台，以此作为创业型体育教育实践教学体系的主体，接下来分别对这四个实践平台进行分析。

第一，课堂教学平台。根据创业所需的知识结构，构建创业型体育教育课程体系，同时设计模拟创业课堂教学模式。其一，围绕体育专业学生对创业的知识需求，建立体育专业知识与创新创业知识相结合的课程体系，并将其纳入人才培养方案。其二，构建模拟创业课堂学习模式，将自身投入实际创业当中，从探寻商机、构思创业意向开始，到制订创业计划、组建创业团队、筹集资金、创业管理等包括其他环节的完整创业过程进行模拟。教学内容则限于创业知识和本专业知识两方面，主要包括创业计划、体育风险投资等。采取角色模拟的教学方法，教师和学生根据制订的创业计划，设计出各环节的角色，并规划出与其相对应的诸如管理、策划、沟通等能力素质，使学生按照设定的角色要求进行实践操作。

第二，实习实践平台。实习实践平台就是包括创业孵化基地、以创业教育为基础的专业实践教学体系等为学生提供创业实践的平台。国内外创业教育研究表明，建立创业实习实践平台是实现创业教育目标的主要途径，对发展学生创业素质具有重要作用。其一，通过高校自身优势建立体育创业服务中心、信息技术园等创业园区，为学生创业提供模拟练习场地。其二，通过构建基于创业教育的体育专业实践教学模式，开展培养学生创业意识的实验教学、促进学生体育专业技能向创业技能转化的专业实习以及综合利用专业知识进行创新的毕业设计，发展学生的创新创业能力。

第三，创业社团活动平台。创业社团活动平台为宣扬校园创业文化、营造浓厚创业氛围，以学生社团为主要载体，开展创新创业实践、模拟创业等多种多样的创业竞赛活动。实践证明，浓厚的创业教育氛围通常对激发和提高师生的创业热情，推动整体创业型体育教育进展起着潜移默化的作用，并且效果显著，是促进创业型体育教育走向成功的基本保障。其一，通过创业教育第二课堂活动培养学生创新创业意识、磨炼创业意志品质、产出体育专业成果，这既是课内教学活动的延伸，又是符合创业教育特点和激发学生创新创业潜能的重要教育方式。其二，通过校园线上及线下的宣传栏，宣传创业成功案例、展示创业成果、传授创业成功经验，激发学生创业意愿，并公布创业优惠政策与法规、创业前沿信息、各种专业领域内的创业大赛等活动，为参与创业的学生提供服务指导。其三，从体育文化背景出发，通过举办富有体育专业特色的创业论坛、创业讲座、创业学术报告、创业指导等活动，促进校园创业文化氛围的形成，并通过开展创业研讨会、创业知识培训班、创业科研竞赛等活动，提高学生的创业热情，使其拥有投身于创业型体育教育的更大积极性。

第四，社会服务平台。遵循面向社会、依靠社会、服务社会的人才培养原则，利用社会上的企业、全民健身中心、公司等资源，建立多元化模式的创业教育社会服务模式。[①]其一，建立校企联合的创业实践基地。高校开展创业教育应与一些企业、公司、培训机构等进行合作，共同搭建创业服务、孵化与培训平台，将学生的创业培训和实践活动进行有机结合，提高创业孵化质量与速度。其二，积

---

① 刘振忠、张绅庵、赵智岗：《高等体育院校创新创业教育实践体系的构建》，《山东体育学院学报》2009年第25期。

极参与基于体育专业优势的社会实践服务。成立具有较强专业技能的创业团队，到企业、社区和培训机构等开展创业指导工作，提升自身创业实践和指导能力的同时，还能带动其他团体的创业，并在实地指导的过程中了解市场对体育领域创新创业的需求。其三，通过开展"设岗指导"证书考核，提高学生的专业技能。设岗指导就是学生选取社会上的岗位，选择自己的指导对象并利用课余时间对其进行专业和创业知识传授以及技术指导，将学生开设的岗位数量、指导的反馈评价等作为学生创业技能的评判标准。采用"设岗指导"的创业实践模式，既可提高学生的专业技能，还能为学生今后的择业、创业以及就业打下坚实基础。

总而言之，创业型体育教育作为新时代发展的教育产物，是在体育教育中融入创新创业元素，将体育教育与创业教育有机结合，发展学生的创新创业精神与能力，提高学生综合素质的教育活动。"创"是其建立在体育教育基础之上最本质的特征，为实现创业教育与体育教育的耦合，构建科学合理的创业型体育教育实践体系，切实有效地提高体育专业学生的综合素质，促使其成为未来新兴体育事业的开创者，是推动创业型体育教育发展，贯彻落实创新驱动发展战略的关键。

（二）创业型体育教育实践平台

构建创业型体育教育实践平台不仅是构建创新型国家的需要，还是培养创业型体育人才的需要。在创业型体育教育实行过程中，搭建科学合理的创业型体育教育实践平台既是经济发展到一定程度的必然选择，也是培养创新创业型体育人才、建设创新型国家的必然要求。对于高校体育院系来说，为培养适合社会需求的创新创业体育人才，需要将创业教育贯穿于体育教育的全过程。而对于体育专业学生来说，通过接受创业型体育教育，结合创业型体育实践平台的各类实践活动，能极大地调动个人的创业意愿并将其转化为实际行动。

创业教育和体育教育的最大特点在于两者都具有较强的可操作性和实践性。新时代大学生最需要培养的创新创业精神与意识，仅通过创业型体育课堂教学是很难实现的，因此在课堂教学的基础上，通过创业型体育教育实践平台将内隐特点突出的实践性课程的创业育人价值发挥出来，这对培养体育专业学生创新创业精神与意识以及提高其创业素质具有良好作用。

创业型体育教育实践平台是指在创业型体育教育基础上，通过实习实训、创业指导、创业大赛、创客空间等一系列措施，以促进创业型体育教学顺利开展，同时提高具有创业意愿的体育专业大学生实践能力而建立的一种育人体系。第一，实习实训。学生通过实习实训可了解公司实际运营方式，感受到真正的工作氛围，体育专业学生一般进行校外实习。校外实习主要是去中小学代课，到与学校有合作关系的公司进行实习培训，或者到体育培训机构任教，以达到实习的目的。对于实践育人的创业型体育教育实践平台，要与体育专业相关的企业、机构等优秀资源建立良好合作关系，为学生创造实习机会。第二，创业指导。创业指导包括线上模拟实践和线下教师指导。其中，线上模拟实践是模拟从企业创立到市场营销一整套完整的体系，线下教师指导是教师对学生创业方面存在的问题进行指导答疑，为学生参与创业提供优质、免费、系统的服务。第三，创业大赛。创业大赛主要是指目前较为火爆的"挑战杯""互联网+"等创业大赛以及以各高校为单位开展的创业大赛。体育市场具有很大发展潜力，高校可通过创业大赛的方式鼓励并引导学生在体育领域进行创新，发散思维，开拓有创意并能付诸实践的项目，并与风险资本进行对接，促进学生创业，推动体育事业发展。第四，创客空间。创客是指努力将各种创意转变为现实，而不以单纯营利为目的的人。创客空间是指具有相同想法的创客进行创业的地方。在此处，创客可以尽情交流自身想法，相互碰撞思维，并且拥有一定硬件设备，在丰富思想交汇与充足物质基础条件下，会较容易产出合理的创业方案，并吸引投资人将创业转变为现实。第五，创业基金。创业基金主要为学生创业提供资金支持，包括新型产品开发、创新项目研究、创业项目落地等。在创业型体育教育开展过程中，可通过政府投资、筹集社会资金等方式成立创业基金，并由高校专门的基金管理委员会负责管理。

高校创业实践平台是学生进行创业实践的载体，是创业教育不可或缺的重要环节，对提升学生创业实践能力具有十分重要的作用。在创业型体育教育方面，创业型体育实践平台由实习实训、创业指导、创业大赛、创客空间以及创业基金等要素构成，其建立对拓宽此领域，提升体育专业学生创业素养以及保证创业型体育教育顺利开展具有不可替代的作用。创业型体育实践平台的建设是一个持续完善的过程，应遵循循序渐进、由浅入深、由点到面的原则，不仅需要各级政府政策、资金的支持，还要高校相关部门领导的重视和关注，同时也需要高校教师、学生以及广大社会人士的参与。创业型体育实践平台必将成为推动创业型体育教育以及实现创新驱动发展战略的重要动力。

（三）创业型体育教育实践基地建设

在国家高度重视创业教育的背景下，利用多年体育教育经验并结合高校先进的软硬件资源，有必要建立相应的创业型体育教育实践基地，使学生在学习创业和专业基础知识的同时，不断积累创业和专业实践经验，提高综合素质，帮助有创业意愿的学生达成创业目标。

首先，创业型体育教育实践基地可提高学生实践与创业能力。传统的高等教育普遍向学生传授理论知识，缺乏实践教学，虽各大高校对此采取了诸多措施，但效果不尽如人意。其中一个主要原因就是缺乏专注于实践教学的实践基地，部分高校为学生就业创业提供的实践平台往往仅用于实习而非教学。各高校需对实践基地进行改进，建立更适合学生创业教育和体育教育的平台，除提高学生创业与专业实践能力外，还能为学生提供资金与积累创业经验。其次，创业型体育教育实践基地有利于高校培养社会应用型创业体育人才。由于高校连年持续扩招，高等教育由精英化转为大众化，社会各领域就业以及创新都存在较大问题，面对此形势，高校创新教育思路，拓宽人才培养途径，培养符合社会发展需求的应用型创业体育人才是缓解此形势的重要方式。因此，建立创业型体育教育实践基地，培养学生综合素质，提高学生在新时代的竞争力已成为必然。

高校为创业型体育教育实践基地的建设提供技术支持。实践基地的建设需要人才，而高校汇集了诸多专业技术人才，能为其建设提供技术人才支持。近年来，国家对体育的重视程度不断提高，外加全民健身热潮的兴起，促使体育产业迅速发展，激发了学校在体育领域的创新意识，随即校内便出现了吸纳众多热衷于体育事业的人才组成的体育社团、俱乐部等团体。在体育领域进行创业，同样也离不开管理学、经济学等相关学科的专业知识。高校作为各学科的"大熔炉"，拥有各学科资源，因此加强体育院系与其他院系之间的联系，促进学科之间的交流是保障体育院系顺利开展创业型体育教育的重要条件。

资金短缺是建设实践基地过程中的一大问题，严重制约创业教育的发展。高校可为实践基地建设提供一部分启动资金，使其正常启动运行，即在其正常运行过程中不仅能为参与创业体育实践的学生提供资金补助,减轻学生经济负担,还可为其提供资金,促进其资金运转。另外,大学生可以基地为平台,积极寻求与外界之间的合作,通过多种渠道整合创业资金,建立创业基金以支持学生创业。创业实践基地是学校、学生与校外交流的中介,学校通过寻找适合本专业领域的企业并与其协调沟通,为学生提供良好的创业实践机会,使学生体验真实创业,培养学生创业兴趣,帮助学生走向创业正轨。

创业型体育教育实践基地的管理方式应以学生管理为主,教师指导为辅。给本院系学生开设管理、策划、市场运作培训,或是利用管理专业学生对其进行精细化管理,营销专业学生对其进行策划、市场运作,财会专业学生做好财务工作,体育专业学生进行专业技术指导,其他专业学生提供保障服务,辅助以上各方面工作顺利进行,而各专业教师提供指导服务,并从中选出一名教师和学生作为创业实践基地工作的带头人。如此一来,就形成了学校资源高效利用、各专业学生发挥专业特长、教师指导服务的创业型体育教育实践基地的综合管理方式。

创业型体育教育实践基地建设可提高教师对实践的重视程度,一步步引导学生认识自我,通过在实践基地进行系统性的实践,不断向自身感兴趣并擅长的领域进行深入探索,最终建立自己的事业。此教育模式在发展学生各方面素质的同时,还能为其将来踏入社会起到借鉴作用。创业型体育教育实践基地的建立不仅为开展创业型体育教育新模式提供必要实践平台,给予学生科学、便利的创业和专业实践服务,还可在时代发展的洪流中拓宽符合社会发展需求的新型学校教育模式。

(四)创业竞赛

创业竞赛即通过比赛方式将学生所学习的专业和创业知识应用到实践当中,能极大程度地提高学生创业实践能力,发展学生的综合素质。如今,创业竞赛普遍开展,不仅是深化创业教育改革的重要载体,还是促进学生全面发展的重要平台。[1]

创业竞赛功劳明显,但也存在突出问题——竞赛项目落地率有待提高。创业竞赛主要包括"互联网+""挑战杯"等大型赛事,但这些赛事难度较大且竞争激

---

[1] 胡瑞、王伊凡、张军伟:《创业教育组织方式对大学生创业意向的作用机理——一个有中介的调节效应》,《教育发展研究》2018年第38期。

烈，而我国高校分化严重、水平差异较大，因此不同水平高校学生参与比赛的难度也存在较大差异，对于水平一般的高校来说，能够突破一级级选拔并且获奖的可能性微乎其微，难以调动多数学生的参赛积极性。此外，国内举办的创业竞赛很大程度上更注重形式，难以将从比赛中脱颖而出的优秀项目进行落实，即便是在各环节精心准备、最终获奖的创业项目，最后也难以获得投资基金支持，不能真正落地，缺乏落实优秀创业项目的支持与保障，导致创业竞赛与创业成果不能同步转化，仅使创业竞赛停留在形式层面，失去其举办的意义。

当前，社会发展形势对人才供给的迫切要求就是要深化产教融合，促进教育链、人才链与产业链、创新链的有机衔接。产、教、赛、创是创业型体育教学活动的四个重要元素，其中"赛"是联结以上四个要素的主要桥梁。通过各级创业竞赛，将体育院系的教学教研、产教融合以及创业实践紧密相连，能有效推动创业型体育教育模式发展。

以赛促产，促进校企产教深度耦合。[1]创业竞赛是促进高校与企业建立深度耦合关系的重要载体。当前，多数高校与企业之间的合作是通过"订单班培养"的方式进行，此合作模式更适合大规模企业，而非中小企业。校企通过创办创业竞赛，使中小企业更早介入高校创业型体育人才培养工作，保证其在校企合作过程中的足够参与度。开展创业竞赛，对企业来说，能较早物色培养对象，在创业竞赛过程中能与学生互相了解、双向选择，提高企业选拔人才的成功率；对高校来说，能引发学生创业学习的兴趣，提高学生参与创业竞赛的积极性，提高学生专业和创业素质，塑造其创新思维，开拓其发展空间。同时，从创业竞赛当中脱颖而出可落实的项目并立即投入生产，促进产学研成果的转化。

以赛促教，全面提升创业型体育教学质量。竞赛活动是评价创业型体育教学质量的方式之一。创业型体育教育是一门融合通识课、体育专业理论与实践、创业理论与实践的课程，仅通过课堂考试、平时作业的方式很难检验学生的理论和实践学习成效。而通过竞赛能使学生深入理解、牢固掌握、灵活运用所学知识。在竞赛前，学生会精心筹备参赛创业项目，在竞赛中，通过各位专业人士点评指导和多轮创业项目打磨，学生接受创业项目的指导意见并发现其存在问题，进而

---

[1] 颜钰婷、王北一、陈亦南：《基于企业命题赛探究高职院校创新创业教育"产、教、赛、创"四位一体的育人模式》，《创新与创业教育》2022年第13期。

能动态检视自身在学习过程中的不足,及时发现问题并给予应对策略,提高自身专业和创业理论与实践水平。与此同时,在创业竞赛开展过程中,任课教师通过筛选学生创业比赛项目可直接了解学生的真实学业水平,掌握大体教学状况,及时发现教学中存在的问题并对症下药,对提升创业型体育课程教学质量具有重要意义。

以赛促创,深入培育与孵化高价值的创业项目。根据以往企业的长期发展经验,企业在商业市场长期发展过程中容易形成思维定式,一定程度上影响思路创新。因此,企业通过多种途径广泛汲取发展的新思路,不断追求创新,对推动企业长远发展具有重要意义。在创业型体育教育开展过程中,体育类企业与体育院系共同开展创业竞赛活动,鼓励学生结合自身专业特长,设计出顺应时代发展潮流、对企业创新发展具有价值的创业项目、发展思路或技术建议,这不仅能为企业节省大量研发成本,还能从中发展具有创新创业潜质的学生人才,为体育行业持续发展提供源源不断的动力,促进高价值创业项目的培育与落地。

创业竞赛作为与创业型体育教育中"创、产、教"三元素沟通的桥梁,能高效协调创新、产业及教学三者之间的关系,打通校企合作与创业型体育教育之间的通道,将创业型体育人才培养与体育行业发展需求相契合,将生产与创业体育教学实践相结合,将创业竞赛渗透到课堂内外,将创新贯穿于人才培养的全过程,形成一个以创业竞赛为中介、产学研深度融合的育人机制。

(五)创业型体育教育社会平台建设

1. 基于创业教育的校园网页平台模式活动

利用现代高科技媒体技术,在学校官网建立大学生创业教育专栏,收集各大企业动态、市场发展需求、创业成功案例等有关创业的前沿信息,公开发布并作出详细介绍,向全校学生全面推广创新创业成果、创业精神和创业成功经验。同时,建立创业政策与法规栏目向广大师生宣传各种创业优惠政策、创业教育的支持政策和创业法律法规等,体现出国家对创业和创业教育的大力支持;设立创业典范为学生树立创业榜样,引导学生不断向此看齐;组织创业成果大赛评选优质创业成果,给予物质及精神奖励,激发学生创业积极性;举办创业计划大赛筛选可行性较高的计划并给予落实,在此过程中对学生不断指导,提高学生创业能力;聚合创业信息为师生提供创业前沿动态,掌握最新创业情况,在众多创业者中取得竞争上的主动性；成立创业咨询栏目为师生提供答疑解惑服务，给参与创业的学生提供前沿、准确的信息服务和指导。

2. 基于创业教育的社团、俱乐部模式活动

其一，提高对于创业教育活动的重视程度，将其落到实处。聘请校内外权威专业人士，如专家、教授、企业家、学者等对开展的创新创业活动进行指导，评判创业项目，筛选创业成果，发布重要的前沿创业信息，并通过组织开展创业论坛、创业讲座、创业沙龙等形式的活动，营造浓厚的创业氛围来潜移默化地影响学生。

其二，建立创业社团、创业俱乐部等学生组织，通过举行创业研讨会、创业计划大赛、辩论赛等创业交流活动，开阔、提升学生的创业视野，加深学生对创业知识掌握的牢固程度。

其三，通过建立多种形式的创新创业园，向学生提供创业实践活动指导服务。比如，学生自行创办、经营体育类培训机构、企业或是体育用品经营店等。学生在实践的每一环节中存在任何疑问、难题均可向创新创业园寻求帮助，在解决问题的同时提升自身创业能力。

（六）社会平台建设

1. 基于创新创业教育的校企联合的实践孵化基地

校企联合的实践孵化基地使得高校和企业双方互利共赢，是创业型体育教育实践环节中的一个重要举措。高校应主动与企业、公司、培训机构等各类诸多单位进行协商沟通，表明校企合作存在的诸多利益，争取建立产学研合作基地，以此为基础搭建一个以合作模式为中心的创业服务平台、创业实践培训平台和创业项目孵化平台。学生可作为平台中的管理者接受团队管理员和合作单位管理人员的指导，也可作为企业、公司、培训机构等单位的员工直接参与生产、管理工作，使学生亲临一线创业工作，最大限度地提高其实践能力。

2. 基于专业优势的创新创业社会服务模式

学生通过学校委派或自发组建创业小组，以自身专业技能优势为基础，根据个人意愿参与到企业实践、社区服务、培训机构辅导等实践活动中，辅助社区做好各项实践活动，与社区建立良好关系，通过社区这一媒介，从中选取技术指导

对象进行辅导。在此过程中,可使学生深入市场了解具体情况,在实践中积累经验,提高实践技能。

3. 基于职业资格的设岗指导的社会实践模式

设岗指导在前文已被提及,就是学生自身选取社会上的岗位,选择自己的指导对象并利用课余时间对其进行专业和创业知识传授以及技术指导。将学生开设的岗位数量、指导的反馈评价等作为学生创业技能的评判标准。采用"设岗指导"的创业实践模式,既可提高学生的专业技能,还能为学生今后的择业、创业以及就业打下坚实基础。

三、创业型体育教育资源配置的绩效评估

党的十八大报告提出要办好人民满意的教育,推动高等教育内涵式发展,大力促进教育公平,合理配置教育资源。创业型体育教育作为高等教育的重要组成部分,其资源配置是否合理、绩效如何,与我国创业教育和体育教育的发展息息相关,也关系到我国社会的创新与可持续发展。要办好创业型体育教育,必须抓好其资源配置,可建立创业型体育教育资源配置绩效评估的评价指标体系与评价方法,并通过创业型体育教育资源配置的绩效评估优化其资源配置,促进创业型体育教育的发展。

(一)加强创业型体育教育资源优化配置的研究与改革

根据高等教育资源配置相关研究,我国高等教育资源配置普遍存在一些问题,尤其是缺乏资源配置绩效评估的法律法规、缺乏高校之间不同规格的学生教育资源配置标准、高等教育资源的区域分布不合理这三个问题最为突出。创业型体育教育作为高等教育的重要组成部分,亦难以避免这些问题。因此,针对以上问题,要加强高等教育资源配置的研究,深入开展资源配置绩效评估的理论研究。

1. 深入开展高等教育资源配置绩效评估的理论研究

无论高校的名气大小,是否为重点,只讲求教学质量、资源运用效率和产生的效益大小,教学质量和资源运用效率高的高校,必然会被分配更多、更优的教育资源。比如,研究相同规格的学生资源配置标准,以每个周期教育资源配置绩效评估结果为参照标准,分配下一周期的资源。

2. 进一步强化教育行政管理部门的职责

高等教育行政管理部门的作用主要体现在配置教育资源和评估绩效。因此，要制定并完善高校资源配置和绩效评估的法律法规，进行教育资源配置的监督研究，完善各级教育行政部门规划、监督、评估高等教育资源配置的责任。现如今实行的资源配置模式缺乏有效资源分配归类和合理的资源分配差异，导致各高校形成的教学模式大同小异，难以体现其个性，与高等教育规律相违背，无法体现出不同的类型、层次、专业的高等教育成本，一定程度上忽略了资源配置的要求。因此，不利于政府有效发挥宏观引导的作用和对高等教育资源配置进行有效监督。同时，目前高等教育财政拨款缺乏参照标准，资金浪费现象普遍，这就使得教育资源产生不必要的流失。在高等教育资源的有限条件下，使有限的资源产生更大效益，主要表现为发挥有限资金的最大效益，因此提高财力资源的使用绩效是我国高等教育财政拨款发展的重要取向。

3. 深入研究优质创业型体育教育资源共享体制

资源配置不均衡是高等教育中极其突出的问题，使高校学生平等获得优质教育资源，实现高等教育资源公平配置，减少优质、稀缺的资源浪费是当下高等教育资源配置亟待解决的问题，因此应深入研究优质高等教育资源共享体制，在创业型体育教育开展过程中促进学生均衡接受优质教育资源。比如，国家和省级的教学名师和精品课程、大学生创业实习基地、国家和省级的优秀创业平台等优质教育资源，不应局限于某一个高校或一个地区的高校使用而造成优质资源过剩，相反，大多数高校是非常缺乏并渴求利用此类优质资源来进一步提升自身教育水平的。为实现高等教育资源公平，实现创业型体育教学过程中的优质资源共享，就应借助国家教学改革和教学质量工程的成果，建立高等教育资源共享体系，在创业型体育教育活动实施过程中保证学生均衡接受优质的教育资源，实现我国高等教育资源公平。对利用企业装备和设施促进人才培养进行研究，比如，为国有企业设立是否接受学生实习这样一个考核条件，支持、鼓励非国有企业免费接受学生实习，学生为企业提供人力资源，企业为学生提供优质、充足的学习资源，实现互利共赢。无论哪个专业领域，只有实现教育资源配置公平，有效提升教育质量才会成为可能。

(二) 创业型体育教育资源配置绩效评估指标选取

以效率测度一般理论框架为依据，遵循合理性、整体性、实际性、经济性等原则，结合创业型体育教育实际情况和高等教育资源划分，从投入与产出两个方面选取指标。投入指标主要包括人力、财力、物力三个方面。以高等教育三个主要功能建构为出发点选取产出指标，主要包括人才培养、科技创新、社会服务三个方面。[①] 选取的创业型体育教育资源配置绩效评估指标体系见表4-9所示。

表4-9 创业型体育教育资源配置绩效评估指标体系

一级指标	二级指标	三级指标
投入	人力资源	教学与科研人员
		研究与发展人员
		成果应用及科技服务全时人员
	财力资源	科研事业费
	物力资源	图书数量
		教学场所
		实践平台
		科研设备
产出	人才培养	预计毕业人数
	科技创新	科研成果奖项
		出版专著数量
		发表论文数量
		创业项目落地数量
	社会服务	专利授权数量

1. 投入指标

(1) 人力资源

创业型体育教育人力资源主要包括教学与科研人员、研究与发展人员、成果应用及科技服务全时人员，其隶属于高等教育资源，具有高素质、高学历、过硬专业知识与技能等优良特点，是推动高等教育不断前行，发展创业型体育教育的重要推动力。在创业型体育教育开展过程中，教学、科研及社会服务三项职能的发挥离不开人力资源。首先，教学与科研人员是进行教学活动的一线人员，是教育学生、培养人才的基础，对践行创业教育、落实体育教育、推动高等教育发展

---

① 闪乐、李露：《长江经济带高等院校资源配置绩效评估》，《黑龙江高教研究》2022年第40期。

发挥着重要作用。其次，创业型体育教育理论与科技攻关是此教育活动的重任，研究发展人员和成果应用及科技服务全时人员的数量和质量可以明显反映出高校在科研方面的人力资源投入。人力资源投入与高校在创业型体育教育的基础研究、科研等方面的重视程度呈正相关，人力资源投入越多，说明对创业型体育教育的重视程度越高，同时，一定程度上还能反映出创业型体育教育的发展水平。

（2）物力资源

物力资源是具有长期使用价值的硬件设施资源，是高校进行教育的物质载体，其主要是为师生提供教学、科研、创业实践、专业实践的平台和设备，是保障高等教育顺利运行的重要物质基础。有研究用图书数量、教学场所、实践平台、科研设备等指标来反映高校物力资源的投入。以此为依据，本研究选用图书数量、教学场所、实践平台、科研设备这四个指标来衡量创业型体育教育物力资源的投入。

（3）财力资源

财力资源在高校教育中的直接体现就是资金，资金既是开展教育活动的基础，也是保证科研活动顺利进行的重要保证。本研究选取科研事业费作为财力资源的三级指标，其包括学校上级主管部门从科学事业费、教育事业费中分配的费用和在教育事业中安排的研究经费。

2. 产出指标

（1）人才培养

创业型体育教育是以培养符合社会发展形势的高素质创业型体育人才为首要职责的。前人在研究高等教育资源配置绩效评估的产出指标时，通常将校生人数、毕业生人数或重点学科数量作为教学产出指标，而本研究选取预计毕业人数作为创业型体育教育人才培养维度的产出指标。

（2）科技创新

创业型体育教育除培养社会所需的创业型体育人才外，还要进行相关科学研究。科研成果既是推动创业教育和体育教育学科发展的重要动力，还是促进社会经济高质量发展的重要保证。本研究以科研成果奖项、出版专著数量、发表论文数量、创业项目落地数量作为创业型体育教育科技创新维度的指标。

（3）社会服务

社会服务是高等教育第三大职能，因此创业型体育教育资源配置绩效评估指标亦应包含社会服务这一方面。创业型体育教育在强调教学科研和人才培养基础上，还应以服务社会、服务人民为宗旨，加强与社会、企业之间的联系。因此，在社会服务这一维度上，选取了专利授权数量这一指标。

（三）加强创业型体育教育资源配置的绩效评估

要想知道创业型体育教育资源配置是否合理、绩效如何，就需要建立一个衡量绩效的判断标准，并需要进一步探寻相应的评估指标和方法。可将定性评价与定量评价相结合，深入研究创业型体育教育资源配置绩效评估的指标体系和评价方法，通过评价结果优化创业型体育教育的资源配置，科学、合理、高效、务实地开展绩效评估。在建立创业型体育教育资源配置绩效评估指标体系外，还应做好以下工作。

1. 建立创业型体育教育绩效评估专家库

建立国家级和省级创业型体育教育资源配置的绩效评估专家团队。国家级创业型体育教育资源配置绩效评估由国家级绩效评估专家团队委派专家进行评估。同样，省级创业型体育教育资源配置绩效评估由本省或他省专家团队委派专家进行评估。在建立评估专家团队时，应选拔严谨、正直、勤恳、作风优良，同时对创业教育和体育教育有较深入的研究，以及有创业指导和实践经验的教授、企业家、成功创业者等。

2. 建立创业型体育教育资源配置绩效评估制度

由于我国高校水平差异较大、分层特征明显，在对资源配置绩效进行评估时，可把创业型体育教育资源分配、所获成果、干部任用、大学排名等与绩效评估结果相结合，保证评估结果的公平公正，同时可将资源配置绩效评估结果作为教育资源分配的重要依据。

3. 深入研究创业型体育教育资源配置绩效数据处理技术

定性评估与定量评估相结合，深入研究创业型体育教育资源配置绩效评估的数据处理方法。对各大高校体育院系创业型体育教育基本状态数据库进行采集，为避免数据采集出现疏漏，还应规范数据采集程序，结合绩效评估要求研究其采集因素，并选择适当研究方法对收集的资源配置绩效评估数据进行分析、整理，得出创业型体育教育资源配置绩效评估结果。同时，为保证最终评估结果的科学性和准确性，在此基础上应结合资源配置绩效评估专家的定性评价结果，综合给出最终结果。

4. 充分利用创业型体育教育资源配置绩效评估结果

在对创业型体育教育进行资金支持时要结合其资源配置绩效评估结果，更加明确资金的流向和产生的效益。绩效指标在20世纪80年代就已应用在西方高校拨款中，现如今越来越多的国家和高校意识到绩效是促进教育质量、提高办学效益的重要因素。高等教育中绩效拨款是以产出和效率定向为主要特征的，通过将绩效因子引入拨款公式的方式分配财力资源，会在很大程度上提高高校开展教育的积极性，激励高校追求更高质量、高效率的教学行为，随着不断完善绩效评价指标，其在财政资源分配中的比重也会逐渐增加。[①]

四、创业型体育教育质量评价指标体系的构建

由于时代发展和近些年国内外社会经济发展的转型，创业教育已成为有效促进当代社会发展的诉求。近年来，国家为推进创新创业教育，培养各专业领域创新创业型人才，陆续颁布了《关于进一步支持大学生创新创业的指导意见》《国务院办公厅关于深化高等学校创新创业教育改革的实施意见》等政策文件来大力支持高校创业教育活动的开展，促进学生创业就业，推动创新驱动发展战略的落实。同时，各大高校体育院系也在全面落实创业教育，不断探索并开展创业型体育教育模式。基于此，为精准了解体育院系创业教育工作开展质量状况，及时发现其中存在的问题并给予解决，从而保证体育院系的创业型体育教育顺利有效开展，首要措施就是要建立科学合理的创业型体育教育质量评价体系。因此，构建多角度、全方位的创业型体育教育质量评价指标体系，有效评价创业型体育教育质量，已经成为各高校体育院系、创业教育、体育教育工作的重要课题。

---

① 孙志军、金平：《国际比较及启示：绩效拨款在高等教育中的实践》，《高等教育研究》2003年第6期。

（一）文献梳理及问题提出

国家对创业教育的重视程度日益提高，针对创业教育的研究亦日益增多，创业教育并非一门独立存在的学科，其必须渗透到各专业领域，与各专业相结合才能有效发挥其作用。创业教育也已被纳入体育院系的教学中，大多高校体育院系正在形成一种发展体育专业学生的创新创业意识与能力，培养创业型体育人才的创业型体育教育模式。基于此，对体育院系的创业型体育教育质量进行评价已成为必然。国内有关创业教育质量评价的研究不断增多且水平不断深入，但并无针对创业教育与体育教育相结合的创业型体育教育质量评价研究。

创业教育评价体系构建能够全面反映高校现阶段创业教育质量评价体系和体育教育质量评价体系的相关研究，为本研究针对创业型体育教育质量评价指标的选取提供理论依据。刘海滨等人（2012）认为应从师资、课程、学生、环境四个角度来选择指标构建创业教育评价体系。[①] 张翔等人（2022）以 CIPP 模型为依据确定了卫生事业管理专业创业教育质量评价指标体系的一级指标为背景评价、输入评价、过程评价、结果评价。[②] 冯霞等人（2020）从组织保障、教学培养、实训实践、理论研究、资源整合、国际交流、成果转化 7 个大方面（一级指标）和与之对应的 22 个二级指标以及 67 个三级指标构建我国创业教育评估指标体系。[③] 方强（2010）从教的评价、学的评价、实施效果评价三方面拟定高校体育教学质量评价指标，其下又选取对应的 15 个二级指标构建高校体育教学质量评价体系。[④] 王志明（2012）在构建体育院校本科教学质量评价体系时从教学准备、教学过程和教学效果三个维度展开研究。[⑤]

[①] 刘海滨、杨颖秀、陈雷：《基于 AHP 的大学生就业创业教育评价指标体系构建》，《东北师大学报（哲学社会科学版）》2012 年第 6 期。
[②] 张翔、张霖、董林玉：《高校卫生事业管理专业创新创业教育质量评价指标体系构建研究》，《医学与社会》2022 年第 35 期。
[③] 冯霞、侯士兵：《双创视角下高校创业教育评价指标体系再探》，《学校党建与思想教育》2020 年第 8 期。
[④] 方强：《高等学校体育教学质量评价体系的层次分析研究》，《广州体育学院学报》2010 年第 30 期。
[⑤] 王志明：《体育院校本科教学质量评价体系的构建与方法研究》，《广州体育学院学报》2012 年第 32 期。

在综合前人相关研究成果基础上，充分考虑创业教育系统和体育教育系统组成、管理的复杂性，笔者认为在创业型体育教育开展过程中存在诸多影响体育专业学生专业学习和创业学习的因素。基于此，本书以 AHP 层次分析和模糊评价为辅助研究方法，对所选取的各指标赋值，将主观性较强的问题量化，提高研究的科学性和准确性。

（二）研究对象与方法

1. 研究对象

以创业型体育教育质量评价指标体系构建为研究对象，以某高校体育院系开展的创业型体育教育为模糊评价对象。

2. 研究方法

（1）专家咨询法

以权威性和指导性相结合的原则，选择较为权威的咨询专家，为本研究提供强有力的理论支撑。选取专家的标准为：学历方面硕士及以上、职称方面副教授及以上、体育专业教龄 8 年及以上、熟悉创业型体育教育并对其有一定见解、具有创业指导经历、愿意配合该研究的咨询指导环节。从山东、浙江、上海、北京、新疆的 8 所高校中选出 18 位咨询专家，其中 4 位来自"双一流"高校，6 位来自省重点高校，8 位来自普通高校。18 位专家中有 8 位硕士，10 位博士，平均教龄为 16 年。通过调查问卷的形式向专家进行咨询，将已选取好的指标编写为《创业型体育教育质量评价指标调查问卷》，问卷内容包括创业型体育教育质量评价的一级指标、二级指标和其对应的评价观测点以及重要程度等级表（1—9 标度法，肯定态度依次递增）。

（2）AHP 层次分析法

AHP 层次分析法是一种定性与定量相结合的、系统的层次化分析方法，通过专家对所构建的指标进行赋值，构建两两指标判断矩阵，使问题更加条理清晰，从而计算指标的权重。

（3）模糊综合评价法

模糊综合评价法是一种基于模糊数学的综合评价方法，其可对受多因素影响的事物进行总体评价，具有较强的系统性特点，适用于解决较为模糊且难以量化的问题。① 而本研究中的创业型体育教育质量指标较多且层级复杂，非常适合用模糊综合评价法来解决。

（三）创业型体育教育质量多层次模糊综合评价模型的建立

1. 创业型体育人才培养质量指标选取流程

首先，研读大量创业型体育人才培养、创业人才培养质量评价等相关文献资料，筛选、整理、归纳创业型体育人才培养质量评价标准，广泛搜集初始指标；其次，征询该领域专家、学者的意见，在确保创业型体育人才培养质量评价指标合理、完整的基础上，进一步完善和优化创业型体育人才培养质量评价体系；最后，利用AHP法对该体系各指标赋值。

2. 创业型体育教育质量评价体系构成要素划分

（1）理论依据

要准确评价创业型体育教育质量，必须清楚创业型体育教育的含义。在阅读21篇核心期刊、CSSCI及3本专著后，结合多位学者对创业教育、体育教育、创业型体育教育等概念的论述，对创业型体育教育进行定义：创业型体育教育是指使体育专业的学生接受创业教育，与本专业教育融合，培养体育专业学生的创业意识、创新精神、创业知识及技能，提高其知识文化素养，综合发展其各方面素质的教育活动。

本研究评价指标的选取参照苏海泉和王洋②、李征③、刘振忠④等学者对高校创业教育绩效考核指标、创业教育绩效评估指标、创业教育行为评价标准等相关研究指标的划分标准，将学校层面、思想层面、教师层面、组织保障、学生能力、所获成果、教学层面、环境层面、创业前提作为创业型体育人才培养质量评价体系的基本框架。

---

① 张帅、周君华、苗成龙：《体育硕士专业学位案例教学质量评价指标体系的构建》，《成都师范学院学报》2022年第38期。
② 苏海泉、王洋：《基于平衡计分卡的高校创业教育绩效考核》，《重庆高教研究》2015年第3期。
③ 李征：《高职院校创新创业教育绩效评估研究》，《职业教育研究》2011年第4期。
④ 刘振忠：《京津冀协同创新创业型体育人才培养研究》复旦大学出版社2020年版，第122-125页。

（2）指标选取

在对本方向进行深入研究之后，结合前人研究成果，确定初始指标并向专家寻求指导，经专家讨论、筛选和论证，最终确定了创业型体育人才培养质量评价指标：一级指标9个，分别为学校层面、思想层面、教师层面、组织保障、学生能力、所获成果、教学层面、环境层面、创业前提；二级指标29个，分别为规划措施、师资队伍、经费投入、思想观念、创业意识、创业心理、教学理念、教学活动、教学素质、管理机构、制度建设、创业保障、创业能力、专业能力、创业水平、科研成果、竞赛获奖、创业项目、课程体系、教学内容、教学模式、教学特色、教学改革、创业文化、基地建设、创业活动、创业意向、创业知识、职业资格（见表4-10）。

表4-10　创业型体育教育质量评价指标

一级指标	二级指标	一级指标	二级指标	一级指标	二级指标
学校层面	规划措施	思想层面	思想观念	教师层面	教学理念
	师资队伍		创业意识		教学活动
	经费投入		创业心理		教师素质
组织保障	管理机构	学生能力	创业能力	所获成果	科研成果
	制度建设		专业能力		竞赛获奖
	创业保障		创业水平		创业项目
教学层面	课程体系	环境层面	创业文化	创业前提	创业意向
	教学内容		基地建设		创业知识
	教学模式		创业活动		职业资格
	教学特色		—		—
	教学改革		—		—

（四）创业型体育教育质量数学模型的确定

1.数据无量纲化

通过无量纲化方式处理相关数据来避免指标量纲差异化带来的消极影响。通过此公式来进行：

$$P_{ij}^{(1)} = \frac{P_{ij} - \min(P_{ij})}{Max(P_{ij}) - \min(P_{ij})} \quad (1)$$

P_{ij} 代表第 j 个评价对象形成的第 i 个指标评价结果，P_{ij} 即是无量纲化指标评价结果。

2. 指标正向化

在对指标进行综合评价过程中，为避免分析指标时出现倒置现象，将选取的指标进行归一化处理，也就是把逆向指标转为正向指标，再进一步对其分析。其中，正向指标的评价得分随指标数值增大而增大；逆向指标的评价得分随指标数值降低而增大，如价格违法案件数量。方法如下：

$$P_{ij}^{(2)} = \begin{cases} P_{ij}^{(1)} & P_{ij}^{(1)} \text{为正向指标} \\ -P_{ij}^{(1)} & -P_{ij}^{(1)} \text{为逆向指标} \end{cases} \quad (2)$$

3. 构建评估数学模型

层次分析方法是将与决策有关的元素分解成多个层次，定性分析与定量分析有效结合的决策方法。在创业型体育教育质量研究过程中采用层次分析法，可确保构建的创业型体育教育质量评估模型更加科学合理。

$$H_j = \sum_{i=1}^{n} w_i p_{ij}^{(2)}, j = 1, 2, \ldots m \quad (3)$$

H_j 代表第 j 个对象的创业型体育教育质量评价值。

4. 构建判断矩阵

运用量化评价方法，对选取的指标进行量化评估。结合指标，将1—9标度法作为判断标准，并结合创业教育和体育教育专业领域专家的意见，对各指标进行量化评估。将总目标用 A 表示，一级指标作为准则层用 B 表示。现梳理一级指标（准则层）B 对总目标 A 的影响结果（见表4-11）。

表 4-11　一级判断矩阵 A–B

创业型体育教育质量评价指标	学校层面(B1)	思想层面(B2)	教师层面(B3)	组织保障(B4)	学生能力(B5)	所获成果(B6)	教学层面(B7)	环境层面(B8)	创业前提(B9)
学校层面(B1)	1	1/2	1/4	1/3	1/3	3	2	2	1/4
思想层面(B2)	2	1	1/3	1/2	1/2	4	3	3	1/4
教师层面(B3)	4	3	1	2	2	5	4	4	1/6
教学层面(B4)	3	2	1/2	1	1	5	4	4	1/5
组织保障(B5)	3	2	1/2	1	1	5	4	4	1/5
学生能力(B6)	1/3	1/4	1/5	1/5	1/5	1	1/2	1/2	1/7
所获成果(B7)	1/2	1/3	1/4	1/4	1/4	2	1	1	1/3
环境层面(B8)	1/2	1/3	1/4	1/4	1/4	2	1	1	1/3
创业前提(B9)	4	4	6	5	5	7	3	3	1

表 4-11 中的数据代表一级指标之间的重要程度对比关系，以思想层面那列数据（1/2、1、3、2、2、1/4、1/3、1/3、4）为例进行解释说明。在创业型体育教育过程中，思想层面要比学校层面更重要，学校层面的重要程度仅占思想层面的 1/2，故此处为 1/2；同理，思想层面与自身相比同等重要，所以此处为 1；思想层面与教师层面相比，教师层面比思想层面更重要且重要程度是思想层面的 3 倍，故此处为 3；思想层面与教学层面相比，教学层面比思想层面重要且重要程度是思想层面的 2 倍，故此处为 2；思想层面与组织保障相比，组织保障比思想层面重要且重要程度是思想层面的 2 倍，故此处为 2；以此类推，得出各层面指标的评分，构建出创业型体育教育质量评价一级指标的判断矩阵。

同样，指标层为 C_{ij}（$i=1, 2, ..., 9$；$j=1, 2, ..., 6$），将不同准则的重要性体现出来，利于二级指标的判断。

5. 层次单排序，开展一致性检验活动

利用 Matlab 软件计算判断矩阵对应的特征根最大值（λmax）、归一化权向量（W）以及一致性指标（CI），最终在定义基础上采用随机抽取方式来确定平均随机一致性指标 RI，计算结果见表 4-12 所示。

表 4-12　判断矩阵最大特征根 λmax、权向量 W、CI、CR 值表

判断矩阵	λmax	归一化的特征向量 W	CI	RI	CR
$A-Bi$	9.816 2	{0.055 1，0.081 1，0.164 2，0.118 9，0.118 9，0.023 9，0.041 1，0.041 1，0.355 5} T	0.102 0	1.45	0.070 4
$B1-C1i$	3.009 2	{0.163 4，0.539 6，0.297 0} T	0.004 6	0.58	0.007 9
$B2-C2i$	3.009 2	{0.163 4，0.539 6，0.297 0} T	0.004 6	0.58	0.007 9
$B3-C3i$	3.009 2	{0.539 6，0.163 4，0.297 0} T	0.004 6	0.58	0.007 9
$B4-C4i$	5.068 1	{0.097 2，0.262 5，0.160 0，0.418 5，0.061 8} T	0.017 0	1.12	0.015 2
$B5-C5i$	3.038 5	{0.258 3，0.104 7，0.637 0} T	0.019 2	0.58	0.033 2
$B6-C6i$	3.009 2	{0.539 6，0.297 0，0.163 4} T	0.004 6	0.58	0.007 9
$B7-C7i$	3.009 2	{0.163 4，0.297 0，0.539 6} T	0.004 6	0.58	0.007 9
$B8-C8i$	3.003 7	{0.309 0，0.581 6，0.109 5} T	0.001 9	0.58	0.003 2
$B9-C9i$	3.038 5	{0.258 3，0.104 7，0.637 0} T	0.019 2	0.58	0.033 2

经求得，以上 10 个判断矩阵的 CR 值均小于 0.1，在满足单排序权向量需求条件下，达到最佳发展效果。

6.针对层次总排序开展一致性检验操作

通过 Matlab 软件计算各指标层次总排序的 CR 值，将计算得出的 CR 值与 0.1 相比，若其小于 0.1，则有效，通过一致性检验。经计算得出 CR 值为 0.02（小于 0.1），有效，层次总排序通过一致性检验。因此，可确定创业型体育教育质量评价指标体系权重（见表 4-13）。

表 4-13　创业型体育教育质量综合评价指标体系

一级指标（准则层）		二级指标（指标层）	
因素	权重	因素	权重
学校层面（$B1$）	0.055 1	规划措施 $C1$	0.163 4
		师资队伍 $C2$	0.539 6
		经费投入 $C3$	0.297 0
思想层面（$B2$）	0.081 1	思想观念 $C4$	0.163 4
		创业意识 $C5$	0.539 6
		创业心理 $C6$	0.297 0

续表

一级指标（准则层）		二级指标（指标层）	
因素	权重	因素	权重
教师层面 (B3)	0.162 4	教学理念 C7	0.539 6
		教学活动 C8	0.163 4
		教师素质 C9	0.297 0
教学层面 (B4)	0.118 9	课程体系 C10	0.097 2
		教学内容 C11	0.262 5
		教学模式 C12	0.160 0
		教学特色 C13	0.418 5
		教学改革 C14	0.061 8
组织保障 (B5)	0.1118 9	管理机构 C15	0.258 3
		制度建设 C16	0.104 7
		创业保障 C17	0.637 0
学生能力 (B6)	0.023 9	创业能力 C18	0.539 6
		专业能力 C19	0.297 0
		创业水平 C20	0.163 4
所获成果 (B7)	0.041 1	科研成果 C21	0.163 4
		竞赛获奖 C22	0.297 0
		创业项目 C23	0.539 6
环境层面 (B8)	0.041 1	创业文化 C24	0.309 0
		基地建设 C25	0.581 6
		创业活动 C26	0.109 5
创业前提 (B9)	0.355 5	创业意向 C27	0.258 3
		创业知识 C28	0.104 7
		职业资格 C29	0.637 0

（五）创业型体育教育质量模糊综合评价的实证分析

为检验创业型体育教育质量评价体系的实际作用，共邀请6位专家（包括高校相关专业领域的3位教授和3位副教授）作为评价专家，利用本研究构建的指标体系对某高校开展的创业型体育教育进行评价。

1. 确定评价对象的因素论域

根据创业型体育教育质量评价指标体系，将评价因素分为9个子集 $A=\{A1, A2, A3, A4, A5, A6, A7, A8, A9\}$，即 {学校层面、思想层面、教师层面、教学层面、组织保障、学生能力、所获成果、环境层面、创业前提}。

2. 建立评价尺度集

在运用层次分析法确立指标体系权重基础上,运用模糊数学对创业型体育教育质量进行有效评估(见表4-14)。

表 4-14 评价测量等级标准

评估结果	评价标准值(%)
优秀	超过 90
良好	$80 \leq Xi < 90$
中	$70 \leq Xi < 80$
一般	$60 \leq Xi < 70$
差	$Xi < 60$

3. 将单因素判断矩阵组合为评判矩阵

向邀请的6位专家寻求指导帮助,对所构建的创业型体育教育质量评价指标进行量化打分,并统计相应测评结果。

$$R_1 = \begin{Bmatrix} 0.1 & 0.4 & 0.35 & 0.15 & 0 \\ 0 & 0.2 & 0.15 & 0.65 & 0 \\ 0.3 & 0.45 & 0.2 & 0.05 & 0 \end{Bmatrix} \quad R_2 = \begin{Bmatrix} 0 & 0.2 & 0.4 & 0.25 & 0.15 \\ 0 & 0.1 & 0.5 & 0.3 & 0.1 \\ 0.1 & 0.3 & 0.5 & 0.1 & 0 \end{Bmatrix}$$

$$R_3 = \begin{Bmatrix} 0.6 & 0.3 & 0.1 & 0 & 0 \\ 0.8 & 0.1 & 0.1 & 0 & 0 \\ 1 & 0 & 0 & 0 & 0 \end{Bmatrix} \quad R_4 = \begin{Bmatrix} 0.5 & 0.15 & 0.2 & 0.15 & 0 \\ 0.9 & 0.1 & 0 & 0 & 0 \\ 0.2 & 0.25 & 0.2 & 0.3 & 0.05 \\ 0.3 & 0.15 & 0.25 & 0.3 & 0 \\ 0 & 0.25 & 0.25 & 0.2 & 0.3 \end{Bmatrix}$$

$$R_5 = \begin{Bmatrix} 0.6 & 0.15 & 0.2 & 0.05 & 0 \\ 0.5 & 0.2 & 0.15 & 0.15 & 0 \\ 0.5 & 0.2 & 0.1 & 0.2 & 0 \end{Bmatrix} \quad R_6 = \begin{Bmatrix} 0.15 & 0.1 & 0.4 & 0.3 & 0.05 \\ 0.3 & 0.3 & 0.2 & 0.2 & 0 \\ 0.1 & 0.6 & 0.1 & 0.2 & 0 \end{Bmatrix}$$

$$R_7 = \begin{Bmatrix} 0 & 0.2 & 0.2 & 0.5 & 0.1 \\ 0 & 0.2 & 0.1 & 0.6 & 0.1 \\ 0 & 0.3 & 0.3 & 0.3 & 0.1 \end{Bmatrix} \quad R_8 = \begin{Bmatrix} 0.6 & 0.2 & 0.15 & 0.05 & 0 \\ 0.4 & 0.2 & 0.15 & 0.25 & 0 \\ 0.2 & 0.2 & 0.55 & 0.05 & 0 \end{Bmatrix}$$

$$R_9 = \begin{cases} 0.25 & 0.25 & 0.3 & 0.2 & 0 \\ 0.3 & 0.15 & 0.3 & 0.25 & 0 \\ 0.15 & 0.2 & 0.25 & 0.4 & 0 \end{cases}$$

4. 综合评价

通过矩阵模糊方式确定综合评价，公式为 $Bi=\omega i \cdot Ri$，其中 ωi 是各因素的权重关系，再运用 Matlab 计算出各级指标综合评价向量 Bi。

$B1 = \omega1 \cdot R1 = [0.105\,4, 0.306\,9, 0.197\,5, 0.390\,1, 0]$；

$B2 = \omega2 \cdot R2 = [0.029\,7, 0.175\,7, 0.483\,7, 0.232\,4, 0.078\,5]$；

$B3 = \omega3 \cdot R3 = [0.751\,5, 0.178\,2, 0.070\,3, 0, 0]$；

$B4 = \omega \cdot R4 = [0.442\,4, 0.159\,1, 0.171\,5, 0.200\,5, 0.026\,5]$；

$B5 = \omega5 \cdot R5 = [0.525\,8, 0.187\,1, 0.131\,1, 0.156\,0, 0]$；

$B6 = \omega6 \cdot R6 = [0.186\,4, 0.241\,1, 0.291\,6, 0.254\,0, 0.027\,0]$；

$B7 = \omega7 \cdot R7 = [0, 0.254\,0, 0.224\,3, 0.421\,8, 0.100\,0]$；

$B8 = \omega8 \cdot R8 = [0.439\,9, 0.200\,0, 0.193\,8, 0.166\,3, 0]$；

$B9 = \omega9 \cdot R9 = [0.191\,5, 0.207\,7, 0.268\,1, 0.332\,6, 0]$。

可通过 $V=\{90、80、70、60、50\}$ 这一百分制集来划分创业型体育教育质量的等级（优、良、中、一般、差），并可通过此公式 $Ti = BiVT$ 对创业型体育教育质量的评价结果进行量化。

经计算得：$T1=71.269\,0$，$T2=68.457\,0$，$T3=86.812\,0$，$T4=77.904\,0$，$T5=80.827\,0$，$T6=73.066\,0$，$T7=66.329\,0$，$T8=79.135\,0$，$T9=72.574\,0$。

根据各一级指标权重，按照公式 $W[T_1, T_2, T_3, T_4, T_5, T_6, T_7, T_8, T_9]T$ 推导出 $T总 =76.131\,3$。再结合表4-13的评判标准对某高校的创业型体育教育质量进行评价，得出该高校创业教育质量的评价处于中等水平。以前文设定的评价测量等级标准为依据，另邀请5名权威专家对某高校创业型体育教育质量进行评价，并记录各级指标的意见，最终将权威专家的意见与计算得到的创业型体育教育质量评价指标体系的模糊综合分析结果（分析结果为中等水平）进行对比，两者评价结果基本一致（见表4-15），证明创业型体育教育质量评价指标体系的可靠性。

表 4-15 权威专家意见与模糊综合评价结果对比

模糊综合评价指标	模糊综合评价数值	所处等级	权威专家综合意见
学校层面	71.269 0	中等	中等。该创业型体育教育各指标涵盖因素较为全面，划分较为细致，创业教育和体育教育、理论教学与实践教学统一进行，能很大程度激发学生的创新思维，提升其创新创业的积极性。但是创业教育与体育教育难以有机结合，需进一步加强寻找提高两者契合度的因素，改善教学条件
思想层面	68.457 0	一般	
教师层面	86.812 0	良好	
教学层面	77.904 0	中等	
组织保障	80.827 0	良好	
学生能力	73.066 0	中等	
所获成果	66.329 0	一般	
环境层面	79.135 0	中等	
创业前提	72.574 0	中等	

（六）优化创业型体育教育质量评价指标体系的对策

1. 优化创业型体育教育质量评价主体

创业型体育教育评价主体既包括学校，也包括学生、政府以及社会等方面，但当今创业型体育教育评价较为单一，基本上都是由高校及其教学部门完成教育评价工作。由于教育评价主体单一，评价时就难以避免偶然性，影响评价结果的真实性，进而使高校难以把握其创业型体育教育开展的质量状况。因此，构建多元化评价主体是提高创业型体育评价工作准确性的重要措施[1]，尤其是建立以学生为中心的创业型体育教育信息反馈机制，这一措施可直接得到创业型体育教育开展状况的信息反馈，是促进评价结果更准确、全面、客观的有效途径。

2. 完善创业型体育教育质量评价指标体系

创业型体育教育评价指标应涉及此教育活动开展的各方面，使评价指标更系统、全面，同时兼具科学性和应用性特点，能反映出创业型体育教育工作的开展状况。但目前已有的创业教育质量评价指标大都以高校的教学指标为主，缺少组织管理、基地建设等方面的指标。教学只是整个创业教育活动的一部分，仅用教学指标不能概括整个创业教育，因此在创业型体育教育质量评价工作中应极力避免此类以偏概全的现象。本研究构建的创业型体育教育质量评价体系充分考虑了

---

[1] 张继中：《论现代高校创新创业教育评价体系的构建》，《教育与职业》2017 年第 19 期。

组织管理、基地建设等方面，较为充分地体现出创业型体育教育质量评价指标的科学性、全面性以及内容之间的关联性。

3. 注重创业型体育教育质量评价指标与评价方法、信息反馈等环节有机结合

本研究通过采用 AHP 层次分析法建立了包括 9 个关键要素的评价指标体系，并计算出了各指标的权重，但创业型体育教育质量评价指标体系十分复杂，在本研究构建的指标体系基础上，还应协调和规划评价主体、评价机制、平台建设等方面。因此，在建立完善的创业型体育教育质量评价指标体系基础上，还需创业领域和体育领域的专家以及教育工作者深入研究，建立创业型体育教育评价模式，了解并系统地把握创业型体育教育发展状况，建立以学生为中心的信息反馈机制，开设教育活动各要素与创业教育管理部门的信息通道，如建立创业教育信息网络平台、校园创业教育网络留言板等，通过信息反馈及时发现并处理创业型体育教育存在的问题，提高评价结果的实效性、应用性。

（七）结语

本研究构建的创业型体育教育质量评价指标体系分为 9 个一级指标和 29 个二级指标（见表 4-16），通过 AHP 层次分析法赋值计算得出各指标权重，并运用模糊综合评价法对所建立的指标体系进行科学检验，经与权威专家的综合意见相对比，发现专家评价结果与模糊综合评价结果基本一致，从而进一步证明了创业型体育教育质量评价指标体系的可靠性。创业型体育教育质量评价指标体系中的教学层面、思想层面和学生能力，既有传统体育教育的理论与实践特征，又包含了创业教育理论与实践教学特征，还融入了创新创业元素，对发展体育专业学生创新创业意识与能力、培养创业型体育人才具有深远影响。同时，从优化创业型体育教育质量评价主体，完善创业型体育教育质量评价指标体系，注重创业型体育教育质量评价指标与评价方法、信息反馈等环节的有机结合三个角度给出创业型体育教育质量评价指标体系的优化策略，以期不断完善此评价体系，为实际评价活动提供理论依据，甚至广泛应用到实际创业型体育教育当中。因研究条件和研究范围有限，研究结果尚存在一定不足，今后将进一步开展相关研究，提升评价体系的实践指导价值。

表 4-16 创业型体育教育质量评价指标体系

一级指标（准则层）		二级指标（指标层）		指标描述解释
因素	权重	因素	权重	
学校层面 ($B1$)	0.055 1	规划措施 $C1$	0.163 4	1. 结合学校创业型体育教育实际规划情况 2. 具体实施的工作步骤与计划
		师资队伍 $C2$	0.539 6	1. 制订创业型体育教育师资队伍建设规划 2. 教师承担创业教育课程情况 3. 外聘教师讲授情况 4. 创业型体育教育师资队伍整体结构
		经费投入 $C3$	0.297 0	1. 开展创业教育的资金投入情况 2. 高校对学生创业基金的投入情况
思想层面 ($B2$)	0.081 1	思想观念 $C4$	0.163 4	创业型体育人才培养目标与教育观念确立情况
		创业意识 $C5$	0.539 6	1. 自主创业动机 2. 具有不断探索、不惧艰难的创业精神 3. 拥有较强的风险意识和危机感
		创业心理 $C6$	0.297 0	1. 具有愈挫愈勇的精神、敏锐的洞察力、精准的判断力 2. 具有诚实守信的品质、较强的沟通意识以及团体协作的观念
教师层面 ($B3$)	0.162 4	教学理念 $C7$	0.539 6	1. 将创新创业元素融入体育教育中 2. 将创业教育作为教育观念贯穿于体育教学 3. 主动学习创业教育知识的意识
		教学活动 $C8$	0.163 4	1. 指导学生创业实践活动开展状况 2. 教学中以培养学生创业和专业素质为主 3. 在专业教学中发展学生创业心理品质
		教师素质 $C9$	0.297 0	1. 教师的创业实践经历 2. 教师的专业和创业教学成效 3. 教师的创业素养 4. 教师专业和创业教学成果

续表

一级指标（准则层）		二级指标（指标层）		指标描述解释
因素	权重	因素	权重	
教学层面（$B4$）	0.118 9	课程体系 $C10$	0.097 2	1. 创业型体育人才培养的课程体系纳入人才培养方案的情况 2. 创业型体育教育课程大纲制定情况 3. 课程设置体现学生的发展取向情况
		教学内容 $C11$	0.262 5	1. 教学内容目标明确 2. 专业教学内容与创业教学内容有机结合
		教学模式 $C12$	0.160 0	1. 体育教育与创业教育相融合 2. 理论教学与创业实践相结合 3. 项目团队式的创业型体育教学模式
		教学特色 $C13$	0.418 5	1. 服务创业型体育人才培养的教学特色 2. 实践创新型体育人才培养的教学特色
		教学改革 $C14$	0.061 8	1. 贯穿专业教学过程的创业型体育人才培养的教学改革情况 2. 创业型体育教育的理论教学与实践教学模式发展状况
组织保障（$B5$）	0.111 89	管理机构 $C15$	0.258 3	1. 创业教育的组织机构情况 2. 创业教育管理人员安排情况 3. 创业教育管理工作运行状态
		制度建设 $C16$	0.104 7	1. 创业教育管理制度的设置情况 2. 创业教育教学制度的设置情况 3. 创业教育工作评价考核制度的设置情况
		创业保障 $C17$	0.637 0	1. 创业资金支持状况 2. 创业平台建设状况 3. 创业实践基地开展情况 4. 创业风险基金的建立情况
学生能力（$B6$）	0.023 9	创业能力 $C18$	0.539 6	1. 具有较强的灵活应变能力 2. 具有较强的社交能力、协调沟通能力、合作能力等 3. 具有较强的管理能力、分析能力和决策能力 4. 掌握扎实的专业和创业实践技能
		专业能力 $C19$	0.297 0	1. 体育理论与运动技能的掌握程度 2. 将体育教学技能熟练于心 3. 体育实习的成效
		创业水平 $C20$	0.163 4	1. 实际创业经历 2. 创业计划的可行性 3. 创业项目的实施情况

续表

一级指标（准则层）		二级指标（指标层）		指标描述解释
因素	权重	因素	权重	
所获成果 ($B7$)	0.041 1	科研成果 $C21$	0.163 4	1. 培养学生创业素质的课题研究状况 2. 创业教育科研成果情况 3. 创业科研成果获奖情况 4. 创业教育过程中的创新发明和对社会的贡献
		竞赛获奖 $C22$	0.297 0	1. 学生参与创业教育的比率 2. 专业和创业竞赛的获奖情况 3. 产出的创新成果及对社会的影响力
		创业项目 $C23$	0.539 6	1. 创业项目实施的可行性 2. 创业项目的落地情况 3. 创业项目与时代发展的契合程度
环境层面 ($B8$)	0.041 1	创业文化 $C24$	0.309 0	1. 校园创业知识的宣传情况 2. 校园的创业氛围
		基地建设 $C25$	0.581 6	1. 创业基地建设的数量 2. 创业基地建设的质量 3. 创业基地的服务状况
		创业活动 $C26$	0.109 5	校园创业竞赛、创业实践活动、创业讲座、创业沙龙等活动的组织开展状况
创业前提 ($B9$)	0.355 5	创业意向 $C27$	0.258 3	1. 对待创业的态度 2. 执行创业行为的控制力
		创业知识 $C28$	0.104 7	1. 掌握扎实的体育知识和运动技能 2. 有一定企业管理、法律、经济学、资源统筹等助于创业的知识 3. 具有风险投融资知识
		职业资格 $C29$	0.637 0	1. 专业技能考核模式及纳入课程考核的情况 2. 体育各类职业资格证书考核模式及授予率

第四节　完善创业型体育教育的社会配套体系

一、创业型体育教育社会配套体系的特点

体系是指在一定的范围内的事物按照一定的顺序或规律组成的一个集体，它是不同系统组成的更大的系统。社会配套体系又称公共服务体系，它是指与人民有关的各种服务所组成的整体。完善和发展公共服务历来是各级政府的主要任务，同时也是一个国家的经济发展水平和发展程度的"刻度尺"，公共服务体系是我国发展过程中十分重视的领域，它与国民生活质量和人民幸福指数息息相关。习近平总书记多次就加强公共服务体系建设作出重要指示，强调要从解决群众最关心、最直接、最现实的利益问题入手，做好普惠性、基础性、兜底性的民生保障建设，满足人民群众多样化的生活需求，织密实的民生保障网。[1] 创业型体育教育社会配套体系是指以创业型体育教育为主体的与受教育对象息息相关的各种服务所组成的整体。创业型体育教育的特点有创新性、教育性、综合性及互利性。

（一）创新性

近年来，创新的重要性不断被强调，1912年著名经济学家约瑟夫·熊彼特（Joseph Schumpeter）在《经济发展理论》中初次提出创新这一概念。[2] 他指出：所谓创新其实是要"建立一种新的生产函数"，在经济活动中引入新的思想、方法，以实现生产要素新的组合。从本质上来讲就是要将生产要素进行重新组合，以实现关于生产要素和生产条件的"新组合"。

创业教育就是要不断培养大学生的创新能力、创新个性及发散性的思维模式，造就一大批跨时代的具有创新精神的人才。创业型体育教育的社会配套体系具有十分明显的创新性特征，因为任何事业的开创一定要与众不同，只有在没人开垦过的"土地"深挖才能发现不一样的"风景"。作为不断改变的创业型体育教育

---

[1] 张润军：《公共服务体系现代化：政府、社会和市场》，《西北师大学报（社会科学版）》2022年第56期。
[2] 陈伟霖：《体育教学中"创新教育"的重要性及方法》，《上海体育学院学报》1999年第1期。

配套体系，不可能故步自封，配套体系要随着创业型体育教育的改变不断地进行创新和适应，只有这样才不会出现需要与供给不匹配或供应断层的现象。

（二）教育性

教育是一个历久弥新的话题，教育决定着一个国家"新鲜血液"的质量。教育的目的是培养全面发展的人，培养真正健康的人。人才是强国的根本，教育是培养人才的主要方式。当今社会，国家将教育充斥在社会各领域，以期能为国民的全面发展作出贡献。体育教育不仅仅是对人身体的锻炼，通过体育运动还能发展自身各种"品质"。

创业型体育教育的社会配套体系，从名字就能看出它是一种教育类的公共服务体系，那它必然会具有很强的教育性特征。创业型体育教育是为了给国家培养体育领域具有创新创业精神的人才，它的主要目的和实现手段就是通过系统且科学的教育来实现人才培养。社会配套体系的构建是为了服务、助力创业型体育教育的发展，所以，创业型体育教育的社会配套体系必然要紧扣创业型体育教育的中心思想，也就是教育。因此，教育性是创业型体育教育社会配套体系的另一个重要特征。

（三）综合性

综合性是指为了实现一定的目标，将一个系统内的各个环节、部分等要素连接起来进行分析的一种方式手段。然而，在创业型体育教育社会配套体系中所体现出的综合性不仅仅是对体系中的各个环节进行综合连接，更重要的是体现在所受教育者的综合发展上。对受教育者综合性的培养从本质上来讲就是让其全面发展。

上述创业型体育教育社会配套体系具有明显的教育性，教育的目的是培养全面发展的人，这恰恰与综合性的特征相呼应。创业型体育教育的目的与体育教育的目的都不单是培养人的某一个方面，而是通过对某一领域的深入学习实现受教育者的全面发展。创业型体育教育不仅仅是培养人的创新创业精神，而是通过这种教育来促进自身各种素质的发展。与之相呼应的社会配套体系自然也要体现出综合性的特征，通过体系中各个环节和部分的呼应来助力受教育者的全面发展。因此，创业型体育教育的社会配套体系具有综合性的特征。

(四)互利性

互利简单来说就是双方得利,从创业型体育教育的角度来讲就是产教融合。产教融合本质上就是高等院校与相关产业之间的融合。通过融合,学生会得到更多的实践机会,而体育企业会有更多"新鲜血液"的注入,提高企业的生机活力和创新能力。简单来说就是一方提供机会条件,一方提供人才,最终实现互利共赢。由于创业型体育教育的发展具有互利性,社会配套体系必然会与此相呼应。因此,互利性是创业型体育教育社会配套体系的一个重要特征。接下来我们从不同的层面对产教融合进行分析。

从社会层面来看,任何事物发展的好坏都与社会经济的发展情况密不可分,创业型体育教育的社会配套体系亦是如此。目前,我国经济处于转型的关键时期,亟须一大批具有专业知识和创新精神的人才,为社会培养人才以促进国家的发展是各大高校的光荣使命。而通过产教融合才能实现人才和产业之间的有效连接,进而为社会的发展源源不断地提供优秀人才。

从企业层面来看,任何企业要想可持续发展,必须进行创新,而新成果的研发和产生是通过人才实现的。为社会培养复合型人才是我国高校的职责所在,产教融合能够促进高校与企业之间的有效衔接,企业能够借助高校得天独厚的一些优质资源来促进自身的发展,二者的有效衔接是促进双方共同发展的必要因素。

从学校层面来看,产教融合一方面为各高校学生提供了更多实践机会,使学生进一步了解各运营环节,为以后走向工作岗位积累经验,另一方面就是促进高校教学质量的提升。随着时代的发展与进步,社会对人才的要求越来越高,这就要求各高校加强自身教学质量,优化自身教学结构,如此才能最大限度地挖掘校企合作的优势,促进双方共同发展。

二、创业型体育教育社会配套体系的内容

在介绍了创业型体育教育社会配套体系所具有的特点之后,接下来要对社会配套体系的内容进行阐述和说明。创业型体育教育社会配套体系共分为四部分,分别是保障体系、评价体系、资源体系和课程体系,在每个体系中又分了具体方向,下面具体介绍保障体系、评价体系与课程体系的内容。

(一)保障体系

保障体系是指为了保障某一团体中成员的正常生活和福利而提供帮助的各项工作的总称。创业型体育教育社会配套体系的保障体系主要可以从四个方面进行阐述,分别是顶层设计、师资队伍建设、产教融合以及资金支持。

1. 顶层设计

顶层设计这一名词在 2020 年 10 月的中共中央关于"十二五"规划的建设中被首次提出。顶层设计在不同的学科领域其解释也是不同的,其包含的内容很广泛,从工程学的角度讲,凡是能够统筹各个要素、统揽大局、在最高层面寻求问题解决之道的手段措施都可称为顶层设计。在本书中,笔者主要从国家政策的角度来对创业型体育教育社会配套体系的顶层设计进行阐述。

国家政策是一种典型的顶层设计,《吕氏春秋》中记载:"圣人不能为时,而能以事适时",意思是任何事物的发展一定要顺应时势,不能逆势而为。在当代就是要求我们要遵守国家的大政方针,从国家政策的角度并且结合实际情况去看问题,朝着这一方向努力,才能有所得有所获。创业型体育教育的发展同样需要国家政策的支持,只有在国家政策的领导下才能不断地完善和发展。因此,在其社会配套体系中,顶层设计是创业型体育教育保障体系中的重要组成部分。例如,早在 1998 年 12 月,教育部就印发了《面向 21 世纪教育振兴行动计划》,其中提出:"加强教师和学生的创业教育,积极鼓励他们自主创办企业。"

2. 师资队伍建设

师资队伍建设从本质上来讲就是要提升人才数量、提高人才质量。人才是实现中华民族伟大复兴的重要保障,同时也是我国全面可持续发展的重要资源。人才在各个领域的发展中都能起到中流砥柱的作用,在创业型体育教育中也是如此。

顾名思义,创业型体育教育强调的是教育,其目的就是培养创业型体育人才,而培养人才离不开教师。在创业型体育教育的教学过程中,教师水平和教学质量会直接影响学生听课的质量和对知识吸收的程度。在创业型体育教育的保障体系中,教学质量是衡量此高校对此学科重视程度的重要表现形式,其质量状况很大程度上由教师水平决定,因此组建一支优质创业型体育教育师资队伍是使创业型体育教育活动顺利进行的重要保障。

3. 产教融合

产教融合是一种新型校企合作模式，这种模式具有更高的合作程度和更深的发展层次。[①] 推进产教融合是促进高等教育创新发展，培养高质量创新型人才的一项重要手段。例如，"全面深化产教融合"这一号召在国家的许多重要文件中都曾明确提出，并且给出一系列具体措施来支持此模式发展。持续深化产教融合既是未来国家教育政策调整的重要方向，也是新时代我国高等教育改革发展的新要求。

产教融合实质上就是高等院校与相关产业及企业的合作或融合，从创业型体育教育的角度来说就是具有此专业的院校与体育相关企业之间的合作。通过推行产教融合的教育模式，学生会得到更多实践机会，提升自身实践能力，为以后步入工作岗位打下基础。由于创业型体育教育的发展具有互利性，社会配套体系必然会与此相呼应。因此，在创业型体育教育的保障体系中，推行产教融合的教育模式是一项必要措施。

4. 资金支持

1843 年，马克思在《黑格尔法哲学批判》中提出"经济基础决定上层建筑"。创业型体育教育作为上层建筑的一种表现形式，它的发展必然离不开经济基础的支撑。经调查，创业资金短缺是大学生放弃创业的一项主要因素，同时也是参与创业的大学生最希望得到的支持。因此，资金支持是创业型体育教育保障体系的一项重要措施，主要包含两个方面：一是政府支持，二是学校支持。

首先是政府的资金支持。政府的资金支持主要体现在两个方面，最直接的表现形式是改进完善税收和投融资政策，出台相应的政策文件尽量减免相关税收，并增加投融资项目的金额和数量。另外，要完善学生创业贷款的服务质量和提高学生创业贷款金额额度，为学生的创新创业"披荆斩棘"。

其次是学校的资金支持。在学校资金支持方面最直接的方式就是奖学金和创业基金。学校要设立与创业有关的奖学金和创业相关基金，去支持在创业领域取得了一定成绩或参加了与创新创业有关的竞赛且取得名次的学生，以此来鼓励他们。同时学校也可以与社会上的企业建立合作关系，获得一些大型体育企业的支

---

① 胡万山、叶琳：《高职教育产教融合的历史演变、现实基础与发展趋势》，《现代教育管理》2022 年第 10 期。

持，建立资金联系来资助学生创业。资金的支持是创业型体育教育保障体系不可或缺的一项，只有通过政府、企业以及学校的共同合作才能为学生减少创新创业道路上的顾虑，使创业人才在数量和质量两方面得以提升。

（二）评价体系

评价体系也是创业型体育教育社会配套体系的重要组成部分，评价体系作为一种预测和检测的手段被广泛运用在社会中的各个领域。在创业型体育教育的社会配套体系中亦不能缺少这一重要的一环。本书主要从需求评价、形成性评价和终结性评价3个方面对此领域中的评价体系进行阐述。

1. 需求评价

需求是个人或集体不断进步的动力，或者可以理解为目标。因为有需求，所以才会朝着目标方向去努力，用逆向思维来思考这一问题，就是为了解人们的需求，可以以此为奖励激发人们工作的热情。本书主要从政策文件、各地情况及目标计划三个方面进行阐述。

政策文件主要包含两个方面，一是创业政策，主要是指地方政府有效支持当地大学生创新创业的一系列政策文件；二是体育教育政策，主要是指学校中有创业型体育教育配套的课程体系和实践型活动的支撑。各地情况同样包含两个方面，一是当地经济环境，主要评价当地对体育创业的需求和创业产品是否能够获得盈利；二是创业活力，主要评价当地体育创业的氛围和相关活动的活跃程度，是否有对体育创业相关课程的需求。目标计划则包含三个方面，一是高校课程理念，主要是评价高校的体育教育创新创业的课程理念是否达到相关标准；二是学生的培养计划，主要是评价学校对创业型人才的培养计划与政府给出相关计划标准之间的契合程度；三是培养目标，主要是评价各大高校所设立的相应目标的可行性，学生通过自己的努力是否可以达到。

2. 形成性评价

创业型体育教育的社会配套体系中的形成性评价主要是指学生创业知识和能力形成的阶段和过程，本书主要从教学实施这个角度对创业型体育教育的形成性评价进行阐述。

教学实施主要分为四个方面：一是兴趣的引导和动机的开发，主要评价各高校的教学模式是否能够充分调动学生的学习动机和创造精神；二是教学手段和方法，主要评价教学设施的操作程度和性能，教学方法能否与当代先进的科学手段有机结合，能否较大幅度地提升学生的学习成绩和学习效率；三是教学活动，主要评价在教学活动中所采取的一系列活动的种类和数量，教学活动的互动性是否较强以及能否将理论与实践有机地结合起来；四是实践活动，主要评价实践活动能否给学生带来进步，学校组织实践活动的活跃程度。以上四个方面是此形成性评价的组成部分。

3. 终结性评价

终结性评价顾名思义就是对最终的效果进行评价，在体育教学领域就是对体育课堂教学的最终效果进行评价，指的是体育教学活动结束后为判断教学效果而进行的评价。一节课，一个单元，一个章节，或一个学期的教学结束后对最终结果所进行的评价，都可以说是终结性评价。本书主要从教学效果、角色评价及实践效果三个方面对创业型体育教育的社会配套体系中的终结性评价进行阐述。

教学效果主要包含两个方面，一是目标的实现，主要是评价最后的教学效果是否实现了自己的目标；二是教学价值的推广，主要是评价课程教学模式是否具有推广价值。角色评价主要包含三个方面，一是学生评价，主要是通过学生对教师上课的效果的反馈来进行评价；二是行政评价，主要是从学校的行政管理部门的角度出发去审视教学质量和效果；三是自我评价，主要是指教师对自己上课效果的评价。实践效果主要包含两个方面，一是比赛成绩，主要是评价学生参与体育创业竞赛的积极程度和成绩的好坏；二是创业效果，主要是评价学生参与体育创业后取得的成效，项目盈利的情况。

（三）课程体系

创业型体育教育最终还是要回归教育二字，提到教育自然会联想到课程，因此课程体系是创业型体育教育社会配套体系的重要组成部分。本书主要从高校体育创业教育课程的目标体系和内容体系两个方面对此领域进行阐述。

1. 目标体系

目标体系包含三个方面，分别是树立体育创业意识、提升体育创业能力以及夯实体育创业知识。

第一，树立体育创业意识。"意识"是大脑对内外部表象的察觉，无论心理学还是生理学对意识都有独到的见解。体育创业意识是指创业主体在体育创业活动过程中所产生的对大脑内外部表象的察觉，是指在此领域创业活动中对创业者起动力作用的个性倾向，包括创业需要、创业兴趣、创业信仰和创业世界观等心理因素。从迁移理论可知，通过创业教育能使学生养成积极探索、不断创新、开拓实践等品质，进而能够迁移到日常的学习生活甚至整个人生中，培养学生敢于奉献的精神，提高社会责任感和义务感，使学生充分了解创新、创业的真正含义，通过创业懂得创新，形成创新意识和创新精神，为自己灿烂的人生打下坚实基础。

第二，提升体育创业能力。创业能力包含广泛，如管理能力、沟通能力、逻辑能力等。任何领域要想取得创新、取得突破性的进展都需要经历一个循序渐进的过程，就像牛吃草一样，它也是一个需要反刍的过程。我们在对某一感兴趣的领域进行创新时，首先要对这一领域进行大致了解，其次对前人的研究成果进行模仿，在模仿的过程中进行思考，最后进行创新。由此可知，任何事物的创新都是建立在对这一事物充分了解和熟练的基础之上进行的，因此要想提高体育创新创业能力，就需要我们对此领域有足够的了解。

第三，夯实体育创业知识。知识是指人们在改造客观世界的活动中所获得的认知和经验的总和。体育创业知识是指人们在体育领域的创业过程中对客观世界的认识以及所获得的相关经验的总和。前人早已对知识的重要性给出了自己的见解，如培根说过，"知识就是力量"；鲁达基说过，"知识是抵御一切灾祸的盾牌"；柏拉图说过，"我认为知识是一切能力中最强的力量"等，由此可见，知识二字何其重要。在任何领域要想取得一定的成就，相当数量的知识储备是必不可少的，在创业型体育教育的过程中同样如此。任何领域的创业知识都是一个完整的体系，它由多种要素构成，就体育领域来说主要包括基础知识、专业知识、管理知识以及与交流沟通相关的知识等。

2. 内容体系

创业型体育教育课程体系中的内容体系主要是指在体育创业过程中有关课

程的内容,本书主要从理论课程与实践课程两个方面对体育创业课程的内容进行阐述。

首先,理论课程。理论课程也叫学科课程,主要是指从本专业学科的角度出发,结合社会发展水平和学校的人才培养目标所设计的与本专业学生相适配的课程。这些课程主要通过教师课堂讲授的方式对本专业理论知识进行传授,为学生的创业素质打下基础,课程主要由必修课和选修课组成。必修课是指学生必须学习的课程,其分为公共必修课和专业必修课两种,前者是全校各个专业的学生都必须学习的课程,主要是为了培养学生创新创业的综合素质;后者是指在不同专业的学生所必须学习的相关课程,其主要目的是细化各个专业,突出不同专业和学科之间的差异性。选修课是指学生可根据自身状况自由选择的课程,其主要包括专业选修课和公共选修课两种。前者指在自己的专业领域内选择自己喜欢的课程,就体育创业来说,就可以选择体育管理、体育产业、创业心理等专业相关课程,而后者不限范围,不限专业,全凭学生自身喜好选择相关课程。

其次,实践课程。实践课程一般是指有关实践活动课程的总和,这些课程的重点放在了学生实践能力的培养,而不只专注于理论的传授。实践课程有助于学生理论联系实际,为学生提供条件把理论知识应用到实践当中,为学生将来参与创业活动提供基础。创业实践课程主要分为校内活动课程和校外实践课程两种形式。前者主要是指以教师为主导,学生为主体,以学校为活动范围所进行的创新创业活动。在各种知识性竞赛活动中融入能够培养学生创业能力的相关内容,在各种服务性活动中提出创业精神和创业意识的要求,以此来提高学生的创业意识和技能。[①]后者主要是指学生以个体为单位走到校门外,走进社会里,根据学校的人才培养目标和教学大纲而组织的有目的、有计划的个体创业活动。例如,校企合作就是一种典型的校外实践活动,能够使学生更好地了解创业市场的环境,为今后步入职场打下基础。校外的实践活动是学生创业道路上极为重要的一部分,同时也是创业教育的关键所在,为学生自主创业打下基础。

三、创业型体育教育社会配套体系存在的问题及对策

上文对创业型体育教育社会配套体系的特点和主要内容进行了研究,下文主

---

① 尹万昀、刘旭:《高校创业教育课程体系构建探索》,《教育探索》2011年第10期。

要对创业型体育教育社会配套体系在发展过程中出现的问题和对策进行阐述。出现的问题主要体现在标杆顶层设计的缺失、科学化课程体系不完善、专业人才不足以及人才培养模式单一这几个方面。相应的对策主要包括注重引领性顶层设计的制定、实行理论与实践相结合的课程模式、人才通过多渠道引入、创新创业型体育教育的课程体系和评价体系这几个方面。

（一）创业型体育教育社会配套体系存在的问题

1. 标杆顶层设计的缺失

虽然我国创新创业教育已经取得了一定的发展成果，但是随着社会的进步，我国大部分高校的创业理念已经跟不上时代的发展，拥有大局观和精细化的创新创业教育顶层设计的缺失，致使整个创新创业教育领域发展方向不明、发展思路不清，由此导致我国创业型社会配套体系无法针对性地给出保障与服务。

2. 科学化课程体系不完善

课程体系是指与某一专业有关的所有课程和相关活动所组成的体系和制度的总称。我国当前与体育创业有关的课程体系缺乏科学性，尚不能满足国家对体育领域中创业型人才的需求，很多学校目前仍然使用十几年前甚至几十年前的课程体系进行教学，这不但会使学生无法对知识合理地吸收、无法紧跟时代前沿，更无法对资源进行合理利用达到人才培养目标。

问题主要表现在课程形式与课程内容上。在课程形式上，许多高校对课程体系设置得较为简单，只是在课程之余增加一些讲座或者在相关竞赛中穿插一定的创新创业的元素，没有形成合理的、系统的课程体系。在课程内容上，具体内容不能满足于学生对创业知识的需求。创业的教学需要理论联系实际，需要一定数量的实践活动去磨合学生的技术，需要提供给学生将知识运用到实践中来的机会，但是许多高校只是单纯的理论教学，根本不会给学生实践的机会。这两种情况都是目前课程体系亟待完善的地方。

3. 专业化人才不足

人才的重要性不言而喻。任何组织或集体要想取得一定成就且可持续的发展，都离不开一批批人才的不断涌入，因此对人才的培养和引入是所有组织工作的重点。在创业型体育教育中，相关的人才主要是指高校的教师。

在人才方面的问题主要体现在当前各大高校教师的综合实力不能胜任创新创业教师的角色。这是因为，虽然各大高校的教师学术水平高、学历高，但是这些教师从学校过渡到学校，很少有机会去直接参与到体育创业当中去，所以他们只能更多地停留在理论层面的教学，真正能传授给学生与实际相关的经验很少。因此，师资队伍的优化和升级是创业型体育教育社会配套体系亟待解决的另一个问题。

4.人才培养模式单一

这里的人才培养指的是对学生的培养，人才培养模式是指按照一定的理论和思想，通过各种教育手段和措施以达到对人才教育目的的一系列模型和方式的总称。其目标就是实现对人才的培养。

除了上述的科学化课程体系不完善不能满足培养学生创业精神和能力的需要，学生的培养模式亦缺乏合理性和科学性。目前，很多高校的人才培养模式除了上述的以理论教学为主，大部分高校只是培养学生创业的相关技能，却并不能提供合适的平台给学生进行实践，高校与各个企业的合作融合也只是浮于表面，学生实习或实践的质量有待考究。因此，人才培养模式单一同样是我国创业型体育教育需要解决的一大难题。

（二）创业型体育教育社会配套体系可持续发展的对策

任何事物的可持续发展都需要一定的条件对其进行支撑，创业型体育教育社会配套体系同样如此。本书主要从注重引领性顶层设计的制定、实行理论与实践相结合的课程模式、人才通过多渠道引入、创新创业型体育教育的课程体系，以及创新创业型体育教育的评价体系五个方面对实现创业型体育教育社会配套体系的可持续发展进行研究。

1.注重引领性顶层设计的制定

在进行任何领域的顶层设计时，我们都应率先去考虑所要实现的目标是什么。在以国内大循环为主体，国内国际双循环相互促进的新发展格局下，提升我国人才综合素质，培养出具有创新精神和意识的复合型人才是开展创新创业教育的初心也是其为之奋斗的目标。在创新创业领域不断发展的今天，加强引领性顶层设计的制定是使创业型体育教育社会配套体系可持续发展的重要举措。[①]在培养目标上,对于创业型体育教育人才的培养要理论联系实际,不仅注重理论知识的学习,还要注重实践能力的培养,不仅要学习创新创业知识,体育领域的相关知识也要了解甚至精通。在培养体系建设上,要不断强调体育教育和创新知识有机结合,创新创业教育融入体育教育的全过程,同时要结合时代背景,利用先进的科学技术手段,共同构建创业型体育教育的人才培养体系。

2. 实行理论与实践相结合的课程模式

实践和理论是达成某一目标不可缺少的两个要素,二者缺一不可。只有理论没有实践就会缺乏可操作性,只有实践没有理论就会没有方向性。理论教育虽然是创新创业教育的重要组成部分,但是仅仅依靠课堂上学习的理论知识,而不去把理论与实践结合起来,无法培养出学生的创新创业精神和实践技能,反之亦然。因此,在我国创业型体育教育课程模式的发展过程中,要不断地把二者有机结合,在课堂的理论学习之外,我们还要加入诸多的实践活动与比赛,如创业技能大赛、与创新创业有关的实践活动及相关实习活动等,与课堂知识进行有机结合,在此基础上对课堂内容进行创新,以此来提升学生的创业意识、创新精神和创业技能,不断地激发学生对于创业的热情。由此可见,实行理论与实践相结合的课程模式是我国创业型体育教育社会配套体系可持续发展的一项重要措施。

3. 人才通过多渠道引入

人才是一个团体或组织实现自己目标的决定性因素之一,在任何领域都是如此,创业型体育教育的师资水平直接影响创业型体育教育的成果,因此不断提升本领域师资水平是实现本领域可持续发展的重要保障。在师资队伍建设的过程中,不仅要"内培"还要"外引"。通过多渠道对有才能的人才进行引进规划,学校应根据实际情况不断优化自身的聘请条件,不断吸引人才的加入。内部培养要根据各个教师的专业方向合理进行规划,可以有针对性地组建专家或导师队伍,去开展该学科前沿问题的研究和探讨。外部引进就好理解得多,即通过不

---

① 唐国锋、李丹:《创新驱动发展视域下重庆市高校创新创业教育现状及对策建议》,《教育教学论坛》2019年第11期。

同手段吸引校外人才的加入,以及与企业进行合作、聘请企业家和优秀的创业工作者来校开设讲座、课程以及案例讨论等都是外引的有效措施。由此可见,人才通过多渠道引入是我国创业型体育教育社会配套体系可持续发展的一项重要措施。

4. 创新创业型体育教育的课程体系

要使创业型体育教育得到系统的发展,各大高校应当根据本专业的设置,将创业教育的目标、内涵及本质等体现在培养计划中。由于不同年级和学段的学生的需求是不同的,如低年级的学生就业压力较小,对知识的渴望较大,而毕业生面临着就业压力,他们对课程的需求必然是不同的,因此在课程体系的建设上要考虑不同年级学生的具体需求。从专业的角度看,任何专业的学生都可以进行创业,无论是管理、艺术还是金融等专业的学生都可以结合自己的专业领域、自己的兴趣来选择课程,体育创业同样如此。因此,创业型体育教育课程的开发应以学生具体需求为导向,遵循理论联系实践的原则,设置多元化、科学化、可操作的课程体系。由此可见,建立并实施创新创业型体育教育的课程体系是我国创业型体育教育社会配套体系可持续发展的一项重要措施。

5. 创新创业型体育教育的评价体系

在某一过程结束后,对此阶段进行总结评价是十分重要的手段措施,这是不断完善缺点,了解自身弊端,不断实现可持续发展的一种十分重要的手段,简单来说就是反思,对做过的事、做错的事进行总结。在创业型体育教育领域同样需要评价手段的介入,即无论是课堂教学效果、学生的创业成绩还是人才培养的进展都离不开评价体系。在创业型体育教育实际效果评价方面,应该建立完备的课程评价体系,作为教育部门及行政部门工作的指标。在教师教学效果评价方面,对于上课热情,积极开展教学创新,有思想、不盲从的一线教师应给予充分的鼓励。在学生创业成绩评价方面,应该注重过程而不是成绩,着重激发学生创新创业的热情,引导学生不能只停留在课本上,要走出课堂,将理论与实践进行连接。由此可见,构建创新创业型体育教育的评价体系是我国创业型体育教育社会配套体系可持续发展的一项重要措施。

第五节 创业型体育教育运行管理机制

创业型体育教育是我国体育教育的发展新方向，是培养新时代高素质的创业型体育人才的必要途径，也是缓解当前社会严峻就业形势的重要策略。但创业型体育教育涉及众多因素，是一个既系统又复杂的工作，若使其顺利开展，就需要建立相应的创业型体育教育运行管理机制，明确各机构、各因素及各环节之间的联系。

一、领导机制

创业教育是一项系统复杂的工程，工作环节繁多冗杂，同时又受些许不确定性因素干扰，为保证创业教育工作的顺利开展，就需要具备完善的领导机制统筹协调整个创业教育过程。

校长作为高校的核心关键人物，承担着领导与决策重任，应担任高校创业教育工作的领导者。一个高校创业教育工作开展状况如何，与校长的领导工作息息相关。创业教育工作的开展，要坚持校长领导的核心作用，同时联合教务处、学生工作处、教师队伍等共同管理，建立上下多方联动、多位一体的领导管理机制，全面负责高校创业教育工作的研究、服务、规划等，进而提高创业教育的发展水平。

另外，除高校创业教育工作的内部领导，还需具备高校外部创业教育工作的领导机制。近些年，高校创业教育工作以政府提出的创新驱动战略为指引方向，政府陆续出台支持创业教育的相关政策文件，逐步推进创业教育科学、规范发展。高校应在政府的统一领导下将各级政府为创业教育提供的各类支持直接与大学生创业相对接，提高执行力，保证创业教育支持政策的有效落实。高校还应与政府协同领导，加强创业孵化基地、创业园等平台的建设，以提高创业教育工作开展的便利性。

二、组织机制

第一，建立和完善创业教育组织管理机构是组织管理的重要保证。首先，学校或学院应成立由党政领导和创业教育部门职员组成的创业型体育教育领导小组，统筹、协调创业型体育教育工作；其次，校方应考虑到学生由于创业基础薄弱和创业过程的不确定性导致创业过程中存在的种种困难，给学生提供创业指导，支持学生进行创业，争取获得良好的创业教育效果，应建立创业指导中心；最后，应成立创业教育研究部门，从中再细分各专业领域的创业教育，专门对创业教育开展过程中存在的种种问题进行剖析，以寻求相应解决对策，提出可行指导意见。

第二，强化创业型体育教育师资队伍力量。师资队伍是创业教育的重要主导力量之一，是创业教育的关键。目前，大多数体育院校的创业师资既存在数量上的匮乏，更存在质量上的隐患，由于我国创业教育开展较晚，创业教育全面展开更晚，多数教师缺乏真正的创业培训和创业实践，更大程度上仅通过自身学习创业教育理论知识，将其传授给学生。此现象在我国高校中普遍存在，一定程度上反映出了我国高校创业教育的发展道阻且长，而创业型体育教育更是如此。所以，要重视选拔和培养高素质的创业教育教师，做好此工作的计划，通过加强培养本院系教师和聘请校外优秀创业教师，稳固加强创业教育师资队伍。

第三，充分开发、利用校内外资源搭建平台。从校内角度看，要保证体育专业学生创业项目的合理性，有效开发创业并合理利用校内创业资源，使创业教育的组织管理更加科学规范，可建立创业实践平台供学生使用。从校外角度看，要加强与校外相关科研院所、企业等的合作，通过参与企业等平台的创业实践及开设的企业名人的创业讲座，有效并合理利用企业等平台的各种资源，提高大学生的创业积极性，开阔大学生的创业眼界，更大程度地激发大学生创业激情，保证创业型体育教育的组织管理运行顺利，促进大学生的创业成功率，推动创业型体育教育的高质量顺利开展。

三、决策机制

决策机制是创业教育运行机制中的关键，决策存在于创业教育过程中的各个环节，即创业教育发展的规划、实施过程的开展和创业教育评价等环节均离不开决策。创业教育不仅要在开展过程中对组织机构、课程设置、资源统筹等进行决策，还要对创业教育开展效果的评估过程进行决策，可见，决策机制是创业教育开展过程中保证前者顺利完成和后者顺利开展的连接各个环节的"枢纽"。高校创业教育是一种极具创新创业理念的教育模式，创业型体育教育作为其中一个分支发展更晚，在教学内容、教学方式、课程设置、创业实践等方面探索较少，缺乏实践经验。因此，为保证创业型体育教育工作顺利开展，统筹创业教育发展，建立创业型体育教育决策机制对其各方面进行有效决策是非常必要的。

高校创业教育的决策机制主要通过高校教育领导机构与创业教育委员会之间合理分工、相互协作、共同促进来完成，其中领导机构需把握高校创业教育的大局，由宏观的创业教育到微观的创业型体育教育，统筹协调教育的方向、资源以及经费。而创业教育委员会则主要对创业教学过程进行把控，对创业教育的课程设置、教学内容等方面进行检阅，以保证创业教育顺利开展。在决策机制运行过程中，首先要反思、分析创业教育存在的问题，现实以创业教育和社会发展为参考依据制定创业教育目标，其次要为实现创业教育目标制订出相应决策方案，推动方案的实施，通过后期的创业教育实践效果检验决策是否可行，并以此为依据对创业教育决策进行评估，再根据评估结果对决策进行优化，最终将创业教育的整体规划付诸实施。

四、反馈机制

信息反馈是获取创业教育开展过程中实际状况的唯一方式，也是促进创业教育顺利开展的必要保证。创业型体育教育是体育教育与创业教育的有机融合，由于其开展较晚，实践经验少，具有较强时效性，还有诸多不确定因素干扰，因此为保证创业型体育教育顺利进行，就需要建立反馈机制，并通过此机制掌握创业教育工作具体情况，通过反馈信息做出针对性举措。对于反馈机制，既要保证科学化、多元化，还要提高高校参与评价反馈的积极性。从整体角度出发，创业型体育教育并没有形成完善的反馈机制。

反馈机制无疑对创业型体育教育的开展起到了推动作用。通过反馈机制能及时认识了解到创业型体育教育开展过程中存在的问题，并及时采取相应对策解决问题。一方面是反馈信息的产生，这就需要对创业型体育教育有科学合理的评价方式，反馈信息是由创业教育过程中的众多因素的碎片化信息组合而成的，而通过对创业教育过程进行科学合理的评价就会大大提高反馈信息的获取效率和准确率。在评价过程中应注意组建具有丰富知识和经验的专家学者，保证创业教育评价的有效性。另一方面是反馈机制的建立，高校应根据自身实际状况建立符合自身发展的反馈机制，通过多元化的评价主体对创业教育进行全方位、多角度考量，教师、学生、高校职能部门等均可作为评价主体参与创业教育的信息反馈。同时，可通过"院系评价—教师评价及反馈—学生评价及反馈"三级反馈机制将创业型体育教育的信息反馈落到实处。

五、激励机制

激励可使人产生实现目标的强烈动机，形成强大的内生动力，并引发一系列完成目标的行为。激励机制是指在组织系统中，激励主体系统运用多种激励手段并使之规范化和相对固定化，而与激励客体相互作用、相互制约的结构、方式、关系及演变规律的总和。激励机制见于生活中的方方面面，尤其是在企业中，企业为获取更大利益，在建立激励机制的基础上通过多种激励方式来激励员工，以此提高员工工作效率。同样，为提高创业型体育教育的效果，使此工作顺利开展，将激励机制运用在创业型体育教育中亦可达到意想不到的效果。

建立和完善创业教育的激励机制是推动创业教育深入发展的重要保证，但要注意把握以下三点：一是改进激励要素的配置，对高校创业型体育教育工作的各项主体进行动机激励。在创业教育过程中，既可通过思想教育激发教师和学生的创业教育动机，引发教师和学生的创新创业激情，又可通过改进创业教育的奖惩机制、课程设置和学分要求等，促进教师和学生在创业过程中的联动，使二者有机结合。同时，还要重视校园创业文化氛围的建设，发挥其熏陶作用，构建课堂外的创业动机激励机制。二是设置适当的物质奖励，同时给予精神嘉奖，使不同奖励结合起来。应将激励落到实处，通过相应方式实现有效的激励。在创业教育过程中，应调查学生参与创业教育的动机，分析、把握学生的需求，有针对性地给予学生物质和精神奖励，如此一来会更有效地发挥激励机制作用，从而更有利于创业型体育教育工作的开展。三是保证激励过程及时性和持续性。已有心理研究表明，及时对良好行为进行激励能使其心理产生较高积极性，对自身得到激励的行为记忆尤深；而对不断产生的良好行为进行重复激励可以使行为者产生积极向上的心理动力定型，进而形成积极向上的优秀心理品质。所以，高校要想使创业教育工作开展顺利,保证创业教育质量,就必须对创业教育的参与主体,甚至其他相关人员采取奖励措施,更有效地发挥激励机制的作用。[①]

六、保障机制

创业教育是针对社会需求的实践教学模式,除高校外还涉及社会多方力量,并且在开展过程中伴随诸多不确定性因素,单凭高校是无法顺利有效完成创业教育工作的。所以,为保障创业教育正常顺利进行,同时为创业教育提供明确的改革方式,使创业教育持续、稳定、顺利发展,建立一套科学、灵活、时效性强的创业教育保障机制是非常有必要的。

当前,创业教育工作开展需要政府、高校、企业和家庭四方面进行合作,建设立体化创业教育平台,从政策、资金和课程建设三个方面提供保障,通过对创业教育实行统一管理,合理统筹校内外创业教育资源,以完善高校创业保障机制。

首先,政策保障方面。其一,政府要以国家的创新驱动发展战略和"双创"政策为基本立足点,推进各大高校创业教育改革,结合各地不同情况颁布创业教育的鼓励政策和措施。其二,要重视顶层设计,对创业教育进行科学规划。政府应成立专门机构对创业教育进行规划,建立和完善由政府、高校和社会共同推动的教育工作机制。其三,加强政策和平台保障,严格制定制度,把控制度实施。政府需要推广创业先进区域的创业事例和经验;同时为扶持创业实践,建设国家级或省级的高级别创业基地,并举行创业教育成果评估验收。

其次,资金保障方面。《国务院办公厅关于深化高等学校创新创业教育改革的实施意见》已经对创业教育资金保障作出明确要求,一方面是对财政和社会资金进行整合,改善高校经费支出,另一方面是设立创业教育奖励基金。创业教育资金既要有量的保障,还要有质的保障。创业教育资金的利用率、循环利用及保值增值均为资金是否有效利用的判断指标。针对如何提高创业资金的利用有效性,可通过以下措施:一是在设立创业基金时结合PPP的投融资模式,为创业投资灌输活力。二是更有效地发挥金融信贷作用,专门为帮扶大学生创业设立信贷资金,落实大学生的创业优惠政策。资金保障是创业教育和实际创业的基础,资金的投入和管理对顺利开展创业教育起着决定性作用,创业型体育教育亦如此。

---

① 胡桃、沈莉:《国外创新创业教育模式对我国高校的启示》,《中国大学教学》2013年第2期。

最后，课程建设方面。高校创业教育课程涉及多门学科，是一门综合性很强的交叉学科。其中，创业型体育教育课程将体育专业知识、运动技能与创业相关知识相互融合。为保障学生能够实现专业课程与创业课程的无缝衔接，通过专业课程和创业课程提升学生的创新创业能力，就必须构建合理的创业型体育教育课程体系，必须在课程设置中实现体育专业课程与创业课程的有机结合，从源头上分析并把握体育专业学生创业型体育教育的发展脉络，打造实践性强、科学合理、内容丰富、创新创业精神突出的创业型体育教育课程体系，降低创业课程设置的随意性。

第五章 创业型体育教育支持保障体系

第一节 创业型体育教育支持保障体系的内涵和问题

一、创业型体育教育支持保障体系的内涵

创业教育与传统教育之间存在很大区别,其内涵随社会发展不断变化,查阅相关文献可知,有学者将创业教育视为一种理念和模式。近年来,我国十分重视创业教育,并在高校中普遍开展。越来越多的学者对创业教育进行定义,认为创业教育应符合社会发展趋势,与时代发展要求相一致,以培养大学生的创业意识和能力为出发点,将创业教育融入高等教育中。[①] 对应的保障体系就是保证创业教育顺利进行、达成创业教育目标所采取的各种措施。

综合创业教育内涵及其保障体系的定义,笔者认为创业型体育教育支持保障体系的内涵为:以培养具有创新创业意识与能力的创业型体育人才为出发点,保障创业型体育教育体系顺利运行,通过各管理部门协调配合,采取一系列措施统筹教育资源而形成的有机整体,其中主要包括创业和专业课程改革、改进教学方式、建设并完善创业实践平台、构建并完善创业型体育教育考核评价体系、完善服务保障体系等方面。构建创业型体育教育支持保障体系,有助于提高体育院系教育水平,促进创新创业型体育人才的培养,带动体育专业大学生就业创业,进一步推进高校教育改革。

---

① 付红、徐田柏:《智能制造时代中国高等教育创新人才培养模式》,《平顶山学院学报》2018年第33期。

二、我国大学生创业型体育教育支持保障体系面临的问题

（一）认识方面

体育专业大学生是当代社会发展的中坚力量，是推动我国体育事业发展的主要力量，其受教育方式和质量影响着自身能力发展，进而影响着社会可持续发展。体育专业应届毕业生数量逐年增多，而教师职业受到广大体育专业学生的青睐，但教师工作岗位数量有限，无法满足全部体育专业毕业生的工作要求，这就使得其中一部分体育专业毕业生不得不从事其他工作。基于此现实情况，就需要全面认识体育专业学生的社会价值，摆脱对体育专业学生的传统认识，否则会影响大学生创业计划的有序执行和创业项目的落实与推广。比如，高校体育院系在制订体育教学计划时，受限于传统的就业思想观念，只注重体育专业课程教学，缺少了创业教育，从而使体育专业学生缺乏创新创业知识与能力。仍旧使学生走传统就业路线，就会造成体育专业学生缺乏创业就业能力、加剧其就业困难的现象。

（二）课程方面

由于市场经济发展存在局限性，因此存在"就业难"的社会现象，其中体育专业毕业生"就业难"的现象更为严重。体育专业毕业生就业时难以从事自身预期的岗位，这与市场、高校、企业、个人这四个因素联系密切。大多数体育院系开设了创业教育课程，并对学生进行创新创业思想意识培养和创业指导，但缺少完整的创业教育课程教材，同时存在教育内容与社会人才培训理念不一致的现象，容易误导体育专业学生的创业决策。

（三）教师方面

教师是创业教育的直接实施者，指导学生的创业就业，因此师资队伍的水平直接影响创业教育方案的实施。由于高校教师数量有限，一部分创业教育课程教师都是由高校辅导员担任或是从校外招聘，属于兼职授课，因此这足以体现高校缺乏专业的、具有资深创业实践经验的创业教师。高校创业教育师资不足直接影响创业型体育教育支持保障体系的运行效果，导致一些前沿的创业课程难以正常开展。同时，教师脱离自身专业领域、贯穿于多门学科进行教学，一定程度上影响其他课程的教学质量。

（四）执行方面

对于目前存在的创业教育保障体系，高校在执行方面也存在诸多问题，其中最突出的问题就是保障方案执行流程、方法等。体育专业学生是推动社会经济转型发展的重要力量，培养其创新创业能力不能仅限于课堂的理论教学，还要扩展到校内校外创业实践当中，通过实际创业活动增加自身创业实践经验，提高自身综合能力。显然，目前大多数高校的创业教育保障指导工作中存在缺陷，没有提出确切措施。

第二节　创业型体育教育支持保障体系的构建

创业教育是符合时代发展潮流的教育活动，是高等教育发展的必然趋势，也是促进创业型人才培养、推动社会经济发展、缓解严峻就业形势的重要措施，创业型体育教育作为其重要组成部分，亦如此。在构建创业型体育教育支持保障体系之前，应全面、深入地了解我国总体创业教育和创业型体育教育的实际情况，以实际情况为依据来构架体系。建立创业型体育教育支持保障体系的过程中应注重细节要求，根据客观事实做好相应保障工作（见图5-1）。

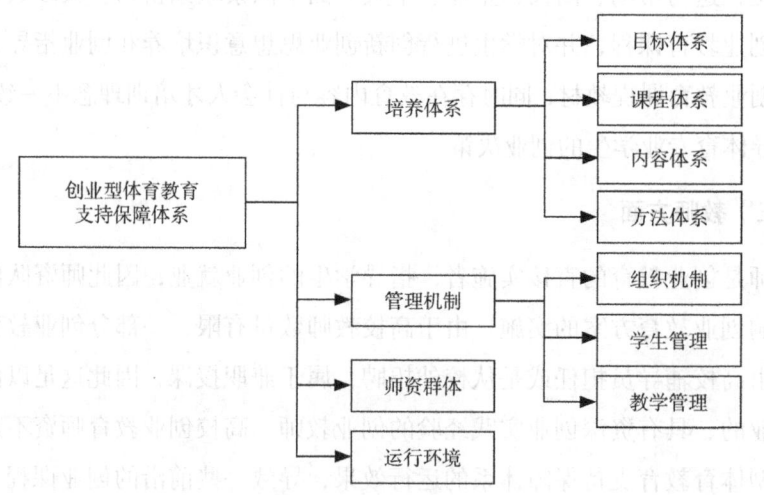

图 5-1　创业型体育教育支持保障体系图

一、构建创业型体育教育人才培养体系

在明确创业型体育教育的支持保障体系之后,应建立创业型体育人才培养体系,推进体育专业学生广泛参与相应创业活动。体育专业学生应以创业型体育教育的培养目标体系划分为依据来选择具体创业项目或方法,使其更符合创业型体育教育支持保障体系的框架要求。通过梳理前人研究成果,笔者发现体育专业学生参与创业活动应具备创业意识、创业心理品质、创业能力和创业知识四个关键要素(见图5-2)。

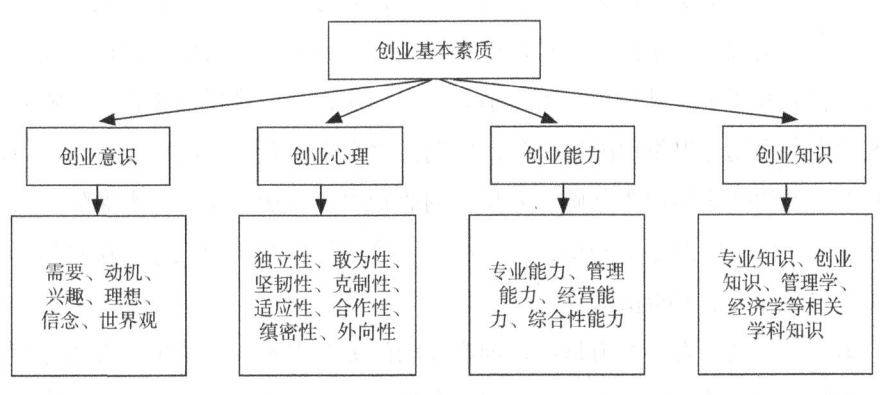

图 5-2 创业素质基本要素

创业意识是指人们对创业活动的一种认识,是对创业活动的客观判断,而形成的一种观念,这是促进人们参与创业行为的一种强大内驱力;创业心理是指勇于创业,敢于承受创业过程中所存在的各种挫折、压力的心理素质,这也是学生在未来创业、就业当中应具备的必要条件;创业能力是指所具有的能处理创业过程遇到各种问题的能力,包括协调沟通能力、管理能力、经营能力等;创业知识是指在创业过程中所运用到的具体知识,包括专业知识、经济知识、管理知识等。学生在进行创业时以此作为创业的理论指导,掌握并了解创业型体育教育支持保障体系的重点要素,能帮助自身避开困难,提出符合实际的创业决策,从而提高创业成功的概率。

(一)目标体系

第一,转变意识。教育事业是培养、输出人才的事业,是服务社会经济发展的关键,决定着人才输出的状况。而高校是人才培养的主要基地,可以为社会各

领域输送人才，也为具有创业意愿的学生提供了良好发展机遇。创业绝非一帆风顺，创业过程中隐藏诸多不确定性因素，暗藏多重风险，是一项极具冒险性的活动，创业成功皆大欢喜，若失败则会给创业者造成心理、生理上的双重打击，甚至影响个人未来发展。高校为助力体育专业学生创业而构建的创业型体育教育保障体系，就应从根本下手，指导学生的思想意识，普及前沿创新创业思想，培养其自主、自立意识。只有改革创新思想观念，才能使学生在创业活动中获得先进的创业思想指导，并最终取得优异的创业成绩。

第二，积累知识。社会经济发展靠人才，只有培养人才、稳定人力资源，才能实现长远发展。青年创业者是促进我国经济发展的重要力量，在推动我国社会经济发展上发挥了关键作用。为鼓励大学生创业，高校构建创业教育保障体系来为大学生参与创业提供保障性服务，以期待大学生能顺利开展创业活动。而这一切要以充足的创业知识为基础，充足的创业知识是成功创业的基本保障，大学生要学习并掌握丰厚的创业知识，如经济学、管理学、专业知识等，在此基础上还必须在实践过程中不断积累。

第三，提高能力。能力是决定创业成功的关键因素，大学生个人能力的强弱一般能影响创业活动的成败。创意型体育教育支持保障体系应注重培养体育专业大学生的个人能力，从多方面提升大学生的创业能力（见图5-3）。首先，要引导学生深入学习并掌握创业知识、体育专业知识与技能，并具备在创业实际活动中灵活运用的能力；其次，引导学生积极参与如创业竞赛、创业讲座、创业实习等各种创业实践活动，不断积累并发展个人能力，以提高创业的成功率。

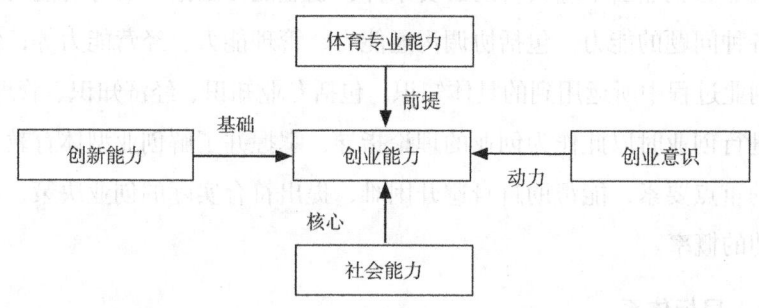

图 5-3　体育专业学创业能力构成

（二）课程体系

创业型体育教育支持保障体系能否发挥预期作用，与构建的课程体系关系密切。创业型体育教育课程体系应在专业课和创业课融合的基础上注重添加创新创业元素，编写具有创新性、适合于创业型体育教育的课程实施方案，满足体育专业大学生创业指导的要求。社会变迁迅速，传统教育模式现已无法完全与新时代创业型体育教育理念要求相匹配，革新传统教育课程体系，适应新时代教育的发展要求，很大程度上影响着创业型体育教育的发展，同时对体育专业学生的创业活动发挥着决定性作用。

建立创业型体育教育课程体系，就要与学生的创业项目相关联，在创业活动中一步步引导学生，并以先进理论体系为指导，使建立的课程体系产生最佳的教育效果。客观来说，大学生进行创业就是步入了一条机遇与挑战并存的道路，其中还充满诸多不确定性因素，对个人和团队考验巨大，若缺少课程体系的支持保障，则会阻碍创业方案的执行。

创业型体育教育课程体系能保障学生创业，这与其本身具有的特点分不开，即目标性、系统性、实践性、全面性特点。第一，目标性。通过各类课程向体育专业学生传授专业和创业知识，从各个方面发展其创新创业素质，增强其创业和专业能力，最终培养成高素质创业型体育人才。第二，系统性。创业型体育教育支持保障体系不是针对创业型、局限于某一方面执行的教育方案，而是对所有创业所需的内容进行整合，再开展相应课程，系统性地将前沿创业知识传授给体育专业学生的统一体系，这些环节都是互相关联、紧密衔接的。第三，实践性。创业型体育教育课程应理论与实践相结合，课程内容既要涵盖专业和创业理论，又要包括创业和专业实践，即成为提高学生管理、沟通、协商等能力的重要方式。比如，通过创业理论与实践课程教育，可以提高学生在实际创业活动中的动手操作能力，这足以体现出创业教育较强的实践性特点。第四，全面性。我国社会经济发展呈现多元化，国家也大力支持并鼓励大学生进行创新，创造更多优良创业项目，探寻多种经济发展方式，促进社会经济进一步发展。因此，创业型体育教育课程体系亦应该符合人才培养的全面性，以适应社会经济发展的多元化趋势，课程内容应包括体育专业课程、创业课程、实践活动课程、环境课程。

（三）内容体系

内容体系是创业型体育教育支持保障体系的展开形式，对创业型体育教育具有组织规划作用，使创业型体育教育按计划进行。根据创业型体育教育保障方案的要求，内容体系应重点围绕精神、技能、人格三个方面展开研究，这三方面要素会直接影响创业型体育教育支持保障体系的运行效果。

首先，创业精神方面。思想指导人们行动，精神推动人们行动，培养学生坚忍顽强的精神意志品质对发挥个人潜力具有重要作用。体育专业学生进行创业符合时代发展主题，若想在创业道路上走得更远，就需要学生在创业道路上披荆斩棘、无畏艰难，而这一切需要强大的精神意志作为学生创业道路上的前进动力。综合前人相关研究，笔者将创业精神分为奋斗、自强、创新三个方面。其一，奋斗。奋斗是取得成功的必备条件，不奋斗何谈成功，这是创业精神的重要体现。创业之路艰难困苦，创业者在创业过程中会面临资金不足、缺乏人才、项目选择、技术短板、经营管理等困难，要解决这一个个困难就要保持良好的奋斗精神，最终走向成功。其二，自强。自强不息是众人所倡导的优良精神，大学生创业应具备相应的勇气和魄力，敢于奋斗，在创业道路上坚持自强、自立。其三，创新。创新是社会发展的动力，创新是创业的灵魂，只有创新才能探索出新型创业项目，最终发展成为一个成熟的经济体。

其次，创业技能方面。当今我国正处于关键时期，经济、文化大开发、大交流、大冲突、大融合等现象应运而生。同时，国家大力支持体育事业发展，社会民众体育锻炼意识觉醒，体育事业发展处于起步阶段，还有很大的发展潜力。这种局势为体育经济发展创造了巨大空间，也给体育专业学生创业提供了平台和希望。创业型体育教育支持保障工作的开展必须以市场发展趋势为依据，制订科学合理的创业型体育教育战略计划，使学生通过接受创业教育和体育教育并掌握相关技能，促进学生创业的发展进程。在培养学生创业技能时，应注重以下几方面。

第一，市场调查。市场虽然为学生提供广阔的投资平台，但其受多种因素影响，是投资项目面临的最不稳定的因素。我国市场发展经营体制存在某些风险，若处理不当，风险会导致较为严重的经济损失。

第二，系统管理。市场环境受多种因素影响，牵一发而动全身，极不稳定，而在为大学生创业进行投资时也存在多种难以预测的风险。因此，应对创业项目进行深入分析，实施综合性研究，把握创业项目的发展潜力和获益效果，避免投入资金后因风险产生不必要的损失。同时，组建创业团队，重视对创业项目的综合管理是其中的关键一步，组建创业团队要遵循系统性、科学性、实际性原则，分别设置人力资源、财务、营销、培训等部门来负责所有创业工作，这些都是创业过程中的重点管理对象，与最终创业成效紧密相关。

第三，创业人格方面。人格体现着个人综合素质，从中可以看出个人的品质、思想、道德等方面的状况。大学生通常由于自身阅历不足，在创业过程中遇到问题时不知所措，仅凭个人意志盲目地处理问题，从而造成不必要的经济损失。创业人格虽决定不了一个人创业能力的高低，但其决定了一个人能否在创业道路上站稳脚跟。因此，创业人格教育对创业型体育教育支持保障体系具有较大作用，其能从根本上培养大学生的各方面素质，不断地向创业所需的各方面优良素质靠拢。

高等教育不仅能培养各专业领域人才，还能促进新一代青年更快地融入社会，为社会注入新鲜思想，提高社会发展的活力，推动整个社会思潮的前进。高等教育作为人才培养的重要方式，已形成良好的管理体系，为学生提供了优越的学习生活环境。在构建创业型体育教育支持保障体系的具体方案时，首要前提就是注重体育专业学生的素质教育，其次才是创业和专业教育，学生只有具有良好的人格和较强的创业能力才能较为顺利地完成创业计划。

创业人格教育是创业型体育教育支持保障体系的重点内容，其注重培养学生的综合素质，利于学生在创业过程中发挥自身主体作用。素质教育贯穿于整个创业教育，虽不像专业课程一样直接传授知识，但其教育内容却能有效保障学生进行创业。大学生作为时代发展的主要力量，只有注重提升自身全面素质才能满足时代发展要求，顺利开展创业并将其持续经营下去。

（四）方法体系

高校是我国人才培养的主要基地，高等教育是我国人才培养的主要途径。高等教育更注重"开放性"，此"开放性"主要体现于思想意识层面，即在教育过程中不断刺激学生进行思想上的碰撞，促使学生形成创新思想意识，而创新思想正是创业必需的,因此这种开放性的教育为大学生参与实际创业活动提供了有利条件。教育成果的获取很大程度上取决于教育方法,因此在创业型体育教育开展过程中,教师应不断优化教育的方法体系,使学生能掌握并灵活运用相关创业方法。具体表现在以下几个方面。

第一,课程教育。高校是培养各专业人才的教育基地,具有完善的理论教育结构,不同专业均制订了相应的课程教学方案。由于高校教育体制在人才培养中发挥了较大作用,因此创业型体育教育支持保障体系亦应实施课程教育模式,争取在创业型体育人才培养中发挥重大作用。当然,学生将来从事创业活动绝不仅仅依靠课堂上的理论知识,还需要创业实践经验,学生只有将二者结合才能在创业活动中取得优异成绩,因此学生在学习积累创业理论知识的同时,也要积极参与创业实践活动积累实践经验。大学生才是创业活动的参与主体,因此创业教育方法的实施要遵循学生的个人意愿,以教师提供的方案作为参考内容。其中,创业课程教育方法包括:草拟创业计划书、成功创业者指导授课、优秀创业成功案例分析、创业模拟训练、创业演讲、创业文献探讨等。

第二,实践教育。学生从小接受的教育大多为理论教育,这也是人们对学生所受教育内容的第一印象,而进入高等教育层次的创业教育和体育教育绝不仅限于理论教育,创业和专业实践能力在学生培养目标中会占很大一部分,同时,实践能力能否达到一定水平也是保证学生能否顺利毕业的条件。学生能否顺利进行创业,很大程度依赖创业和专业实践能力,因此建立创业型体育教育支持保障体系,就要注重学生的实践教育对发展其创业能力的作用。在确定实践教育方式时,需结合大学生的创业意向设计出更多与实践教育方案相关的创业实践活动,鼓励学生通过多参与"挑战杯"等不同形式的创业大赛、体育创业项目设计、创业论坛等实践活动来发展自身创业实践能力,起到创业教育的作用。

第三,支持系统。要想创业成功绝非仅限于努力学习、奋斗,而为参与创业的学生提供创业支持系统是个不错的选择。创业支持系统就是将创业教育方法统一整合起来为创业学生提供全方位、多角度的创业支持,为大学生创业提供明确的支持方案。

大学生创业教育中的几种教育方法之间存在互相关联的关系,其共同组成一个创业型体育人才培养系统(见图5-4)。

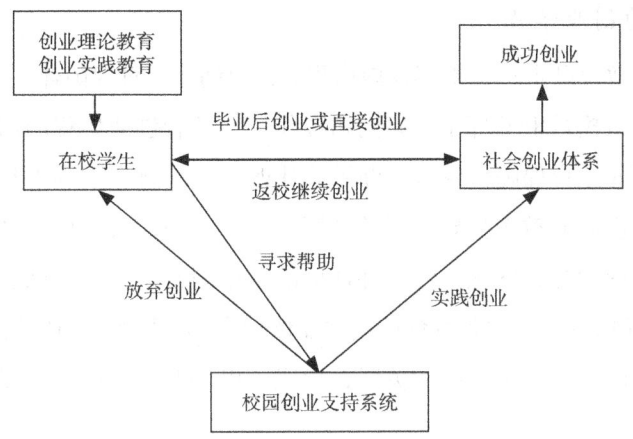

图 5-4 创业型体育人才培养系统

二、构建创业型体育教育管理体制

（一）组织机构

1. 金字塔形商业教育

大学生参与创业的目的就是获取更大利益，而这一过程与商业紧密联系，学生所具备的商业能力的高低与其创业效果呈正相关，因此很有必要在学生创业准备期间开展商业教育。商业性质的教育活动能够根据教育活动的实际状况，规划各课程的学习和实际教育等工作。其中，金字塔商业教育模式是一种较为科学、先进的教育模式，此教育模式利用已建立好的商业运营模型，与创业教育相融合，在拓宽创业教育保障体系的同时也拓宽了创业型体育教育支持保障体系的范围，对保障创业型体育教育顺利开展具有重要意义（见图5-5）。

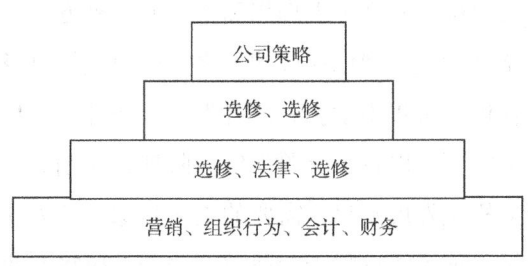

图 5-5 金字塔形的商业教育

2. 圆形的创业学程

我国创业教育已走过几十年发展历程，其中创业教育保障体系发展逐渐成熟，在创业管理决策执行上发挥了良好的指导作用。随着创业历程的加快、创业竞争不断增大，创业教育保障体系也不断被优化改进——融合了利于其发展的先进理论，其中以分析创业教育指导思想的"圆形理论"为代表。可以借助圆形理论分析学生创业学程的综合状况，使内外环境的各项因素与大学生创业进行有机结合（见图5-6）。可判断出：创业教育重点主要体现在创业联盟、师生关系、校友资源、网络资源等方面，这几个方面相关联，形成了以创业者为中心，多个因素全面拓展的层次关系。

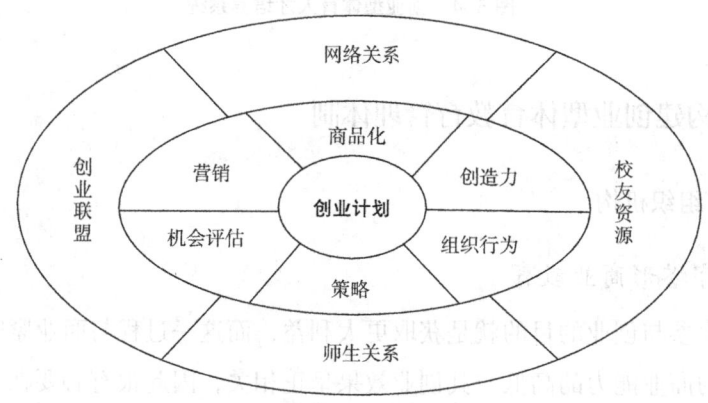

图 5-6　圆形的创业学程

综合以上研究，要在创业教育保障体系中建立组织机构，需从以下几个方面入手。

其一，合理利用资源。创业是一项受多种因素干扰的极为复杂的社会活动，也是大学生达成远大目标、实现个人理想和价值的一种方式。大学生在创业过程中不可能仅凭自身条件就能实现创业成功，也要避免仅靠自身单薄之力进行创业的行为和思想，要在创业过程中学会利用各类资源条件，如校友资源、创业平台的信息资源、校企资源等，以各类资源为创业阶梯，在创业道路上越走越远。同时，现在社会呈现多样化发展趋势，需要的更多是综合性人才，大学生作为推动社会发展的主要力量，绝不能仅限于专业教育培养，应将专业教育与创业教育相结合，拓宽可利用资源来增强个人创业能力。

其二，借助网络平台。科学技术是促进创业教育创新的基本条件，也是保障创业顺利进行的重要技术，利用计算机网络平台执行创业相关工作，能极大程度地提升工作效率和质量。比如，通过网络平台搜集各大企业信息动态、建立线上创业信息库、开展各种线上创业活动、对各种创业数据进行自动化分析等，均能产生高效、高质量的工作效果。同时，网络平台拥有可共享的数据资源供大家使用，还能使学生、教师及时进行沟通，共同参与创业教育活动。

其三，成立教育中心。教育中心作为引导学生思想步入正轨的教育指导机构，无论何种创业活动，都需创业教育中心根据不同学生的个人实际情况制订创业教育计划。创业思想观念意识薄弱是各大高校学生普遍存在的问题，因此教育中心要针对此问题制订创业思想教育方案，来引导学生的创业思想观念。个人思想观念决定着一个人的行为，在开展创业教育的同时，一定要注重学生创业思想观念的引导，使其具有主动参与创业活动的思想，从而更大程度上发挥个人的主观能动性。

（二）管理机制

大多高校受传统教育观念影响，创业教育管理方面的管理机制还有待完善，一定程度上影响大学生创业教育工作的开展，进而影响创业教育工作成效。此处的管理机制是针对大学创业教育的专项管理制度，既能够干预大学生实际创业活动，又能对创业项目进行科学管控。但由于高校相关教师、管理的思想观念、指导方案等方面存在一定不足，创业教育在管理机制的制定和执行层面存在诸多问题。具体问题如下。

1. 教学课程方面

高等教育的目标是培养高素质专业人才，在人才培养过程中绝不仅限于专业知识学习，很大程度上还要发展学生的发散思维，培养其创新意识，摆脱专业课程灌输知识的课程教学方式，突破思想局限。而我国部分高校教师在教学中仍偏向于专业课程的教育，一定程度上忽略了学生的素质培养，致使课程体系设置不合理，影响创业教育活动开展。同时，学生的实践能力是高等教育中应着重培养的一方面，社会发展趋势对人才的要求不断提高，只有具备较强能力的学生才能满足社会发展要求、紧跟时代创业步伐，进而在创业教育中取得优异成绩，在实际创业活动中实现个人价值。高等教育中的创业教育就是培养具有创新创业意识的高素质专业人才，创业型体育教育则是培养创业型体育人才，它们之间的共同之处就是培养学生的创新创业意识，而这就需要在教育中创新教育模式，脱离传统的教育方式，能在更大程度上激发学生的创新创业思想意识。因此，在课程体系制定方面，要结合专业和创业课程，融入创新创业方面的元素。

2. 学分评价方面

一直以来，我国高等教育一直对学生采取学分制的评价方式，这种评价方式不能反映学生的真实能力，存在诸多弊端。高等教育阶段的学生在各专业领域中都蕴藏巨大发展潜力，因此理应拓宽其学习活动范围，保持其参与创业教育活动的积极性。而采用学分制评价方式会使学生选择学分较高的课程，对学生的课程选择具有一定约束作用，还会分散大学生的精力，影响其参与素质教育活动。在课程教育中，教师本可以从专业层面为学生制定教学内容，使学生最大限度地掌握专业知识技能，并对学生创业进行指导。但是，由于学分制限制，大学生素质教育工作难以开展，综合素质发展受到影响，创业教育课程也无法达到预期效果，而这些对体育专业学生参与未来创业尤为重要，若不加以纠正，最终肯定会影响创业型体育教育的开展。

3. 教学质量方面

教学质量是评判教育水平的重要标准，因此只有保证教学质量才能提高学生的创业和专业技能。结合实际教学状况来看，高校因缺乏特定课程结构而使创业教育工作开展受到一定程度限制，致使创业教育质量提升受到阻碍。究其缘由，管理者工作不到位，管理时难以面面俱到，管理片面化的现象较为严重。很大一部分高校各院系在教学上依然只注重专业课程，不重视创业教育，对创业教育质量的管理不严格，致使多数高校的创业教育仅处于形式层面，并没真正落实。

为解决以上创业教育管理机制存在的问题，保障创业管理机制正常运行，本研究提出以下对策。

（1）调整课程设置

专业教育和创业教育均应被重视，专业教育应与创业教育有机融合。高校在培养学生专业知识技能的基础之上应向其灌输创新创业思想意识，为学生参与创业实践工作提供保障。在创业教育课程调整上，应保留传统教育模式的优点，摒弃其不足，结合学生的创业活动开设相关课程，而针对体育院系的创业教育就需要开设通识类课程，经济学、管理学等创业相关课程，还有体育专业课程。学生具有良好的创业思想观念是创业的前提，除固定的专业课程外，还需开设培养学生文化素养、思想品质、创新意识、创业精神的课程。培养大学生的思想道德观念对其参与任何活动都具有很大帮助，在创业上能够良好约束个人行为，客观、理性看待事物，一定程度上促进创业成功。

无论哪一种专业的学生缺少创业教育，都会对创业保持较高的陌生感，进而对个人创业活动产生负面影响，不利于创业项目的开展，体育专业学生更是如此。社会经济在现在和未来呈现多元化发展趋势，同时随着国家对体育事业越来越重视，体育市场存在巨大的发展潜力，体育专业学生拥有更为广阔的创业空间，这就要求体育院系应更重视创业教育的开展，创新教育模式，开展创业型体育教育。同时，为保障大学生的创业前景，需加强对创业教育内容的策划，一定要注意理论与实践相结合，在常规创业和专业知识教育基础上，还要建立创业教育平台，以先进创业理论为指导路线，以创业实践经验为反馈，不断引导、纠正大学生的创业思想意识和创业行为，丰富学生的创业理论和实践素养，提高学生的创业就业能力，使学生在创业的道路上越走越远。

实践是检验真理的唯一标准，创业教育管理机制应在理论研究基础上付诸实践，将其运用到实际的创业教育活动中。高校根据自身创业教育的开展状况，结合各专业的教育实践，使教师有充足的时间向学生传授创业知识。除此之外，还要引导学生形成正确的价值观念。每个学生对自身价值都有一定程度了解，然而他们往往因为一些日常学习生活中的问题干扰了创业的初心，比如学习、工作、恋爱等，出现这种问题是由于学生价值观念出现了扭曲，仅将个人价值局限于某一点，而忽略其他方面的价值体现。针对此问题，教师应在创业教育活动开展过程中积极疏导学生的思想，不断引导学生形成正确的价值观念，开拓学生的眼界，加大学生的思想深度，使其更顺利地参与创业教育活动和开展创业项目。

（2）调整学分制度

①进一步完善选修课制度

学分制的灵魂是选课制，高校选课制已承受住了市场经济的长期检验，并不断适应时代发展的需要而逐渐完善。世界诸多名校大都推行选课制，其中以哈佛大学为代表。哈佛起初实行全面选修，所有课均为选修课，但经实践发现，学生在选课时具有较大随意性和盲目性，使学生选的课缺乏整体性和合理性，出现知识面狭窄，知识碎片化、不系统的现象。为此，哈佛大学对其进一步完善，规定一部分限定选修课，本质上相当于必修课，在此基础上根据自身专业和学习状况进行选课。选修课制度的发展明显体现出，没有选修课和全是选修课都无法达到相应教学效果，关键还是在于学生和学校对课程的选择权。学生具有选择课程的权利，学校有对学生进行选课指导的责任，学生和学校二者相结合，根据自身实际状况才会制订出合理的选课方案。

近些年来我国高校选修课的比重不断增加，但综合来看，仍存在选修课比重较低的现象。有些高校的选修课占比为百分之四十，也有很多高校的选修课占比为百分之三十左右，选修课比重仍偏低，导致此现象的原因较多，比如传统教学模式不适应、师资不足、教育部制定的标准偏高、各高校实际教学情况存在差别等，仍需继续完善、探索选修课制度。

在我国高校选修课制度完善过程中，选修课所占比重逐渐增加，毫无疑问会对传统教育模式产生一定冲击。其中存在一个突出问题，就是需安排的课程数量与时间存在冲突。但换一种思路，若不同的学生可以选择不同的课程，就会有时间剩余。例如，一个班40人，每10人选修一门课，就还会有一节课的剩余时间，这不仅满足了不同学生选课的需要，还大大提升了课程安排的效率，减少了不必要的课程安排，也降低了学生的精力消耗，提升了学生的学习积极性。

所以，我国高校实行学分制，完善选修课制度，就需教育部改进高校的课程干预方式。其一，从规定具体实际课程的直接干预转变为规定原则的间接干预；其二，各高校应以先进教育理念为指导思想，重新规划课程体系，清楚学生应掌握的创业和专业知识，并加大师资培训，组建相应师资队伍，开设选修课，此外教育部门和高校应及时沟通，根据实际情况对选修课的安排进行灵活调整，保证选修课顺利开设。

②逐步推行导师制

学分制的另一个特色就是导师制，像哈佛大学、牛津大学、剑桥大学等世界名校均实行导师制。目前，我国部分高校也在试行导师制，但绝大多数仅限于大体指导学生的专业学习与毕业设计，与国外的制度性、针对性的全方位悉心指导学生的导师制相差甚远。我国高校导师制在建立过程中应以国外较为成熟的、先进的导师制为借鉴主体，结合我国创业教育和体育教育的实际情况，认真研究导师制需解决的一些基本问题，如导师的基本职责、导师的入职标准、导师的薪资待遇等。只有从根本上解决以上问题，导师制才有推广的可能。

③探索以宿舍为基础的社区学生管理制度

随着学分制实施，学生按专业划分到原来的院系和班级的教学管理体制中会有些困难。这是由于在学年制实行过程中，各专业学生有明确的班级和院系归属，课程教学顺序较为稳定，而在学分制实行过程中，除必修课外，学生在教师指导下根据自身情况来选择选修课，导致学生的选修课大相径庭，这些课程往往由不同院系不同专业的老师所开设，因此很难将选修课不同的学生进行统一管理。学分制实施条件下，每个学习班级的学生之间缺乏学习、生活等方面的互动，这是因为选课的学生这一临时群体内部所确立的互相联系的行为准则比较模糊，但群体规范较为成熟。以群体动力学为理论指导，比较宿舍和班级两个群体对大学生行为的影响，发现宿舍对学生的影响比班级大得多。因此，在学分制条件下，应以宿舍为管理中心对学生进行管理，这不仅有助于学生之间交流学习，加强学生之间的学习合作，还能推动各项体育文化活动开展，丰富学生的课余生活。鉴于此，在学生管理上可以采用以宿舍为基础的社区管理方式，这种管理方式以某个或几个宿舍为一个社区进行管理，既方便了学生的日常学习和生活，也方便了学校对学生的管理。但这一管理方式还在探索阶段，距离应用到实际的创业型体育教育中还比较遥远。

④提高培养质量

为保证创业型体育教育高效的执行效率，使体育专业学生体会到创业和专业课程教育的重要性，可通过质量监控系统对创业型体育教育过程进行综合评价，通过评价信息反馈发现并解决创业型体育教育存在的问题，进而使这一教育模式不断完善，提升创业学生的创业能力。完善创业质量监控系统是提高创业型体育人才培养质量的重要一步，其关键要素是听课制度和评优制度。其一，听课制度。听课制度的制定和实施是督促创业型体育教育工作深入开展的重要措施。高校定期随机抽取班级并安排相关人员进行听课，大体掌握创业型体育教育课堂的教学状况。听课次数和周期要结合创业指导方案和开展的实际情况来定，合理安排听课活动。听课人员在听课时要做好记录，方便之后对创业型体育教育的课堂教学进行评价分析，再将评价结果对外公布，这可在很大程度上促进教师课堂教学的积极性，对推动创业型体育教育开展具有重要作用。其二，评优制度。将听课记录作为其中一项评价标准，评价教师的教学工作，同时设置不同类别和级别的教学奖项，对教学工作开展效果优良的教师给予表彰，不断激励教师参与创业型体育教育活动，对教学效果较差的教师进行教育，为创业型体育教育高质量顺利开展提供保障。

（3）优化评价体系

对教育活动进行评价是为了把握教学的实际状况，及时发现创业型体育教育活动中存在的问题，而针对评价信息反馈提出相应措施，可提高创业型体育教育活动开展的质量。评价体系的质量直接影响教学评价结果，进而影响后续的教学指导工作。因此，为使创业型体育教育活动的评价方式更科学，评价结果更准确，评价主体更全面，进而保障其顺利开展，就应不断优化创业型体育教育评价体系，高效完成创业型体育教育评价工作。

在对创业型体育教育工作进行评价的过程中，应从教师、学生、管理层等方面入手，结合多方的意见看法，构建更科学、合理的评价体系。在确定质量评价指标之后就需要各方采取实际行动，发挥自身主动性，做好创业型体育教育评价的保障工作。

（三）学生管理机制

大学生乐观向上、朝气蓬勃，具备无限创造力，是推动社会发展的主力军。我国在社会经济发展新形势下，更注重创新，而创新的源头在于创新型人才，因此国家高度重视创新创业教育，注重培养创新创业型专业人才，以此提高我国的创新能力，使我国成为创新强国。在创业教育改革背景下，国内开始改进学生管理体制，以辅导员为学生管理工作的主体。在辅导员制度运行初期，高校辅导员队伍建设还不完善，存在诸多缺陷，一定程度阻碍了校内学生管理水平的提升。根据人才培养方案，完善高校辅导员队伍建设工作，有利于大学生管理工作的开展。根据创业教育和体育教育工作的具体要求，开展创业型体育教育时完善学生的管理机制，有助于指导体育专业学生创业活动并使其顺利进行。但在此过程中，学生管理机制可能会面临以下问题。

首先，管理缺陷。我国高等教育已经历了一个漫长的发展阶段，在教学管理和学生管理方面也已取得一定发展成效，教学方式由传统以教师为主体的"灌输式"转变为以学生为主体的"开放式"，既促进了学生之间、学生与教师之间的交流沟通，又开拓了学生的思维，提高了学生的思维灵活性。但是在高校提出的学生管理决策中，仍旧难以脱离对学生管教性的约束，这在一定程度上改变了教师对学生的实际看法。高校采取管教性的学生管理方式时，学生在校参与各种活动必须遵循学校的管理规范。具体来说，高校学生的评价方式应该多元化，不局限于成绩，但仍存在仅将考试成绩高、行为本分作为评判好学生的标准，而将一部分精力放在其他方面、具有创新创业思想和潜力、勇于尝试新鲜事物的大学生不被列为好学生的范围之内。这种管理学生的方式通过学校规范来约束学生的许多实践行为，很大程度上阻碍了具有创业资质的学生有效发挥其创业潜能，限制了创业教育目标的实现，对创业教育顺利开展提出了巨大挑战。

其次，发展缺陷。随着时代发展，开放性越来越明显，大学生具有自己的创业意愿，并对自身学习生活和未来工作已做好相应规划。虽然大学生规划的前途看似一片光明，认为只要按自身规划走下去就能取得优良的创业成绩，但实际上由于大学生的创业活动受到学校、社会等方面限制，大学生的发展空间很大程度上被压缩，难以将个人想法和规划付诸实践，无法在创业活动上全面发挥个人资质，进而影响其实现创业目标。大学生创业活动受限主要表现在两方面，其一是学校方面，高校教学虽然以开放式为主，但管教性的学生管理模式对学生思想行为具有很大的约束影响，很大程度上阻碍了学生个人潜能的发挥；其二是社会方面，大学生在参与创业活动过程中缺少社会环境的支持，同时面临多种社会考验，如创业资金短缺和创业经营不顺利等。

最后，市场缺陷。创业者是保障市场运行的一个主要群体，其所进行的创业项目与市场发展方向紧密相关。虽说大学生参与创业活动、选择创业项目、制订创业规划并进行落实能为社会创造经济效益，但在落实创业项目时会面临诸多不确定性因素，面临巨大挑战。同时，创业市场也面临诸多不确定性，存在众多风险隐患，一旦爆发就会对创业项目和创业的学生造成双重打击，严重影响创业进程的推动。最明显的就是经济全球化带来的冲击，国外企业挤压国内各行业，导致市场各类商品的价格不稳定。我国近年来愈发重视体育，通过政策支持来号召广大民众参与体育运动，我国体育产业规模也随之增大，每年产业增加值持续上涨。可见，我国体育事业还存在巨大的发展潜力,还需更多人才在此领域进行创新,不断开拓体育市场。如此看来,这是体育专业学生参与创业的大好时机,而开展创业型体育教育,培养创业型体育人才是时代发展所向。但由于市场某些方面的缺陷,体育专业学生在制订创业计划时一定要详细分析在创业项目开展过程中可能遇到的市场风险,提前提出切实可行的防范措施,提高创业计划实施的弹性。

为防止管理、发展和市场三种因素阻碍学生管理机制的运行,应全面发挥创业型体育教育保障体系的作用。

首先,坚持以人为本的教育思想,开展素质教育。在创业型体育教育开展过程中,无论是在课堂还是实践活动中,都应以学生为主体。时代变革迅速,社会发展对人才提出了更高的要求,因此要注重开展素质教育,提高大学生的综合素质,使其具备完成创业活动的能力。第一,教师对学生自身能力进行考核,需了解其具体状况,清楚其优劣势,以便为其选择培训方向并制订培训计划,比如最基本的交际能力、表达能力、管理能力、科研能力等,学生之间具备的能力差异较大,因此需根据不同学生的个人实际情况而定。第二,以大学生的创业意愿为依据,制订并实施相应的培训方案。因为学生最终要走向工作岗位,不管就业还是创业,都需要掌握扎实的专业知识服务于工作,从这一角度来考虑,开展素质教育对学生职业道路发展还是非常有必要的。素质教育更注重培养人的价值观念、思想道德、个人能力、创造能力等,是一种发展受教育者综合素质的教育模式,也是各类教育中最基本的。

其次,坚持辅导体制,完善创业教学。自从高校引入并推广辅导员管理制度,学生工作的管理水平得到显著提升,促进高校各院系工作有序开展。辅导员制度是高校管理工作中的重要对象,辅导员在高校团队建设当中发挥着重要作用,是创业教育开展的关键。但辅导员管理制度建设过程中还存在一定的问题,高校应针对存在的问题调整内部组织结构,提出科学合理的优化措施。组织建设好辅导员队伍,对高校学生管理工作水平的提升、创业型体育教育工作的开展及高等教育事业的发展具有重要意义。高校管理层应重视辅导员制度,深刻理解其教育管理价值,并以改革创新思想为指导,重视辅导员队伍建设工作。坚持辅导员制度对大学生创业的指导意义,并在实行该管理制度的过程中完善创业型体育教育的教学工作,保障创业型体育教育活动顺利开展。

最后，坚持实践教学，提供管理机会。实践教学是创业教育的关键部分，是学生在学习并掌握一定程度专业理论知识基础上进行的将理论付诸实践、加深理论认识并提高动手能力的教学活动，是高等教育中的必要环节，对于具有较强实践性特点的创业型体育教育来说更不能缺少实践教学环节。高校是各专业领域的人才输出源，其中设置了较高水平的专业课程、团队组织，目的之一就是为学生参与实践教学提供帮助。有相关专家学者指出，高校在管理时应鼓励学生积极参与，将部分职能分配给学生，配合学校进行各类工作管理，如此一来，既能提高个人管理能力，为后续创业提供管理基础，又能减轻学校的管理压力。同时，鼓励学生参与管理工作本质上也是创业实践教学的一部分，能刺激大学生充分发挥积极性，促使其参与各类创业活动，并从中锻炼自身的实践能力和学习能力。

教师队伍是教育活动的主体，是保证创业型体育教育活动顺利进行的基本保证，组织建设好教师队伍，增强师资力量，能够充分发挥教师队伍的作用、保障创业型体育教育的质量。随着高等教育改革，创业教育教师队伍在组建过程中逐渐摆脱传统的选择特定教师，而是由多个专业领域的资深成员组成"复合型"的教师队伍，这种教师队伍组建方式很大程度上提高了创业教育水平。基于此，创业型体育教育师资队伍的组建和完善亦应如此，师资队伍组建应包括教师、企业人员、政府人员和理财人员。

第一，教师。教师是教育体系的基本组成部分，也是创业型体育教育支持保障体系的执行者，负责执行各项教育方案。教师队伍水平的高低与教学质量紧密相关，为更大程度地提高学生的综合素质，给具有创业意愿的学生提供更多教育机会，高校需积极完善教师队伍的建设工作，建立一支高水平的教师队伍。同时，当代社会发展对创新创业型人才的需求给教师队伍提出了更高要求，因此创业型体育教师队伍要以先进理论为指导，从多方面综合分析创业项目的可行性，为体育专业学生创业提供有效指导意见，保障其创业顺利进行。

第二，企业人员。培养大学生的创业能力不能局限于高校的创业教育，还有一部分创业能力是通过企业这一途径来提升的，尽管企业并非教育机构，但其对培养大学生创业能力具有重要作用。企业为创业的学生提供了良好的发展平台，学生从中可直接经企业人员指导，获取一线创业经验，外加学习的理论基础知识可直接应用于实践，进一步提升了自身实践能力。学生借助企业提供的实习平台，并经企业人员的指导,保障了创业型体育教育的实践性。

第三,政府人员。政府是市场调控的引导者,是政策的制定者,其任何决策都会影响市场发展形势。同样,优化大学生创业市场环境也必须发挥政府的主导作用,以保证创业型体育教育支持保障体系的顺利进行。在此过程中,也离不开政府人员自身的努力,主要表现在为学生提供创业空间、根据政策变动为学生争取创业优惠、减少创业者不必要的资源耗费、帮助创业者避免因各类风险造成的重大经济损失等。

第四,理财人员。理财人员能够指导学生的创业投资活动,在创业型体育教育开展时通过外聘资深理财人员作为本校理财课程的兼职教师,可以提高创业型体育教育师资队伍的创业指导能力。具体表现在:通过理财教师较强的掌控市场商机的能力来寻找具有较大潜力的创业投资项目,既保障了创业项目的安全性,又能避免因选择高风险创业项目而造成的经济损失。理财人员在做兼职教师的过程中,可结合具体市场情况为学生安排实际内容进行实践性教育,以此增加学生的实践经历,提高学生的实践能力。

三、优化创业型体育教育环境

教育环境是决定创业型体育教育效果的重要因素之一,只有在较为良好、稳定的教学和创业环境下,才能更大限度地发挥出创业型体育教育的功能,提高教育成效,培养更高素质的创业型体育人才。高校管理层应积极响应并配合体育院系学生创业型体育教育工作的需要,为教师和学生提供更优越的教育条件。

(一)校园文化

建立浓厚的创业文化氛围能潜移默化地影响学生和教师的创业底蕴,激发大学生参与创业活动。经济全球化发展的结果之一就是国内市场遭受国外企业冲击。基于此,我国高校应加快教育改革,调整传统的人才培养模式,要求学生接触并掌握更多创业知识。首先要转变文化思想,坚持人才的重要性,清楚各专业领域的创新创业型人才是推动社会前进的重要动力。企业之间、国家之间从不缺少竞争,而人才是竞争的根本,也是企业、国家高质量持续发展的基本保障。传统的教育模式缺乏创新创业人才培养的元素,致使学生缺乏一定创新创业素质,然而随着社会不断发展，对创新创业型人才的需求和要求逐渐提高，国家、社会、企业和高校更为重视人力资源的发展价值。高校在培养创新创业型人才的过程中，要坚持人才第一的指导思想，为培养出符合社会发展要求的人才，应注重学校创新创业文化的建设，长期潜移默化地影响学生和教师的思想，将创新创业意识植入学生思想，发挥创新创业人才的战略作用。

（二）政策制度

政府在教育事业中起着重要指导作用，在市场经济发展中起着宏观调控作用。政府通过其宏观调控职能，为学生提供创业指导、创业优惠、创业服务等政策保障。国家重视大学生创业规划，主要是其具备创新性和经济性特点，与新时代青年人实现价值的要求相一致。市场是经济发展的载体，也是使创业顺利进行的基本条件，只有确保市场健康发展，才能实现经济可持续发展，为创业教育提供良好的发展保障。若市场发展紊乱，则会给各行业经济发展造成严重不良影响，大概率会对参与创业的大学生造成一定的经济损失，进而阻碍创业教育的开展。因此，这就需要国家及各地政府针对服务创业教育制定相应的创业政策制度，在创业政策上给予支持，帮助大学生落实已制订好的创业计划。

（三）市场建设

市场是创业的前提，市场建设的情况一定程度上影响创业活动和创业教育开展的质量。因此，政府应全面发挥其市场建设的职能，为大学生提供更广阔的创业空间。首先，高校体育院系开设的创业教育课程不应局限于理论教学，还要配有实践教学平台，使学生将创业和专业的理论与实践相结合，以理论指导实践，以实践反馈于理论，相互指导，不断发展，发挥出创业教育应有的效果。比如，支持大学生参与投资型创业项目，在政府支持、教师指导下分析投资项目和市场情况，将多余资金转入项目投入市场，经一段时间获取报酬。将资金投入选中的项目，这既避免了持有资金闲置，为创业项目注入资金活力，又能为投资者创造经济收益。这种商业投资活动广泛存在于国内外经济产业中，而且效果较好，在很大程度上促进了经济发展。因此，政府应加强投资市场建设，为投资型创业提供更优质、广阔的市场空间。

(四)融资支持

根据近年来大学生创业的实际情况来看,困扰大学生创业的主要因素就是资金问题。大学生在创业过程中经常会出现资金收支不平衡的情况,从而影响创业计划的顺利进行。因此,在大学生创业过程中给予其融资支持是非常有必要的,这也是验证创业教育成效的物质保证。金融行业是调控国内资金、保障资金正常流通的重要行业,其通过开设多种存款业务,吸引人们将资金存入其账下,并通过调整利率这一方式控制市场资金的收支。商业投资在资金分配中也发挥了重要作用,增加了资金调配方式,将资金投向私营企业、民营项目等多方面,既增加了资金分配方式,又提高了资金分配效率,为大学生创业融资提供了更多机会。

(五)创业指导

创业指导能为大学生解决创业疑问,规划创业任务,完善创业计划,利于大学生创业活动的有序进行。通过查阅有关资料可知,为大学生创业提供企业家、经济专家的指导服务,可以使大学生创业失败率降低大约30%,这明显体现出创业指导在大学生创业活动中的重要作用。另外,创业活动中很大一部分是以"公司"形式进行,而大学生基本都是初次接触创业项目管理,所以要针对创业项目制订系统的指导方案,对创业项目进行全面规划与控制。同时,科学、高效的管理制度是保证创业计划顺利开展的重要条件,大学生在创业期间应注重提升管理技能,以便更有效地统筹协调人力、物力和财力资源。

第三节 创业型体育教育支持保障的实践方略

一、思想观念保障

(一)发挥课堂教学作用,渗透创业理念

课堂是学生直接获取知识的重要渠道,要将创业意识和理念渗透到学生内心中,就需在教学内容和课程上做工作。一是要更新教学内容,让学生具有创业意识,这并非在课堂上强调创业本身或者宣传创业成功的例子,而是要将创业元素

融入实际课堂教学中，更新富含创业理念的教学内容，使其更具时代性和创新性，顺应社会发展趋势，符合市场发展规律，与市场紧密联系。二是将创业教育融入教育体系中，把创业教育引入教学。这要求学生探索并掌握一种适合自身的思维模式，从根本上进行改善，以达到激发学生创新意识的目的。具体可通过理论与实践相结合、第一与第二课堂相结合、校内资源和校外资源相结合的原则，将创业元素融入高校育人中，同时积极组织开展创业活动，做到创业教育与体育教育相结合，为培养创业型体育人才打下坚实基础。

（二）深化创业心理作用，做好创业准备

创业具有两面性，机遇的背后暗藏了诸多风险与挑战，要想创业成功，就必须承受此过程带来的众多压力和失败的痛苦。大学生下定决心进行创业时，就必须做好充分的心理准备来应对创业成功和失败。

首先，了解成功创业者的心理特征。通过分析近些年成功创业者的案例和个人心理特征发现，成功创业者的共同特点就是具备很强的自信和远大理想，不在意虚名，同时还具有生活朴实、做事实在、不沉溺于舒适环境、勇于探索、敢于挑战未知事物而不盲目冒险、越挫越勇、不断突破困境等特点。作为一名创业者或是具有创业意向的学生，应逐步养成以上优秀特点。其次，建立健全自身心理素质。良好的心理素质是实现成功创业的必要保障，能使创业者正确认识自己，有效控制情绪，进行自我激励。对于进行自我激励来说，第一，要具备自我意识，有自己的思想、独到的见解，不随波逐流，坚持向自己的目标前进，不被外界干扰；第二，创业者在面临挑战时要时刻保持理性，在任何情况下都要沉着冷静，受到挫折时不气馁、不悲观，成功时不沾沾自喜、得意忘形，时刻保持一颗平常心。

（三）加强创业型体育教育课程体系建设

创新创业还未形成一个相对完善的学术体系。创业思想观念培养的重中之重是创业精神和创新意识的塑造。培养此类精神和意识要以创新创业理论为指导，如此一来，既能提高大学生的创业知识储备，又能提高大学生的创新创业能力。因此，要遵循社会发展趋势，以市场需求为主导，加强创业型体育教育课程体系建设，丰富创业课程内容，注重创新创业理论知识普及。

但现实中许多高校忽视创业教育课程体系的建设，仅注重创新创业活动的组织，专注于表面上的创新而脱离了创新的本质，导致多数学生的创新创业能力难以提高。因此，高校需将创新创业元素融入实际教学当中，在传统的教学中注入创新创业思想。同时，要关注具有创业意愿的学生，对其着重培养，激发其创新创业兴趣，丰富其创业文化底蕴，培养其创业实践能力。

对于创业型体育课程体系的建设，可设计富有特色的创业型体育课程，在体育专业学生专业课程学习的过程中融入有关创业的知识，使学生了解创业具体内容、企业的管理和运营方式等。同时，可根据构建的创业型体育实践教学体系，让学生进行实际创业活动模拟，在学生获得实践经验、提高实践能力的同时，又能够检验并不断完善实践体系。另外，可建立健全创业型体育教育课程的评价标准，鼓励并促进教师教学工作和学生创业自主学习，全方位、多角度评价教师和学生的综合素质，尤其是实践能力与创新能力这两个关键方面。

二、创业实践保障

（一）加强创业实践基地的建设

对发展体育专业人才的创新创业意识与能力、培养创业型体育人才而言，创业实践基础在创业型体育人才培养过程中起到改变传统人才培养模式、作为体育专业学生创新创业能力培养的第二课堂、激励学生参与创新创业实践活动、提升指导教师水平等作用，因此加强创业实践基地建设对保障创业型体育教育活动顺利进行、培养创业型体育人才具有重要意义。

这就要求在开展创业型体育教育的同时，加强创业实践基地的建设，为创业教育打造一个全方位的支撑平台，推动创业型体育教育发展。建设创业型实践基地后，应对其进行评估，以实际评估状况为依据来为其提供对应的经费支持。建立产学研一体的创业实践基地，各大高校的实践基地、实验室都应以学生为主要供应对象，并向学生提供相应的硬件设备和指导性服务。对于各类实训中心，应不断改进设备、场地等硬件设施的质量和指导人员的服务水平，给大学生创造更优越的环境条件，为培养富有创新创业意识与能力的体育人才创造更优越的实践条件。各高校中的科技园也是学生进行创业实践的重要阵地，科技园一般具有场地、专业设备、专业技术、咨询指导服务等条件支持，可以为大学生创业提供有效帮助。此外，各大高校应保留有用的教育思想，摒弃无效的教育思想，同时进行思想创新，不断拓宽创业思路，科学合理统筹校内外资源，争取将有限资源的效益发挥到极致，建设出多样、高效、实用的创新创业实践基地，为学生参与创业实践、促进创业型体育人才培养提供更宽广的实践渠道。

（二）构建科学的实践训练体系

在保证建设的创业实践基地发挥出效益的同时，也要构建出符合体育院系学生的创业实践训练体系。主要包括国家、省、校三个级别，各级之间应相互联系、相互支撑。注重创业实践训练体系中的项目建设，主要包括学生在校期间所从事的创新训练项目、创业训练项目、创业实践项目。

其一，创新训练项目。创新训练项目是指在教师指导下，学生以团体或个人为单位独立进行一些创新创业工作，其中包括创新型项目设计、条件准备、组织项目开展、撰写研究报告、研究成果交流与转化等。其二，创业训练项目。创业训练项目是指在由教师指导组织的创业训练过程中，项目参与者通过承担一个或多个不同角色，来参与编制创业计划书、设计创业计划、进行可行性研究论证、模拟企业真实运行状况等工作。其三，创业实践项目。创业实践项目是指在校内教师与校外企业家或成功创业者的指导下，学生通过运用创新训练项目中的成果，再对其进行深入研究，提出符合社会发展趋势、市场发展前景的创新产品或服务，并在此基础上开展相关创业实践活动。在创业实践活动开展过程中，借助已建立的创业实践基地和实践训练体系来促进大学生创业项目孵化，在培养创业型体育人才的同时帮助学生落实更多优秀的创业项目。

三、财力资源保障

（一）财力资源的用途

创业教育和实际创业活动的显著特征就是实践性，二者均离不开实践，这就需要足够的经费来为其顺利开展提供财力资源保障。比如，高校中的图书馆、教室、各类科技设备、实践基地等设施建设，都需要有大量资金作为财力保障。为保障创业型体育教育活动顺利开展，亦应筹集大量资金做好各方面建设。各级政府、社会、高校应提高财力资源的被重视程度，在经费投入方面应加大力度，在资金利用方面要给予足够支持。充足的经费可以为创业型体育教育开展提供更优越的条件，利于开发新型创业项目，为体育专业学生参与创业实践活动提供机会。

（二）财力资源保障的方式

财力资源是创业教育活动开展的前提，高校作为创业教育活动开展的主体，应通过多种途径筹集教育经费，为顺利开展创业型体育教育提供充足的经费保障。这就要求各高校针对创业型体育教育的顺利开展设立相应的专门经费管理部门，来管理该项经费。专项经费包括多种形式，比如学生创业种子基金、创新创业支持资金、实验室创新项目资金等。此外，高校还应对学校和学生的重点创业项目进行额外支持。高校可通过多种财力资源保障方式达到保障创业型体育教育顺利开展的目的。可通过优化高校财力资源配置，计算并衡量经费投入与创业型体育人才培养、科研产出及社会服务三方面的产出效果，将创业型体育教育经费投入最有利的方面，重点支持学校和学生的重点创业项目，同时保证创业型体育教育课程、实践教学、实践训练等内容的正常建设和开展。

四、组织资源保障

（一）加强领导，落实责任

创业型体育教育的发展不是靠某个部门或环节，而是需要学校、社会和政府三者的协调努力，如果只是单纯地依靠某个部门或环节是很难完成的。

1. 加强政府的领导

在创业型体育教育的发展过程中，政府起到了相当重要的作用，主要体现在三个方面。第一，促进建立健全与创业相关的政策、基地、教育及服务的四位一体的体制发展。不断形成学校、社会和政府联动机制，形成学校紧抓、社会支持、政府扶持的发展格局，不断为创业型体育教育人才的培养与发展创造环境。第二，政府在颁布相关政策文件来支持体育人才创业的同时，还应该实施评比与奖励政策，不断地激发学校与学生的潜力，促使他们积极地投入体育创业中。第三，创业在掌握专业知识的基础上，更重要的是要有实践的机会与条件。因此，政府要不断支持、鼓励社会力量参与到创业基地的建设中，同时政府也要加大各种资源的投入力度。

2. 完善相关责任制

责任制的落实与完善在任何组织机构的发展与建设中都至关重要，出现问题要落实到部门、岗位及个人，避免出现逃避责任、互相推脱的情况。要将不同岗位的责任落实到具体个人，不能出现无人负责的情况。不仅在各个高校中要建立清晰的管理系统，细分权力，设立创业教育中心，来具体负责学生的各项创业工作，同时应该在各个高校的不同院系中建立创业中心和相应的领导班子，便于系统协调相关事务。

（二）科学组织，精心操作

1. 抓住机遇，抓好落实

时代不同，机遇自然不同。当前，我国十分重视创业性体育人才的培养，各大高校应当紧跟时代潮流，抓住时代机遇，积极组织开展相关体育创业活动。分析当前创业型体育教育的发展形势，各高校应结合自身实际情况，深入分析探讨发展的思路，针对具体情况实施一系列的举措，把培育学生的创业精神和创新意识放在首位，始终坚持"以人为本"的教育观念，为我国创业型体育事业的发展培育后备人才。

2. 因地制宜，改革创新

不同环境对应着不同的文化和风俗，因此不同地区在管理和发展过程中所采用的具体手段和方法都要考虑当地各方面因素。创业型体育教育亦如此，创业型体育教育相关工作并非一成不变，发展模式也并不统一，不同高校所面临的主观因素和客观因素具有差异性，这就需要创业型体育教育在实际发展过程中，要根据实际情况，因时制宜、因地制宜，始终结合自身实际情况进行发展。同时，各高校存在不同类型和不同层次的资源，这就导致其在培养目标、办学理念上存在明显差异，因此构建能够充分体现地方高校特色的创业型体育教育模式是非常重要的。

3. 抓住关键，重点突破

工作关键点是否顺利解决，决定着工作进展的情况。创业教育包含校内和校外两个方面，每个方面之下又包含了许多的不可控因素，在实际工作中，只有抓住关键点，才能确保工作系统正常运行。在创业型体育教育领域中，工作重点应当放到课程体系、师资队伍创业实践等环节上来。同时，获得当地政府及企业的支持也至关重要。

4. 加强宣传，营造氛围

氛围的营造能够潜移默化地影响人们的思维方式和认知，因此加强宣传是使创业型体育教育顺利开展的一种有效办法。各高校在创新创业工作中取得的优异成绩都应该积极进行宣传，同时，高校也应该定期开展和举办与创新创业相关的讲座和座谈会等，进行经验传授和交流，更要对在创业领域取得一定成绩的大学生进行表彰，树立大学生创业典范，在校园中营造出浓厚的创新创业氛围，促进创业型体育人才培养。

（三）营造校园创业文化，培养创业意识

1. 营造良好的校园创业文化

文化能够潜移默化地影响人的认知和思维方式，其中校园文化能够充分体现出一所学校的管理模式和学生的精神风貌。校园文化是一所学校文化底蕴的体现，更是一所学校内在素质和外在素质综合实力的表现，而创业文化能够鼓励学生积极创新，开拓学生的创新思维，培养学生的创新精神。将创业文化融入校园文化中，不仅符合当前时代发展的趋势，跟随时代的潮流，又能够为我国培养出优秀的创业型体育人才。校园创业文化的营造可以通过以下几个措施进行：①加大宣传力度。可以通过多方面的宣传方式，在鼓励学生积极参加创业活动的基础上，加大对一些创业成功典型案例的宣传力度。②积极开展多种多样的创业活动。要积极筹办各种创业比赛、创业讲座和相关学术交流会等创业活动，为学生创业营造良好的创业氛围。③建立相应的激励制度。对于创业活动，学校一定要积极地实施一些激励措施，调动学生的创业积极性，如对在创业上取得一定成绩的学生，学校可以适当地给予奖励。

2. 培养创业意识

意识的培养直接影响行为主体是否积极主动地从事某一职业。当前，高校的创新创业教育处于高投入低产出的尴尬现状，对我国经济的发展和人才的培养都

起到了消极的作用。[①] 经过有关调查研究发现，创业意识的缺失是导致这一问题的主要原因。创业意识在过去几乎不会被人提及，大学生在毕业后自然而然地就去找工作，形成了一种固定思维模式，不利于新兴事业发展，因此为大力推动社会经济发展，就要打破这种传统的固定思维，培养创业意识。

（四）制定政策，优化环境

1. 制定创业相关政策

政策扶持是创业型体育教育发展的一道"保护墙"。首先，针对当代创业大学生最关心的资金问题，政府应该发挥其重要作用，提出相关政策助力大学生创业，如税收、租赁及创业启动基金等。其次，相关政策的时效性也要进行检查和完善，让相关的政策体系更加完整。最后，政策的落实至关重要，如果政策实施不到位，就不能有效发挥其作用。因此，要加强监督管理、审核考察，坚决杜绝"上有政策，下有对策"的情况发生。

2. 优化创业社会环境

事情的发展都应符合时代和历史发展潮流，而社会大环境是时代背景的一种表现形式，因此社会大环境的好坏决定着社会中事物的发展。创业是一项具有较高风险性的活动，优良的社会环境是创新创业的"助推器"，对创业起到积极作用。所以，对于高校学生的创业行为，社会应当给予一定的支持与理解。

良好社会环境的营造有多种形式，如要广泛宣传创业成功的创业者和取得卓越成就的企业家，帮助大学生进一步了解创业，激发大学生的创业激情。对于在学校中取得优异创业活动成绩的学生，学校应当给予相应的奖励，同时要积极且正确地引导有关创业的社会舆论。

五、政策制度保障

在加强政策支持力度方面，除了上述的确立创新创业教育工作的发展目标和扶持政策的出台，此领域相关制度的健全程度也是创业教育工作重要的一环。本书主要从建立制度的前提和政策制度的保障措施两个方面对政策制度保障进行阐述。

[①] 徐萍:《高校创新创业教育文化意识培育路径略探》,《学校党建与思想教育》2022年第10期。

（一）建立制度的前提

政策制度建立的前提就是要确保其发展初心不改，那么创业教育的初心是什么？毋庸置疑，当然是"以人为本"，要把促进学生健康全面发展作为教育目标和第一要义，将师生的发展作为教育之本，在创业型体育教育制度建立过程中始终坚持"以人为本"的原则。

1. 从制度内容中体现"以人为本"

从制度内容中体现"以人为本"主要体现在以下几个方面。①多从师生的角度来对问题进行理解、分析和思考。②兼顾各个群体的利益。虽然教师和学生在总目标上是一致的，但是具体到各个群体的目标却呈现多元化的发展趋势，这就要求我们在制度建设过程中兼顾各群体的利益，充分调动每个群体的主动性，实现各自良好发展。③制度要严格和规范。要根据相关的法律法规进行完善，利于更好地维持发展秩序。

2. 在执法执行中体现"以人为本"

制度的提出不是作秀，提出后就要去实施，不然只是一纸空文。制度实施情况的好坏直接影响学校是否稳定健康发展，同时也关系到"以人为本"理念的具体落实与否。需要我们在政策实施过程中加强监督，也需要师生共同努力，积极参与，共克困难。同时，完善制度要在制度实施过程中根据所遇到的问题来做具体调整。

（二）政策制度的保障措施

1. 建立并完善学分制度

学分制在多年前就在我国广泛的实施，但是许多学校并没有从真正意义上落实学分制。学分制实际是贯彻"以人为本"教学理念的一种重要表现形式，是促进学生全面发展的一种教学管理制度。但根据目前情况，学分制使教学管理更加复杂，使教学过程面临着各式各样的考验。这就要求高校在实施学分制的基础之上，不断摸索高校的教育管理体制。

2. 建立并完善教学绩效考核与激励制度

绩效考核就是对教师的教学成绩进行评价，是高校管理体系中的一个重要环节。绩效考核需确定考核指标体系，通过对目标绩效进行规定，将总目标分成不同小目标，激发教师参与创业教育工作的积极性和主动性。激励机制是教学管理的一项重要机制，能够在很大程度上激发教师的工作热情。在创业型体育教育人才的培养方面，同样要充分地贯彻落实激励机制，不断地激发学生和教师参加创新创业的积极性和主动性。

六、师资力量保障

师资力量是决定高校教学质量的一项重要指标，本书主要从对源头进行严格把关、积极开展相关研究工作及大力加强师德建设等五个方面来对师资力量的保障措施进行阐述。

（一）对源头进行严格把关

要提升教师的质量水平，最为有效的方式是严格把控教师的入职门槛。不仅要对教师的学历和专业水平进行把控，教师的道德水平更是一个重要标准。与此同时，还要积极吸收那些具有扎实专业基础知识和具有创新实践能力的高素质人才，鼓励他们积极加入高校的教育活动中，让高校的创业教育活动充满生机和活力。在教师源头培养上要坚持引育结合的原则，也就是人才的引进和人才的培养。前者是对人才的补充，后者是对人才的培养，二者缺一不可。同时，还要意识到人才的发展要与学校的发展结合起来，这样才能充分发掘人才的潜力，并通过坚持人才引进和培养相结合的方式解决教师人才队伍上的难点和堵点。

（二）积极开展相关研究工作

相关研究工作的积极开展是落实和完善创新创业教育的基础和前提条件，创业活动顺利地开展离不开良好的环境和完善的基础设施。对于那些条件相对较好的学校，要组建与学生创新创业相关的活动组织，对场地设施、人员安排及经费使用情况进行研究，为学生的创新创业实践活动及教学提供一个良好的环境。与此同时，教师以及就业指导老师也应该不断地对创新创业的教育理论及相关真实案例进行研究，在研究过程中不断提升其创新创业教育水平，促进高校创新创业教学工作的顺利开展。

（三）大力加强师德的建设

1. 良好的道德品质

高校教师是我国高等人才培养者，身为一名教育者，专业的基础知识和技能是至关重要的，但更重要的是师德。教育的本质不仅是传授知识，更重要的是育人，这就要求教师要具有良好的道德素质和正确的价值观，能够做到以身作则、严于律己、为人正直、谈吐文雅、举止文明等。尤其是在当今社会经济条件下，要坚定自己的立场，坚决抵制奢靡主义、腐败思想的横行，能够清晰地认识到道德品质的重要性，承担起一名教育工作者的责任。

2. 先进的教育思想与理念

时代发展会促使各个领域的进步，故步自封必然会迷失在前进的道路上。教育工作承担着培育人才的重要使命，其先进性和时代性不言而喻。对于高校教师而言，具备先进的教育理念与思想是其必备的一项能力，这也是评价教师综合素质的一项重要标准。先进的教育思想与理念能够指导教师的行为，使教师产生一种强大的内驱力，能激励和调节教学相关的活动。作用到具体的实践中就是要打破原有的、机械式传教的教学观念，注重学生综合素质的提升，因材施教，加强培养学生的创新意识和创新精神。

（四）加强政策方面的支持力度

1. 确立创新创业教育工作的发展目标

建设创新型国家是我国基于世界科技发展趋势和我国特有的国情提出来的，在建设创新型国家的过程中，创业与创新问题已经成为我国现代经济社会中的热点问题，同时，建设创新型国家为大学生创业提供了政策条件。

目标是一切行动的导向，如果靶子都不知道在哪，每天的拉弓就没有意义，目标的确定对于具体措施的提出和实施具有指导作用。因此，目标的确定是一切工作的首要步骤。创业型体育教育工作同样如此，只有确立好正确的发展目标，才能够正确地引领和指导创业型体育教育的发展。各高校应根据当前我国创业教育发展所面临的问题，结合前人的经验和对创业领域前景的希冀，结合自身实际情况确立创业型体育教育的发展目标。

2. 出台扶持政策

相关政策的出台和颁布是创业教育不断前进的制度保障，自身不断改革创新与外部施加助力，能够促进各高校创业型体育教育这一领域的不断发展。前文阐述了制定发展目标的重要性，但只有发展目标还远远不够，还要在明确发展目标的基础之上，制定相关扶持政策，以此来作为发展的保障。依据创业型体育教育的独有特征，政府部门要对创业型体育教育工作中的重点领域进行分析，制定相关的措施。推行创新创业符合我国的实际国情，更顺应社会发展趋势，因此应不断对创业教育进行研究和挖掘，在此基础上出台相关政策，给予政策保障。

3. 不断健全相关法律法规

在加强政策支持力度方面，除上述的确立创新创业教育工作的发展目标和扶持政策的出台外，健全相关法律法规同样是重要一环。法律是从事社会活动的准绳，任何人都不能脱离法律的约束范围，必须以法律所规定的标准来要求自己的行为。创业型体育教育的发展同样如此，必须以健全的市场法律法规作为保证才能得到更好的发展，才能对创业型体育教育的相关工作予以规范和指引，为我国创业型体育教育的发展创造出健康、安全的环境，促进各高校创业型体育教育的发展和整个领域的健康可持续发展。

（五）促使教师的业务水平不断提高

在教育过程中，教师是传授者，学生是受教育者。除去主观因素的影响，受教育者所能够接受知识的多少与教师的业务水平高低有着直接的联系。业务水平高的教师在教学过程中往往能够起到事半功倍的效果，学生对于知识的汲取效率会大大提升。因此，提高教师的业务水平对创业型体育人才培养至关重要，本书主要从采取激励措施和注重培养优秀教师这两个方面对其进行阐述。

1. 采取激励措施

促使教师业务水平不断提高的第一项有效措施是采取相应的激励手段。激励是促使人们积极进取的一种重要手段，也是产出效果最快、最直接的一种形式，激励手段分为多种，不同手段会产生不同的效果。在创业型体育教育领域同样如此，要积极采取一些有效且适度的激励措施，促使高校教师积极工作，引导教师在创业教学过程中注重理论与实践结合，使其通过积极参与学术交流活动、创新创业实践活动、创业理论培训等来提升自身的创业素质。采取有效措施对满足创业教学成绩优秀、创业科研成果丰硕、创业素质过硬等条件的优秀教师进行物质和精神嘉奖,可激发其参与创业教学工作的积极性,为促进创业型体育教育发展提供源源不断的动力。

2. 注重培养优秀教师

促使教师业务水平不断提高的第二项有效措施是注重培养优秀教师,在教育领域,优秀的教师是最重要的一项组成因素,在创业型体育教育领域同样如此,优秀的教师往往会在教学活动中起到事半功倍的效果。对优秀教师的培养要遵循"培育+引入"的原则,前者是对青年教师的培养和重视,后者是对拥有实践经验的相关人才的积极引入,引导他们积极从事教师行业。同时,跨学科、跨单位和跨领域的合作关系也值得提倡,这种形式会使各个领域的优秀教师进行交流,从而形成一个高素质、高水平的兼顾教学和科研的团队。

附录 1

创业教育发展现状专家访谈提纲

尊敬的专家：

您好！首先感谢您在百忙之中抽出时间参与本次访谈，本次访谈的主题是关于创业型体育教育发展的相关问题，目的是让大家更深入地了解创业教育的发展现状，为开展创业型体育教育提供科学的、有针对性的理论依据。请您根据您的专业经验及知识积累进行回答。

访谈内容如下。

1. 据您了解，我国高校创业教育总体开展状况如何？体育院系的创业教育开展状况如何？

2. 您对创业、创业教育以及大学生进行创业的看法如何？

3. 您所在学校是否开设过创业教育相关课程？体育院系是否开展过创业教育课程？必修课还是选修课形式？

4. 您所在院校的创业教师有多少名？专职教师和兼职教师分别是多少？是否定期对创业教育进行培训？

5. 您所在院校是否开展过创业相关活动？若开展过，频率大概是多少？学生与教师的参与度如何？

6. 您认为我国高等教育创新人才培养与体育创业人才培养是怎样的关系？

7. 从高等教育培养来讲，您认为是否有必要进行体育创业人才培养？如果有必要，应如何操作？实际操作过程中可能存在哪些问题

8. 您所在的地区、院校为大学生创业提供的优惠政策有哪些？

9. 您所在的院校如何进行创业人才的培养？（包括培养的环节、内容、方式成果等）

10. 创业意识培养、创业知识培养和创业能力培养分别应如何具体体现？

11. 您认为应如何有效利用第一课堂与第二课堂及其相互关系来开展创业人才的培养？（尤其是创业能力的培养）

12. 您所在院校有哪些创业教育载体？其具体运营方式如何？

13. 您认为目前我国体育院校创业型体育人才培养存在的主要问题有哪些？

14. 您认为目前制约我国体育院校创业型体育人才培养的因素有哪些？

15. 您认为影响我国创业型体育教育质量的因素有哪些？

16. 您认为我国体育院校创业型体育人才培养的主要途径有哪些？

17. 您认为我国保障体育院系创业教育顺利开展的措施有哪些？

附录 2

创业型体育教育质量评价指标问卷

尊敬的专家：

您好！首先感谢您在百忙之中抽出时间参与本问卷的填写，本次问卷填写会占用您 10~20 分钟时间。问卷的内容是关于创业型体育教育质量评价指标的，其目的是构建创业型体育教育质量评价指标体系，为构建创业型体育教育模式，推动现实创业型体育教育发展提供科学合理、有针对性的理论依据。为更好地反映实际情况，本问卷基于文献研究及实际访谈，从 9 个方面提出相应的创业型体育教育评价指标，请您根据您的相关工作经验及知识积累给出相应分值。

我保证采集的数据仅用于此次课题研究，谢谢您的支持！

填写说明：请按各指标对于评价目标的影响程度大小，对指标进行两两比较，标度含义、各级指标、各级指标打分表见下表 1~4 所示。

表 1 标度含义

标度	含义
1	同样重要
2	微小重要
3	稍微重要
4	更为重要
5	明显重要
6	十分重要
7	强烈重要
8	更强烈重要
9	极端重要

表2 创业型体育教育质量评价各级指标

评价目标	一级指标	二级指标
创业型体育教育质量	学校层面 B1	规划措施 C1
		师资队伍 C2
		经费投入 C3
	思想层面 B2	思想观念 C4
		创业意识 C5
		创业心理 C6
	教师层面 B3	教学理念 C7
		教学活动 C8
		教师素质 C9
	组织保障 B4	管理机构 C10
		制度建设 C11
		创业保障 C12
	学生能力 B5	创业能力 C13
		专业能力 C14
		创业水平 C15
	所获成果 B6	科研成果 C16
		竞赛获奖 C17
		创业项目 C18
	教学层面 B7	课程体系 C19
		教学内容 C20
		教学模式 C21
		教学特色 C22
		教学改革 C23
	环境层面 B8	创业文化 C24
		基地建设 C25
		创业活动 C26
	创业前提 B9	创业意向 C27
		创业知识 C28
		职业资格 C29

表3 一级指标打分表

评价目标	B1	B2	B3	B4	B5	B6	B7	B8	B9
B1									
B2									
B3									

续表

评价目标	B1	B2	B3	B4	B5	B6	B7	B8	B9
B4									
B5									
B6									
B7									
B8									
B9									

表4 二级指标打分表

评价目标	C1	C2	C3
C1			
C2			
C3			

评价目标	C4	C5	C6
C4			
C5			
C6			

评价目标	C7	C8	C9
C7			
C8			
C9			

评价目标	C10	C11	C12
C10			
C11			
C12			

评价目标	C13	C14	C15
C13			
C14			
C15			

评价目标	C16	C17	C18
C16			
C17			
C18			

评价目标	C19	C20	C21	C22	C23
C19					
C20					
C21					
C22					
C23					

评价目标	C24	C25	C26
C24			
C25			
C26			

评价目标	C27	C28	C29
C27			
C28			
C29			

参考文献

[1] 徐红梅:《新形势下高校创新创业教育现状分析——评〈新形势下高校创新创业教育〉》,《领导科学》2021年第20期。

[2] 刘铸、张纪洪:《大学生创业教育的基本功能与重要意义》,《中国高等教育》2010年第18期。

[3] Katz, J.A. The chronology and intellectual Trajectory of American entrepreneurship education[J]. Journal of Business Ventuing, 2003, (2): 283-300.

[4] 许涛、郑文江:《美国大学创新创业教育的发展现状及其新特征》,《现代教育技术》2019年第29期。

[5] 黄兆信、张中秋、赵国靖等:《英国高校创业教育的现状、特色及启示》,《华东师范大学学报(教育科学版)》2016年第34期。

[6] 张燕妮:《法国创新创业教育的现状和启示》,《江苏高教》2020年第9期。

[7] 陈江、陈明昆:《共性特征与现实差异:美英日高校创业教育比较审视》,《继续教育研究》2015年第3期。

[8] 黄兆信、刘丝雨、张中秋:《新加坡大学生创业教育的成功经验及启示》,《高等工程教育研究》2016年第4期。

[9] 施永川、王佳桐:《韩国高校创业教育发展的动因、现状及对我国的启示》,《华东师范大学学报(教育科学版)》2019年第37期。

[10] 胥佳慧、张美萍:《应用型人才培养视域下高校创新创业教育模式研究》,《黑龙江畜牧兽医》2018年第7期。

[11] 谢丽丽:《日本高校创业教育模式及其启示》,《学校党建与思想教育》2010年第29期。

[12] 胡桃、沈莉:《国外创新创业教育模式对我国高校的启示》,《中国大学教学》2013年第2期。

[13] 韩萌:《牛津大学"共生式"创业教育模式及其借鉴——基于商学院的实践》,《大学教育科学》2020 年期 1 期。

[14] Baumol W J, Wolff E N, Schilling M A. The superstar inventors and entrepreneurs: How were they educated?[J]. *Journal of Economics & Management Strategy*, 2009, (3): 711-728.

[15] Eesely C E, Miller W F.Impact: Stanford university's s economic impact via innovation and entrepreneurship[J]. *Stanford, California: Stanford University*, 2018, 14(2): 130-278.

[16] Kelley D J, Alia, Brush C, et al. *Global entrepreneurship monitor united states report 2016*[R]. Babson Park, MA: Babson College, 2017: 24.

[17] 张庆晓、许礼刚、王轶珍:《美国高校开展一流创新创业教育的经验及启发》,《黑龙江高教研究》2020 年第 38 期。

[18] 王志鹏、高晟、张启望:《美国高校创新创业师资队伍建设的启示》,《黑龙江高教研究》2017 年第 1 期。

[19] Richardson 1, Hynes B. *Entrepreneurship education: towards an industry sector approach*[J]. Education+Training, 2008, 50(3): 188-198.

[20] 张雅婷、姚小玲:《西方创业课程设置的路径探究》,《山西大学学报(哲学社会科学版)》2017 年第 40 期。

[21] Fayolle A, Gall B. *From craft to science: Teaching models and learning processes in entrepreneurship education*[J]. Journal of European Industrial Training, 2008, 32(7): 569-593.

[22] Lbrahim A B, Soufani K. *Entrepreneurship education and training in Canada*[J]. Education+Training, 2002, 44(8/9): 421-430.

[23] Mwasalwiba E S. *Entrepreneurship education: a review of its objectives,teaching methods,and impact indicators*[J]. Education+Training, 2010, 52(1): 20-47.

[24] Taatila V P. *Learning entrepreneurship in higher education*[J]. Education + Training, 2010.52(1): 48-61.

[25]Solomon C T, Duffy, S, Tarabishy. *The state of entrepreneurship education in the United States: A nationwide survey and analysis* [J]. International Journal of Entrepreneurship Education, 2002, 23(4): 52.

[26]陈丽、孔青:《高校创业教育理论研究现状调查分析》,《黑龙江畜牧兽医》2016 年第 7 期。

[27]林强、姜彦福、张健:《创业理论及其架构分析》,《经济研究》2001 年第 9 期。

[28]张健、姜彦福、林强:《创业理论研究与发展动态》,《经济学动态》2003 年第 5 期。

[29]吴泽俊:《高校创新创业教育及其启示》,《南昌工程学院学报》2007 年第 5 期。

[30]魏平:《大学生创业教育的理论与实践》,《西南民族大学学报(人文社科版)》2009 年第 30 期。

[31]邓强:《创业理论的演进脉络——创业研究的创业者异质型人力资本实现视角提炼》,《研究与发展管理》2010 年第 22 期。

[32]杨幽红:《创新创业教育理论范式与实践研究》,《中国高校科技》2011 年第 6 期。

[33]胡剑虹、王正华:《新形势下高职学生创业教育理论和实践研究》,《学校党建与思想教育》2012 年第 12 期。

[34]蔡莉、单标安:《中国情境下的创业研究:回顾与展望》,《管理世界》2013 年第 12 期。

[35]余江、孟庆时、张越等:《数字创业:数字化时代创业理论和实践的新趋势》,《科学研究》2018 年第 36 期。

[36]崔军、戴越:《高校创业教育理论研究》,《高教发展与评估》2018 年第 34 期。

[37]邓建平:《创业教育模式建构的思考》,《中国高等教育》2019 年第 11 期。

[38]万细梅、朱光喜:《我国大学生创业模式探析》,《青年探索》2007 年第 1 期。

[39]周秋江、赵伐:《"三位一体":大学生创业教育模式的建构及其运行——来自宁波大学的经验》,《中国高教研究》2009 年第 4 期。

[40]石加友:《"六位一体"大学生创业教育新模式的构建》,《中国成人教育》2010 年第 4 期。

[41] 胡相峰、杨亚军、阎大伟:《"融入式"大学生创业教育模式的建构》,《中国高等教育》2012年第17期。

[42] 杨青山:《理工科高校"校—园"共育的创业教育新模式》,《学术论坛》2014年第37期。

[43] 李苏燕、黄道平:《创业教育模式新视点:"三段式·全程化"》,《职教论坛》2015年第14期。

[44] 沈国凤:《高校创新创业教育的"建构式"模式探析》,《中国成人教育》2016年第7期。

[45] 滕智源:《"互联网+"视角下"三个整合"创新创业教育模式的构建》,《教育与职业》2016年第17期。

[46] 廖琪丽、孟秀霞:《高校创新创业教育模式的实践探索》,《学校党建与思想教育》2017年第4期。

[47] 张蕾、王凤芹:《"政、校、生、企"多维协同的创新创业教育模式研究》,《中国职业技术教育》2017年第28期。

[48] 徐艾学、张继玉:《"四全育化"创业教育模式的探索和实践》,《中国职业技术教育》2018年第28期。

[49] 周振雄、麻丹丹、辛平等:《工程教育视角下地方高校人才实践能力自我成长培养模式创新》,《实验技术与管理》2021年第38期。

[50] 许礼刚、周怡婷、徐美娟:《"学、练、竞、践"四位一体"双创"型人才培养模式研究》,《实验技术与管理》2021年第38期。

[51] 刘译阳、边恕:《高校创新创业教育存在的问题、原因及对策》,《现代教育管理》2019年第9期。

[52] 郭燕锋:《大学生创业教育存在的问题与对策》,《教育与职业》2018年第10期。

[53] 黄扬杰、吕一军:《高校创业教育的问题与对策》,《教育研究》2018年第39期。

[54] 刘聪:《新形势下大学生创业教育的问题与对策》,《中国高校科技》2016年第10期。

[55] 杨吉春:《大学生创业教育问题与对策研究》,《东北师大学报(哲学社会科学版)》2016年第1期。

[56] 姜莉莉:《大学生创业教育存在的问题及其对策》,《教育探索》2012年第11期。

[57] 王强、宇业力:《当前高校创业教育问题分析》,《江苏社会科学》2008年第1期。

[58] 施永川、黄兆信、李远熙:《大学生创业教育面临的困境与对策》,《教育发展研究》2010年第30期。

[59] 刘国凤、卢婧:《吉林省高校大学生创业教育问题分析及对策》,《职业技术教育》2013年第34期。

[60] 张婷:《高职创业教育存在的问题与对策》,《教育与职业》2015年第6期。

[61] 石萍萍:《大学生创新创业教育的问题及对策》,《教育与职业》2016年第24期。

[62] 吴学松:《应用型本科院校创新创业教育现状、问题与对策》,《教育与职业》2020年第5期。

[63] 黄兆信、赵国靖:《中美高校创业教育课程体系比较研究》,《中国高教研究》2015年第1期。

[64] 黄兆信、朱雪波、王志强:《欧盟创业教育的实施路径与变革趋势》,《全球教育展望》2015年第44期。

[65] 李金奇、余国宇:《中外大学生创业教育比较分析及启示》,《学校党建与思想教育》2012年第18期。

[66] 牛金成、陆静:《发达国家的创业教育及其启示——基于美、英、德、澳大利亚四国的比较》,《黑龙江高教研究》2013年第31期。

[67] 董晓光、李成龙:《美国高校创业教育生态系统建设的经验与启示》,《思想理论教育》2018年第2期。

[68] 董霞:《对英法两国青年创业模式的比较和分析》,《中国青年政治学院学报》2003年第5期。

[69] 胡晓风、姚文忠、金成林:《创业教育简论》,《四川师范大学学报(社会科学版)》1989年第4期。

[70] 黄兆信、曲小远、施永川等:《以岗位创业为导向的高校创业教育新模式——以温州大学为例》,《高等教育研究》2014年第35期。

[71] 于跃进:《我国高校创业教育的回溯、反思与展望》,《中国成人教育》2016年第20期。

[72] 胡金焱:《创新创业教育:理念、制度与平台》,《中国高教研究》2018年第7期。

[73] 李秋斌:《大学生创新创业教育基本模式和路径选择》,《闽江学院学报》2014年第35期。

[74] 张冰、白华:《"高校创新创业教育"概念之辨》,《高教探索》2014年第3期。

[75] 张友惠、曹兴:《大学创业教育要素构成及其整合分析》,《湘潭师范学院学报(社会科学版)》2008年第4期。

[76] 刘海滨、杨颖秀、陈雷:《基于AHP的大学生就业创业教育评价指标体系构建》,《东北师大学报(哲学社会科学版)》2012年第6期。

[77] 张翔、张霖、董林玉:《高校卫生事业管理专业创新创业教育质量评价指标体系构建研究》,《医学与社会》2022年第35期。

[78] 冯霞、侯士兵:《双创视角下高校创业教育评价指标体系再探》,《学校党建与思想教育》2020年第8期。

[79] 方强:《高等学校体育教学质量评价体系的层次分析研究》,《广州体育学院学报》2010年第30期。

[80] 王志明:《体育院校术科教学质量评价体系的构建与方法研究》,《广州体育学院学报》2012年第32期。

[81] 张帅、周君华、苗成龙:《体育硕士专业学位案例教学质量评价指标体系的构建》,《成都师范学院学报》2022年38期。

[82] 苏海泉、王洋:《基于平衡计分卡的高校创业教育绩效考核》,《重庆高教研究》2015年第3期。

[83] 李征:《高职院校创新创业教育绩效评估研究》,《职业教育研究》2011年第4期。

[84] 刘振忠:《京津冀协同创新创业型体育人才培养研究》,复旦大学出版社2020年版第122-125页。

后 记

深入推进"大众创业、万众创新"是贯彻落实创新驱动发展战略的重要支撑。自党的十八大召开,习近平总书记多次对创新创业教育作出重要指示,强调要加快教育体制改革,注重培养学生创新精神,努力打造规模庞大,具有创新品质、勇于担当精神的创新创业队伍。2015年年初,国务院正式提出"大众创业、万众创新"。良好推进"大众创业、万众创新"是激发国民经济、优化经济结构的动力,也是缓解我国严峻就业形势的有效途径。而开展创业型体育教育活动,是推进高等教育综合改革、提高体育院系人才培养质量的重要举措,是促进我国体育事业发展、推动经济转型的重要一步。

近些年,我国在持续推动高校创业教育工作的开展,创业教育基本已普及到各高校。由于国家对创业教育的重视程度不断提升,有关创业教育的研究也不断增多,但涉及体育领域的创业教育研究并不多。通过实地考察不同高校的创业教育开展情况,笔者发现各高校的创业教育工作进展不一,各有优劣,其中体育专业学生的创业教育状况要稍逊于其他专业学生的创业教育。当前,国家既重视体育事业发展,又重视创业教育,这对体育专业学生和各大体育院校来说未尝不是一个发展自身的好机会。因此,应注重体育院系创业教育发展,加大对体育专业学生的创业培养,将体育教育与创业教育相结合,以期培养更多具备创新创业意识与能力的创业型体育人才。

国内创业教育虽然已取得一定成绩,但仍然处于起步阶段。本研究深度挖掘创业教育对创业行为的影响及其效应,使体育专业学生能够通过创业教育掌握各种创业技能,为提升体育专业学生综合创业核心素养提供了路径借鉴,为高校如何结合自身实际状况培养创业型人才提供了理论依据,为我国经济建设提供了智力支持和人才支持,为经济的持续增长提供了创新性知识成果和科技转化平台,使创业教育更好地为经济和社会发展服务。本研究在"双创"背景下,结合高校创业教育的实际状况，对创业型体育教育模式构建与评价等问题进行了深入研究，为创业型体育教育提供了参考借鉴。

本研究为山东省社会科学规划研究项目，受到了山东省哲学社会科学工作办公室和鲁东大学的资助，得到了鲁东大学体育学院各位领导、专家的支持，笔者在此表示衷心感谢。

创业型体育教育作为一种新的教育内容，虽能够对现有的体育创业教育理论起到补充作用，丰富高等教育体系，但是要真正付诸实际还需要高校、社会、政府三者进行协调，明确分工，互相支持。如何顺利地将创业型体育教育应用于各体育院系，如何具体落实创业型体育教育的一系列工作，如何实现创业型体育教育的成效，仍是我国创业教育和体育教育面临的一个重要课题。

杨伟伟
2022年12月于烟台